Excel 2019
会计与财务应用大全

张明真 编著

机械工业出版社
China Machine Press

图书在版编目（CIP）数据

Excel 2019 会计与财务应用大全 / 张明真编著 . —北京：机械工业出版社，2019.10

ISBN 978-7-111-64109-4

I. E… II. 张… III. ① 表处理软件 – 应用 – 会计　② 表处理软件 – 应用 – 财务管理　IV. ① F232　② F275-39

中国版本图书馆 CIP 数据核字（2019）第 243027 号

Excel 2019 会计与财务应用大全

出版发行：机械工业出版社（北京市西城区百万庄大街 22 号　邮政编码：100037）	
责任编辑：罗丹琪	责任校对：李秋荣
印　　刷：北京瑞德印刷有限公司	版　次：2020 年 1 月第 1 版第 1 次印刷
开　　本：185mm×260mm　1/16	印　张：21.25
书　　号：ISBN 978-7-111-64109-4	定　价：69.00 元
客服电话：（010）88361066　88379833　68326294	投稿热线：（010）88379604
华章网站：www.hzbook.com	读者信箱：hzit@hzbook.com

版权所有·侵权必究
封底无防伪标均为盗版
本书法律顾问：北京大成律师事务所　韩光 / 邹晓东

前　　言

随着经济的快速发展，企业经营的业务范围也在不断扩展。在业务扩展为企业自身带来发展机会的同时，也给企业内部的会计和财务工作带来了一定的负担。为了能够更好、更快地处理会计和财务的日常工作，会计和财务人员必须学会使用更为简单的方法解决日常工作中经常出现的各种问题。Excel 2019 凭借自身丰富的计算工具、精密分析工具以及灵活多样的表达形式，使企业的会计工作与财务管理更加容易，而且能够帮助财务管理人员根据企业多变的经济环境，快速建立各种管理分析模型，更加高效、准确地进行财务管理的分析工作，更好地满足了各行各业的会计和财务工作需求。

本书内容

本书共 21 章，内容包括工作簿与工作表的基本应用、设置单元格格式和样式、建立财务报表的基本方法、账务处理表格管理、常见的财务报表、财务投资决策分析函数、进销存管理、固定资产管理、员工工资管理、公司部门费用管理、公司损益表管理、现金流量表管理、会计报表制作、财务分析与处理、企业往来账务处理、数据透视表与数据透视图的应用、利用条件格式和图形分析数据、规划求解算出最大利润、财务预测、网络化财务管理、工作表的打印等。

本书内容系统、全面，图文相辅，以实际运用为出发点，结合大量的应用案例，全面地讲解了 Excel 2019 在会计与财务管理工作中的相关应用技能与操作技巧，力求帮助读者拓展知识面、提高综合应用能力。

本书特点

本书注重内容的新颖性、条理性、系统性和实用性，采用了通俗易懂、图文并茂的写作风格，以详细的步骤图解介绍 Excel 在会计与财务方面的应用，让读者能够在较短的时间内学会想学习的知识。重点展示了在 Excel 2019 中运用函数与公式解决问题的应用技巧，全书始终将理论与实践有机结合，使读者不仅能学习到函数的操作方法，还可以迅速掌握利用函数提高数据处理、分析和管理效率的方法。

读者对象

本书既适合初学 Excel 会计与财务管理相关知识的读者阅读，也适合有一定基础，但缺乏实际操作经验或应用技巧的读者学习使用，同时也可以作为 Office 软件操作培训班、院校相关专业或公司岗位培训的指导教材。无论你是初入职场的毕业生，还是资深的职场白领，本书均是必备的学习辅助读物。

目 录

前言

第1章 工作簿与工作表的基本应用 …… 001
1.1 启动与退出 Excel 应用程序 …………… 002
- 1.1.1 启动 Excel 2019 …………………… 002
- 1.1.2 Excel 2019 工作界面 ……………… 003
- 1.1.3 退出 Excel 2019 …………………… 003

1.2 工作簿与工作表的操作 ………………… 003
- 1.2.1 工作簿与工作表的关系 …………… 004
- 1.2.2 新建 Excel 工作簿 ………………… 004
- 1.2.3 保存 Excel 工作簿 ………………… 005
- 1.2.4 插入工作表 ………………………… 005
- 1.2.5 删除工作表 ………………………… 006
- 1.2.6 重命名工作表 ……………………… 007
- 1.2.7 移动工作表 ………………………… 008
- 1.2.8 复制工作表 ………………………… 009
- 1.2.9 隐藏与显示工作表 ………………… 010
- 1.2.10 更改工作表标签颜色 …………… 012

1.3 实战：快速创建最新会计科目表 …… 013
- 1.3.1 并排比较新旧会计科目表 ……… 013
- 1.3.2 使用查找与替换功能更新旧会计科目表 ……………………………… 014

第2章 设置单元格格式和样式 …………… 016
2.1 单元格的基本操作 …………………… 017
- 2.1.1 选取单元格 ………………………… 017
- 2.1.2 选取单元格区域 …………………… 017
- 2.1.3 删除表格中的单元格 ……………… 018
- 2.1.4 设置行高与列宽 …………………… 019

2.2 设置通用记账凭证格式 ……………… 020
- 2.2.1 合并单元格 ………………………… 020
- 2.2.2 设置文本格式 ……………………… 021
- 2.2.3 设置自动换行 ……………………… 021
- 2.2.4 设置表格边框格式 ………………… 022
- 2.2.5 设置单元格填充格式 ……………… 023

2.3 为收款凭证使用单元格样式 ………… 024
- 2.3.1 套用单元格样式 …………………… 024
- 2.3.2 新建单元格样式 …………………… 024
- 2.3.3 合并样式 …………………………… 025

2.4 实战：使用表格格式快速美化收款凭证表 ………………………………… 026
- 2.4.1 套用内置表格格式美化收款凭证表 ………………………………… 026
- 2.4.2 自定义表格样式 …………………… 027

第3章 建立财务报表的基本方法 ………… 029
3.1 创建财务报表 ………………………… 030
- 3.1.1 建立新工作簿 ……………………… 030
- 3.1.2 输入标题 …………………………… 031
- 3.1.3 输入日期 …………………………… 031
- 3.1.4 输入表头 …………………………… 032
- 3.1.5 输入表体固定栏目 ………………… 032

3.2 输入数据与建立公式 ………………… 033
- 3.2.1 输入数据 …………………………… 033
- 3.2.2 建立公式 …………………………… 034

3.3 实战：格式化财务报表 ……………… 036
- 3.3.1 设置字体格式 ……………………… 036
- 3.3.2 设置数据对齐方式 ………………… 037
- 3.3.3 设置工作表的行高和列宽 ……… 037
- 3.3.4 设置数字的格式 …………………… 038
- 3.3.5 设置单元格的边框和底纹 ……… 039

3.4 保存工作簿 …………………………… 040

第4章 账务处理表格管理 ………………… 041
4.1 登记现金日记账 ……………………… 042
- 4.1.1 相关函数介绍 ……………………… 042
- 4.1.2 输入文本类型数据 ………………… 045
- 4.1.3 输入数值类型数据 ………………… 047
- 4.1.4 输入符号 …………………………… 048

4.2 登记银行存款日记账 ………………… 049
- 4.2.1 相关函数介绍 ……………………… 049
- 4.2.2 打开"现金日记账"工作簿 ……… 051
- 4.2.3 清除单元格内容和格式 …………… 052
- 4.2.4 修改并另存为银行存款日记账 …… 053
- 4.2.5 使用填充功能快速录入相同数据 …… 055

4.3 数量金额式明细分类账的设置与登记… 056
  4.3.1 录入"原材料"明细分类账数据… 057
  4.3.2 设置公式自动计算… 057
  4.3.3 隐藏工作表中的零值… 059
4.4 实战：总账设计… 059
  4.4.1 创建总账表格… 060
  4.4.2 使用数据有效性设置总账科目下拉列表… 061

第5章 常见的财务报表… 064
5.1 资产负债表… 065
  5.1.1 相关函数介绍… 065
  5.1.2 编制资产负债表… 067
  5.1.3 设置万元显示格式… 069
5.2 现金流量表… 071
  5.2.1 编制现金流量表… 071
  5.2.2 现金流量表的查看方式… 077
  5.2.3 拆分和冻结窗口… 079
5.3 科目余额表… 080
5.4 实战：利润表… 082
  5.4.1 编制利润表… 082
  5.4.2 创建费用统计图表… 084

第6章 财务投资决策分析函数… 085
6.1 固定资产折旧计算… 086
  6.1.1 直线折旧法与 SLN 函数… 086
  6.1.2 固定余额递减折旧法与 DB 函数… 087
  6.1.3 双倍余额递减折旧法与 DDB 函数… 088
  6.1.4 可变余额递减折旧法与 VDB 函数… 090
  6.1.5 年数总和折旧法与 SYD 函数… 091
6.2 本金和利息计算… 092
  6.2.1 分期付款函数 PMT… 092
  6.2.2 计算付款中的本金和利息函数 PPMT 和 IPMT… 093
  6.2.3 计算阶段本金和利息函数 CUMPRINC 和 CUMIPMT… 094
6.3 投资计算… 095
  6.3.1 计算一笔投资的未来值函数 FV… 095
  6.3.2 计算可变利率下投资的未来值函数 FVSCHEDULE… 096
  6.3.3 计算投资的现值函数 PV… 097
  6.3.4 计算非固定回报的投资函数 NPV… 097
  6.3.5 计算现金流的净现值函数 XNPV… 098
  6.3.6 计算投资回收率函数 RATE… 099
6.4 实战：报酬率计算… 099
  6.4.1 返回现金流的内部收益率函数 IRR… 099
  6.4.2 返回现金流的修正内部收益率 MIRR… 100
  6.4.3 返回不定期发生现金流的内部收益率 XIRR… 101

第7章 进销存管理… 102
7.1 制作商品列表… 103
7.2 制作进销记录工作表… 103
  7.2.1 凭证和商品基本数据… 103
  7.2.2 进货数据… 105
  7.2.3 销售数据… 105
7.3 实战：制作进销存汇总工作表… 106
  7.3.1 数据透视表… 106
  7.3.2 数据透视表计算字段… 108

第8章 固定资产管理… 113
8.1 建立固定资产管理表… 114
  8.1.1 建立固定资产表… 114
  8.1.2 设置时间格式… 114
  8.1.3 计算总价… 115
  8.1.4 计算使用状态… 115
  8.1.5 计算净残值… 115
  8.1.6 利用数据有效性填充数据… 116
8.2 固定资产筛选与排序… 117
  8.2.1 按类别查找固定资产… 117
  8.2.2 按价值查找固定资产… 118
  8.2.3 按总价对固定资产排序… 119
  8.2.4 标记特定固定资产… 120
8.3 实战：固定资产折旧… 120
  8.3.1 计算折旧时间… 121
  8.3.2 年数总和法计算折旧值… 122
  8.3.3 直线法计算折旧值… 123
  8.3.4 双倍余额递减法计算折旧值… 125

第9章 员工工资管理… 127
9.1 建立基本工资表单… 128
  9.1.1 建立基本工资表… 128
  9.1.2 计算工龄工资… 128
  9.1.3 建立考勤统计表… 129
  9.1.4 建立奖惩统计表… 130

| 9.1.5 日期格式转换 … 130
9.2 个人所得税计算 … 131
 9.2.1 建立个人所得税表 … 131
 9.2.2 计算应缴纳所得额 … 131
 9.2.3 计算适用税率 … 132
 9.2.4 计算速算扣除数 … 133
 9.2.5 计算个人所得税 … 133
9.3 实战：员工工资汇总管理 … 133
 9.3.1 建立工资汇总表 … 134
 9.3.2 制作银行转账表 … 135
 9.3.3 制作工资条 … 135
 9.3.4 制作工资查询系统 … 137

第 10 章 公司部门费用管理 … 140

10.1 部门费用管理表 … 141
 10.1.1 创建费用管理表 … 141
 10.1.2 创建费用明细表 … 141
 10.1.3 设置单元格文本自动换行 … 141
10.2 部门费用统计 … 142
 10.2.1 引用本月实用支出 … 142
 10.2.2 计算预算余额 … 144
 10.2.3 合计费用项目 … 144
 10.2.4 季度费用结算 … 144
 10.2.5 冻结窗口查看数据 … 146
10.3 实战：部门费用管理 … 147
 10.3.1 计算使用比率 … 147
 10.3.2 柱状图分析部门费用 … 148
 10.3.3 快速定位单元格区域 … 149

第 11 章 公司损益表管理 … 150

11.1 制作损益表 … 151
 11.1.1 创建损益表 … 151
 11.1.2 设置货币格式 … 151
11.2 损益表计算 … 152
 11.2.1 销售数据计算 … 152
 11.2.2 计算销售毛利 … 153
 11.2.3 计算营业费用总额 … 153
 11.2.4 计算本期损益 … 153
11.3 批注添加管理 … 154
 11.3.1 添加批注 … 154
 11.3.2 显隐批注 … 154
 11.3.3 删改批注 … 155
 11.3.4 修改批注框 … 155

11.4 实战：损益表管理 … 156
 11.4.1 创建销售费用图表 … 156
 11.4.2 创建费用支出图表 … 157
 11.4.3 按比例更改数据 … 158

第 12 章 现金流量表管理 … 160

12.1 现金流量表 … 161
 12.1.1 创建现金流量表 … 161
 12.1.2 填制现金流量表数据 … 161
 12.1.3 冻结窗口查看数据 … 163
12.2 现金流量表结构分析 … 164
 12.2.1 创建现金流量表分析表格 … 164
 12.2.2 利用饼状图分析现金流量表 … 165
 12.2.3 利用折线图分析季度流量变化 … 168
 12.2.4 插入迷你折线图 … 170
12.3 实战：现金流量比率计算 … 171
 12.3.1 创建现金比率分析表 … 171
 12.3.2 计算现金比率 … 171
 12.3.3 计算经营现金比率 … 172
 12.3.4 现金比率分析 … 173
 12.3.5 隐藏表格公式 … 174

第 13 章 会计报表制作 … 176

13.1 制作参数设置表 … 177
 13.1.1 创建参数设置表 … 177
 13.1.2 定义参数名称 … 177
13.2 制作凭证输入表 … 178
 13.2.1 创建凭证输入表 … 178
 13.2.2 数据有效性填充数据 … 178
13.3 制作资金平衡表 … 180
 13.3.1 创建资金平衡表 … 180
 13.3.2 修改数据小数位 … 182
 13.3.3 设置负债类科目 … 182
13.4 制作资产负债表 … 183
 13.4.1 建立资产负债表 … 184
 13.4.2 计算期初期末数 … 184
13.5 实战：制作收入支出表 … 186
 13.5.1 创建收入支出表 … 186
 13.5.2 计算收支数据 … 186
 13.5.3 创建支出明细表 … 187

第 14 章 账务分析与处理 … 188

14.1 制作会计科目表 … 189
 14.1.1 创建会计科目表 … 189

14.1.2	转置行列数据	189	16.1.3	使用外部数据源创建数据透视表	230
14.2	制作记账数据库	190	16.2	设置数据透视表的字段格式	231
14.2.1	创建记账数据库	190	16.2.1	更改数据透视表字段列表视图	231
14.2.2	设置二级数据有效性	192	16.2.2	向数据透视表添加字段	232
14.3	实战：创建杜邦分析图	193	16.2.3	报表区域间移动字段	233
14.3.1	绘制分析图流程线	194	16.2.4	调整字段顺序	234
14.3.2	填制杜邦分析图数据	195	16.2.5	删除字段	235
14.4	财务分析处理基本过程	195	16.2.6	字段设置	236
14.4.1	财务分析方式	195	16.3	编辑数据透视表	239
14.4.2	Excel 财务分析的步骤	196	16.3.1	选择数据透视表	239

第 15 章 企业往来账务处理 …… 198

			16.3.2	移动数据透视表	240
15.1	完善应收账款数据	199	16.3.3	重命名数据透视表	241
15.1.1	定义名称	199	16.3.4	更改数据透视表的数据源区域	242
15.1.2	使用"名称管理器"管理名称	201	16.4	设置数据透视表的外观和格式	243
15.1.3	在公式中使用名称	203	16.4.1	设计数据透视表布局	243
15.1.4	定义和使用三维名称计算全年销量	203	16.4.2	为数据透视表应用样式	244
			16.5	在数据透视表中分析与处理数据	245
15.2	使用"排序"功能分析应收账款	204	16.5.1	对数据透视表进行排序操作	245
15.2.1	简单排序	204	16.5.2	对数据透视表进行筛选操作	247
15.2.2	多关键字排序	205	16.5.3	在数据透视表中插入切片器	248
15.2.3	自定义排序	208	16.5.4	为切片器应用样式	249
15.3	使用 Excel 中的筛选功能分析应收账款	210	16.5.5	使用切片器筛选数据透视表中的数据	250
15.3.1	自动筛选	210	16.6	创建数据透视图	250
15.3.2	自定义自动筛选方式	211	16.6.1	隐藏数据透视图中的字段按钮	251
15.3.3	高级筛选	217	16.6.2	用字段按钮在数据透视图中筛选数据	252
15.3.4	筛选中新增"搜索"功能	219			
15.4	分类汇总应收账款	220	16.7	实战：使用数据透视图分析企业费用	253
15.4.1	创建简单分类汇总	220			
15.4.2	创建嵌套分类汇总	222			
15.4.3	分级显示分类汇总数据	223			

第 17 章 利用条件格式和图形分析数据 …… 255

15.4.4	删除分类汇总	223	17.1	使用条件格式分析产品单位利润	256
15.4.5	分页显示分类汇总数据	224	17.1.1	使用条件格式突出显示数据	256
15.5	实战：使用排序和汇总功能分析应收账款账龄	224	17.1.2	使用项目选取规则快速选择数据	257
			17.1.3	使用数据条分析数据	259

第 16 章 数据透视表与数据透视图的应用 …… 227

			17.1.4	使用色阶分析数据	259
16.1	数据透视表的概念	228	17.1.5	使用图标集分析数据	260
16.1.1	创建数据透视表	228	17.2	自定义多条件规则分析销售税金	261
16.1.2	创建数据透视表的同时创建数据透视图	229	17.2.1	新建规则	261
			17.2.2	管理规则	265

17.2.3 删除规则 ············ 267
17.3 使用迷你图分析营业费用 ············ 269
　17.3.1 创建迷你图 ············ 269
　17.3.2 更改迷你图类型 ············ 270
　17.3.3 修改迷你图数据和位置 ············ 270
　17.3.4 调整迷你图显示属性 ············ 272
　17.3.5 为迷你图应用样式 ············ 272
　17.3.6 隐藏迷你图中的空值 ············ 274
17.4 实战：使用 Excel 中的迷你图比较
　　　盈利状况 ············ 275

第 18 章　规划求解算出最大利润 ············ 277
18.1 分析规划求解问题 ············ 278
　18.1.1 问题分析 ············ 278
　18.1.2 建立工作表 ············ 278
　18.1.3 输入公式 ············ 279
18.2 进行规划求解 ············ 280
　18.2.1 规划求解的意义 ············ 280
　18.2.2 加载"规划求解加载项" ············ 280
　18.2.3 规划求解的条件设置 ············ 281
18.3 实战：变更规划求解条件 ············ 283
　18.3.1 修改规划条件 ············ 283
　18.3.2 修改求解约束 ············ 284
18.4 查看规划求解报表 ············ 286
　18.4.1 运算结果报告 ············ 286
　18.4.2 敏感性报告 ············ 287
　18.4.3 极限值报告 ············ 287

第 19 章　财务预测 ············ 288
19.1 资金需要量预测 ············ 289
　19.1.1 创建资金需要量预测模型 ············ 289
　19.1.2 高低点法资金需要量预测 ············ 289
　19.1.3 回归分析法资金需要量预测 ············ 291
19.2 企业营业费用线性预测 ············ 292

19.2.1 创建营业费用预测模型 ············ 292
19.2.2 线性拟合函数 LINEST 及应用 ············ 292
19.2.3 设置公式预测营业费用 ············ 294
19.3 使用指数法预测产量和生产成本 ············ 295
　19.3.1 创建指数法预测模型 ············ 295
　19.3.2 使用 GROWTH 函数预测 ············ 295
　19.3.3 使用图表和趋势线预测 ············ 296
19.4 实战：销量和利润总额回归分析 ············ 301
　19.4.1 加载分析工具 ············ 301
　19.4.2 使用回归工具进行预测 ············ 302

第 20 章　网络化财务管理 ············ 304
20.1 局域网与共享资源基本定义 ············ 305
　20.1.1 在 Excel 2019 中使用共享工作簿
　　　　 进行协作 ············ 305
　20.1.2 在 Excel 2019 中使用共享文件夹
　　　　 进行协作 ············ 309
20.2 远程协同办公 ············ 310
　20.2.1 将财务数据发送到对方邮箱 ············ 310
　20.2.2 将财务数据保存到 Web 网页 ············ 312
20.3 实战：共享财务报表 ············ 313
　20.3.1 保护并共享工作簿 ············ 313
　20.3.2 突出显示修订 ············ 314
　20.3.3 接受或拒绝工作簿的修订 ············ 315

第 21 章　工作表的打印 ············ 317
21.1 打印会计凭证 ············ 318
　21.1.1 会计凭证的页面设置 ············ 318
　21.1.2 打印会计凭证 ············ 320
21.2 实战：打印会计报表 ············ 321
　21.2.1 会计报表的页面设置 ············ 321
　21.2.2 打印会计报表 ············ 329
　21.2.3 打印"本期余额"图表 ············ 330
　21.2.4 打印整个工作簿 ············ 331

第1章
工作簿与工作表的基本应用

Microsoft Excel 2019 是财务管理人员公认的一款强有力的数据管理与分析软件工具。Excel 2019 凭借自身丰富的计算工具、精密分析工具以及灵活多样的表达形式,使企业的会计工作与财务管理更加容易。使用 Excel 2019,财务管理人员能够根据企业多变的经济环境建立各种管理分析模型,更加高效、准确地进行财务管理的分析工作。本章通过介绍工作簿与工作表的基本应用让读者先了解一下 Excel 2019 的工作界面,为后面的学习奠定基础。

- 启动与退出 Excel 应用程序
- 工作簿与工作表的操作
- 实战:快速创建最新会计科目表

1.1 启动与退出 Excel 应用程序

在详细介绍 Excel 2019 的工作界面之前,我们先讲解一下如何启动与退出 Excel 2019 应用程序。

1.1.1 启动 Excel 2019

启动 Excel 2019 的具体方法如下。

方法 1

双击 Excel 2019 图标,如图 1-1 所示,即可打开如图 1-2 所示页面,Excel 的启动就完成了。

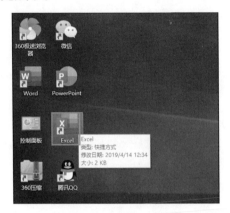

图 1-1 双击 Excel 图标

图 1-2 启动 Excel

方法 2

在 Excel 2019 图标处单击鼠标右键,如图 1-3 所示,在弹出的快捷菜单中选择"Excel"命令即可打开如图 1-2 所示的工作页面。

图 1-3 单击鼠标右键打开 Excel 2019

1.1.2　Excel 2019 工作界面

在启动 Excel 2019 应用程序后，选择页面中的"空白工作簿"选项，如图 1-4 所示，即可打开如图 1-5 所示的 Excel 2019 工作界面。

图 1-4　选择"空白工作簿"选项

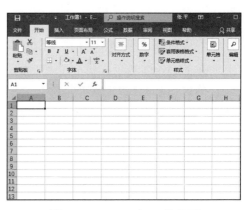

图 1-5　Excel 2019 工作界面

1.1.3　退出 Excel 2019

如果想要直接从 Excel 2019 工作界面退出，该怎么做呢？

我们只需单击 Excel 2019 工作界面右上角的"关闭"按钮即可退出 Excel 2019，如图 1-6 所示。

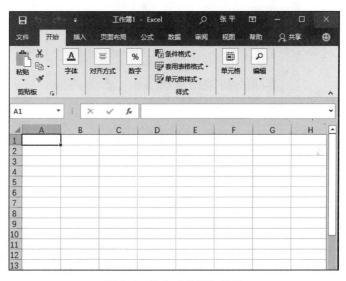

图 1-6　单击"关闭"按钮

1.2　工作簿与工作表的操作

本节将详细介绍工作簿与工作表的基本操作，首先我们需要知道工作簿与工作表的关系。

1.2.1 工作簿与工作表的关系

工作簿与工作表是包含和被包含的关系。通俗地讲，使用 Excel 程序创建的文件为一个工作簿，可以包含多张工作表，而工作表是由行和列组成的一张二维表，用户可以在实际应用中添加或删除工作簿中的工作表。

1.2.2 新建 Excel 工作簿

了解了工作簿与工作表的关系，那么该如何创建新的工作簿呢？

我们可以通过前文介绍的打开 Excel 2019 工作界面的方法直接新建一个工作簿。除此之外，还可以通过快捷键的方式新建工作簿，具体步骤如下：

在"桌面"单击鼠标右键，在弹出的快捷菜单中选择"新建"选项，然后在展开的选项列表中选择"Microsoft Excel 工作表"选项，也可以完成工作簿的创建，如图 1-7 所示。

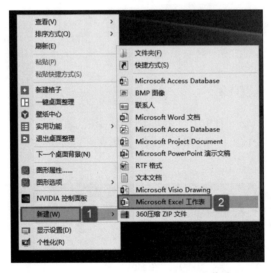

图 1-7 选择"Microsoft Excel 工作表"

接下来我们看一下在已有的工作簿的基础上新建工作簿的方法，具体步骤如下：

打开任意一个工作簿（这里我们打开一个新的工作簿，默认名称为"工作簿1"），在主页面功能区选择"文件"选项卡下导航栏中的"新建"选项，在"新建"页面中选择"空白工作簿"，如图 1-8 所示。这样就完成了工作簿的新建，新建后的工作簿默认名称为"工作簿2"，如图 1-9 所示。

图 1-8 选择"空白工作簿"

图 1-9 新建"工作簿2"

1.2.3 保存 Excel 工作簿

工作簿制作完成后，我们需要对其命名以将多个工作簿区分开，那么如何保存工作簿呢？我们以保存新建的"工作簿1"为例，具体步骤如下。

步骤1：在"工作簿1"中的第一个工作表的主页面功能区选择"文件"选项卡下导航栏中的"另存为"选项，选择存储的位置为"这台电脑"，如图1-10所示。

步骤2：在弹出的"另存为"对话框中，选择存储的具体位置为"桌面"，这里我们将文件命名为"各部门工资统计表"，文件保存类型为"Excel 工作簿"，然后单击"保存"按钮，完成工作簿的保存，如图1-11所示。

图1-10 打开"另存为"对话框

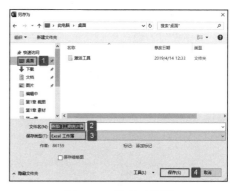

图1-11 保存工作簿

1.2.4 插入工作表

我们在前文中已经提到工作簿与工作表是包含与被包含的关系，那么如何在工作簿中插入工作表呢？我们具体操作一下。

方法1

默认情况下，新建的 Excel 2019 工作簿只有一个工作表"Sheet1"，单击工作表标签右侧的"插入新工作表"按钮，如图1-12所示，可以插入一个新的工作表"Sheet2"，效果如图1-13所示。

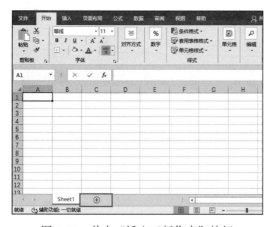

图1-12 单击"插入工新作表"按钮

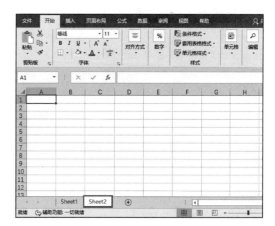

图1-13 工作表"Sheet2"

方法2

步骤1：在"Sheet1"工作表标签处单击鼠标右键，在弹出的快捷菜单中选择"插入"命令,如图 1-14 所示。

图 1-14 选择"插入"命令

步骤 2:在打开的"插入"对话框中选择"常用"选项卡下的"工作表"选项,单击"确定"按钮,如图 1-15 所示,同样可以插入如图 1-13 所示的工作表。

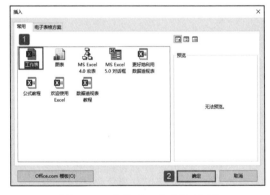

图 1-15 选择"工作表"选项

1.2.5 删除工作表

工作表删除之后是不能恢复的,所以在执行删除操作之前需要确保该工作表不再使用。删除工作表的具体操作方法如下。

方法 1

在要删除的工作表标签处单击鼠标右键,然后在弹出的快捷菜单中选择"删除"命令,如图 1-16 所示,即可删除一张工作表,如图 1-17 所示。

图 1-16 选择"删除"命令

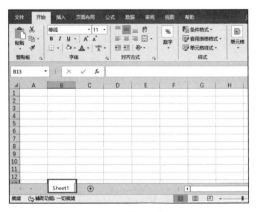

图 1-17 删除后的效果

方法 2

切换到要删除的工作表,单击功能区"开始"选项卡"单元格"组中"删除"按钮右侧的下三角按钮,然后在展开的下拉列表中选择"删除工作表"选项,如图1-18所示,可以实现如图1-17所示效果。

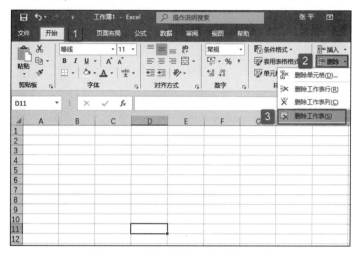

图1-18 选择"删除工作表"选项

1.2.6 重命名工作表

工作簿中的工作表默认以"Sheet1"命名,在日常使用的过程中,如果工作簿中的工作表比较多,可以对其进行命名进行区分,比如"各部门员工工资统计表""考勤表""员工培训计划表"等,具体操作方法如下。

方法 1

步骤1:在"Sheet1"的工作表标签处单击鼠标右键,然后在弹出的快捷菜单中选择"重命名"命令,如图1-19所示。

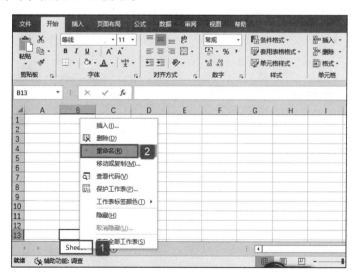

图1-19 选择"重命名"命令

步骤2:此时的"Sheet1"工作表标签处于可编辑状态,如图1-20所示,将

"Sheet1"工作表标签重新命名为"考勤表",如图1-21所示。

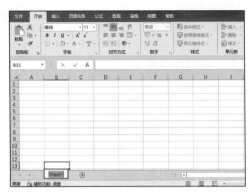

图1-20 显示可编辑状态

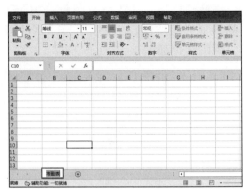

图1-21 输入工作表名称

方法2

通过双击工作表标签的方法使工作表的标签处于编辑状态,然后输入工作表名称实现如图1-21所示效果。

方法3

单击功能区"开始"选项卡"单元格"组中"格式"按钮右侧的下三角按钮,然后在展开的下拉列表中选择"重命名工作表"选项,使工作表标签处于可编辑状态,对工作表进行重命名,如图1-22所示。

图1-22 选择"重命名工作表"选项

1.2.7 移动工作表

工作表既可以在同一个工作簿中移动,也可以在不同的工作簿中移动。如果Excel工作簿中已经存在多张工作表,而恰好需要调整工作表间的位置,需要怎样操作呢?

首先,新建3个空白的工作表,重命名为"考勤表""员工培训计划表""各部门员工工资统计表"。

方法1

如图1-23所示,在需要移动的"考勤表"工作表标签处按下鼠标左键,将其拖动至目标工作表"员工培训计划表"右侧的位置,松开鼠标左键,效果如图1-24所示。

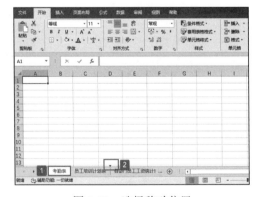

图1-23 选择移动位置

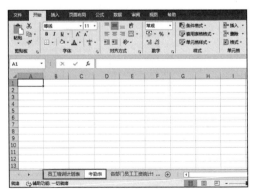

图1-24 移动效果

方法 2

步骤 1：用户还可以在"考勤表"工作表标签处单击鼠标右键，在弹出的快捷菜单中选择"移动或复制"命令，如图 1-25 所示。

步骤 2：随后打开"移动或复制工作表"对话框，在"下列选定工作表之前"列表框中选择"员工培训计划表"选项，单击"确定"按钮，如图 1-26 所示，移动后的效果如图 1-24 所示。

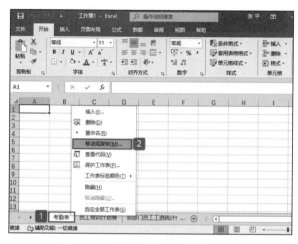
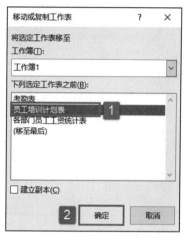

图 1-25　选择"移动或复制"命令　　　　图 1-26　选择移动位置

方法 3

单击功能区"开始"选项卡"单元格"组中"格式"按钮右侧的下三角按钮，在展开的下拉列表中选择"移动或复制工作表"选项，如图 1-27 所示，同样可以打开如图 1-26 所示的对话框，在其中移动工作表。

图 1-27　通过"开始"选项卡移动工作表

1.2.8　复制工作表

如果需要使用两份相同的工作表，就需要知道怎样使用复制功能。下面分两种情况来讲解如何复制工作表。

如果要对同一个工作簿中的工作表进行复制，首先在要进行复制操作的工作表标签处单击鼠标左键，按下"Ctrl"键的同时拖动工作表标签至目标位置，然后松开鼠标左键，完成工作表的复制，如图1-28所示。

如果要在两个工作簿间对工作表进行复制，可按以下步骤操作。

步骤1：首先需要同时打开这两个工作簿（此处为"工作簿1"和"工作簿2"），在要复制的"考勤表"工作表标签处单击鼠标右键，然后在弹出的快捷菜单中选择"移动或复制"命令，如图1-29所示。

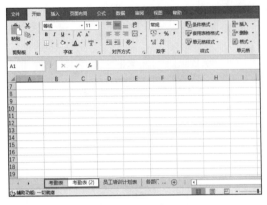
图1-28 复制效果图

图1-29 选择"移动或复制"命令

步骤2：在打开的"移动或复制工作表"对话框中，单击"将选定工作表移至工作簿"下方的下三角按钮，从下拉列表中选择"工作簿2"，在"下列选定工作表之前"列表框中选择"Sheet1"，然后选中"建立副本"复选框，最后单击"确定"按钮，如图1-30所示，复制后的效果如图1-31所示。

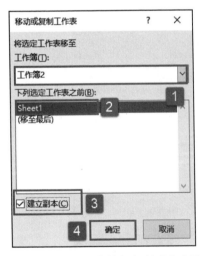
图1-30 在两个工作簿间复制列表步骤

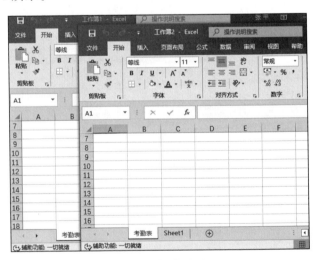
图1-31 复制效果图

1.2.9 隐藏与显示工作表

当工作簿中的某个工作表暂时不用时，可以将其设置为隐藏状态，以便更好地操作其他工作表，具体操作方法如下。

方法 1

在"考勤表"工作表标签处单击鼠标右键,然后在弹出的快捷菜单中选择"隐藏"命令,如图 1-32 所示,效果如图 1-33 所示。

图 1-32 选择"隐藏"命令

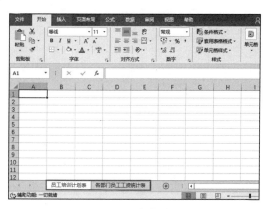
图 1-33 隐藏效果

方法 2

选中要隐藏的工作表标签,单击功能区"开始"选项卡"单元格"组中的"格式"按钮右侧的下三角按钮,在展开的下拉列表中选择"隐藏和取消隐藏"选项,然后选择级联菜单中的"隐藏工作表"选项,如图 1-34 所示,也可出现图 1-33 所示效果。

图 1-34 选择"隐藏工作表"选项

如果要查看工作簿中隐藏的工作表,可以选择以下方法之一进行操作。

方法 1

步骤 1:在工作簿中的工作表标签处单击鼠标右键,然后在弹出的快捷菜单中选择"取消隐藏"命令,如图 1-35 所示。

步骤 2:在弹出的"取消隐藏"对话框中选择要取消隐藏的工作表"考勤表",单击"确定"按钮,如图 1-36 所示,即可显示原来隐藏的工作表,如图 1-37 所示。

图 1-35 选择"取消隐藏"命令

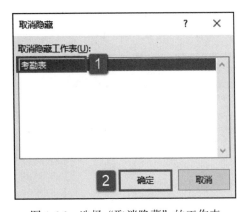

图 1-36 选择"取消隐藏"的工作表

图 1-37 显示隐藏的工作表

方法 2

单击功能区"开始"选项卡"单元格"组中"格式"按钮右侧的下三角按钮,在展开的下拉列表中选择"隐藏和取消隐藏"选项,然后选择级联菜单中的"取消隐藏工作表"选项,如图 1-38 所示,随后会打开如图 1-36 所示的"取消隐藏"对话框,然后单击"确定"按钮,也能够显示原来隐藏的"考勤表"。

■ 1.2.10 更改工作表标签颜色

Excel 工作表标签的颜色默认为灰色,通过对其设置不同的颜色,可以更

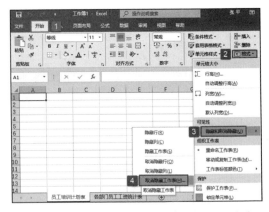

图 1-38 选择"隐藏和取消隐藏"及"取消隐藏工作表"选项

好地区分不同的工作表内容，只需要在要更改标签颜色的工作表名称处单击鼠标右键，在弹出的快捷菜单中选择"工作表标签颜色"命令，然后从级联菜单中选择需要的颜色即可，这里选择的颜色为"黑色，文字1"，如图1-39所示。

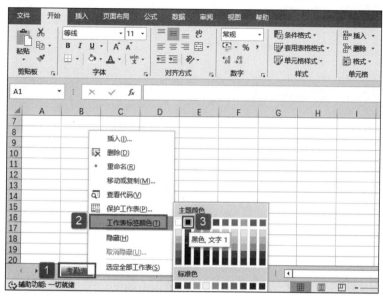

图1-39 设置工作表标签颜色

1.3 实战：快速创建最新会计科目表

软件的更新越来越快，合格的财务管理人员需要及时学会并使用新的办公软件来保证公司的报表得到及时更新。下面就以新旧会计科目表为例，来讲解如何快速创建最新的会计科目表。

1.3.1 并排比较新旧会计科目表

比较新旧会计科目表时，如果逐一打开工作簿，然后逐项对比会比较麻烦，那怎么办呢？这时就要选择并排比较新旧科目表的方法来减少烦琐的工序。首先需要提醒大家，使用并排比较工作簿时必须保证两个工作簿处于打开状态。

步骤1：打开"旧会计科目表.xlsx"工作簿，切换到"视图"选项卡，单击"窗口"组中的"并排查看"按钮，如图1-40所示。

图1-40 使用并排查看功能

步骤2：并排比较新旧会计科目表，可以更快地找到新会计科目表的更新科目，如

图 1-41 所示。

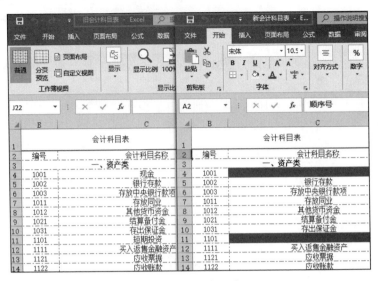

图 1-41 并排查看

1.3.2 使用查找与替换功能更新旧会计科目表

在更新旧会计科目表时，用户不可能逐个输入新的数据进行更新，这时可以使用查找与替换功能来更新旧科目表，这样既省时又省力。首先，必须知道相比于旧的会计科目表，新的会计科目表中有哪些科目进行了更新。经过查询资料，发现新科目表更新了以下内容："资产类"科目中的"现金"科目更新为"库存现金"，"短期投资"科目更新为"交易性金融资产"，"低值易耗品"科目更新为"消耗性生物资产"，接下来我们具体讲解如何使用查找与替换功能来更新这些科目。

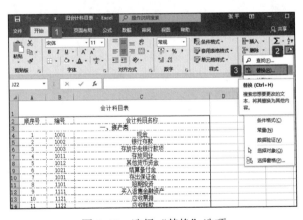

步骤 1：打开"旧会计科目表.xlsx"工作簿，在主页功能区切换到"开始"选项卡，单击"编辑"组中的"查找和选择"按钮右侧的下三角按钮，在展开的下拉列表中选择"替换"选项，如图 1-42 所示。

图 1-42 选择"替换"选项

步骤 2：在弹出的"查找和替换"对话框中切换到"替换"选项卡，在"查找内容"文本框中输入"现金"，在"替换为"文本框中输入"库存现金"，然后单击"全部替换"按钮，就会完成文本的替换，如图 1-43 所示。此时，系统会弹出"Microsoft Excel"对话框，单击"确定"按钮即可返回"查找和替换"对话框。

步骤 3：按照步骤 2 的操作方法依次将旧科目表中的"短期投资""低值易耗品"分别替换为"交易性金融资产""消耗性生物资产"，单击"关闭"按钮，完成对旧科目表的更新，如图 1-44 所示。

图 1-43　输入替换内容

会计科目表		
顺序号	编号	会计科目名称
		一、资产类
1	1001	库存现金
2	1002	银行存款
3	1003	存放中央银行款项
4	1011	存放同业
5	1012	其他货币资金
6	1021	结算备付金
7	1031	存出保证金
8	1101	交易性金融资产
9	1111	买入返售金融资产
10	1121	应收票据
11	1122	应收账款
12	1123	预付账款
13	1131	应收股利
14	1132	应收利息
15	1201	应收代位追偿款
16	1211	应收分保账款
17	1212	应收分保合同准备金
18	1221	其他应收款
19	1231	坏账准备
20	1301	贴现资产
21	1302	拆出资金
22	1303	贷款
23	1304	贷款损失准备
24	1311	代理兑付证券
25	1321	代理业务资产
26	1401	材料采购
27	1402	在途物资
28	1403	原材料
29	1404	材料成本差异
30	1405	库存商品
31	1406	发出商品
32	1407	商品进销差价
33	1408	委托加工物资
34	1411	周转材料
35	1421	消耗性生物资产
36	1431	贵金属
37	1441	抵债资产
38	1451	损余物资
39	1461	融资租赁资产
40	1471	存货跌价准备

图 1-44　更新效果

第2章
设置单元格格式和样式

在 Excel 工作表中，单元格就是工作表区域中行与列交叉的部分，例如 A 列与第 1 行交叉的部分为 A1 单元格，每一张工作表都是由一个个的单元格组成，而单元格就是组成工作表的基本单位，本章将通过设置记账凭证的格式和收款凭证的样式以及表格的美化对单元格的具体操作进行介绍，以便用户更好地输入和修改单元格数据。

- 单元格的基本操作
- 设置通用记账凭证格式
- 为收款凭证使用单元格样式
- 实战：使用表格格式快速美化收款凭证表

2.1 单元格的基本操作

在学习设置通用记账凭证格式之前先来了解一下单元格的基本操作，包括单元格的选取、删除以及如何为单元格设置行高与列宽。

2.1.1 选取单元格

在工作表中选取单元格时用户可能只需选取一个单元格，也可能需要选择多个单元格。下面将分情况介绍选取单元格的方法。

选取一个单元格的方法比较简单，具体操作如下：

打开"通用记账凭证.xlsx"，直接单击工作表中的任一单元格即可，如选择 C5 单元格，如图 2-1 所示。

选取多个单元格的方法如下：

如果要选取多个单元格，则需在选取第一个单元格后，按住"Ctrl"键，然后依次单击要选取的单元格，效果如图 2-2 所示。

图 2-1 选择 C5 单元格

图 2-2 选取多个单元格

2.1.2 选取单元格区域

单元格区域既可以是一个单元格，也可以是由多个连续单元格组成的区域，还可以是整行、整列、多行以及多列的单元格，下面将分别介绍选取这些单元格区域的操作方法。

选取单个单元格区域：从要选取单元格区域左上角的单元格开始，按住鼠标左键拖动至单元格区域右下角的单元格，例如选取 B5:D8 单元格区域，从 B5 单元格开始按住鼠标左键拖动至 D8 单元格，如图 2-3 所示。

选取多个单元格区域：选取了第一个单元格区域后，按住"Ctrl"键，然后按住鼠标左键拖动选取另外一个单元格区域，这里我们选择选取 4 个单元格区域，分别是 B5:C6、B8:C8、D6:E7、F9:G10，效果如图 2-4 所示。

选取整行单元格：例如选择第 3 行，单击该行单元格所在的行号 3，可快速选取整行单元格，如图 2-5 所示。

选取整列单元格：例如选择 B 列，单击该列单元格所在的列标，可快速选取整列单元格，如图2-6所示。

图2-3 选取单个单元格区域

图2-4 选取多个单元格区域

图2-5 选取整行单元格

图2-6 选取整列单元格

2.1.3 删除表格中的单元格

实际应用Excel 2019的过程中，特别是在制表时常常需要删除一些不需要的单元格，操作方法很简单，具体的操作步骤如下。

步骤1：打开"通用记账凭证.xlsx"工作簿，选中要删除的单元格区域的某一个单元格，如选择D4单元格，在主页功能区切换至"开始"选项卡，单击"单元格"组中"删除"按钮右侧的下三角按钮，然后在展开的下拉列表中选择"删除单元格"选项，如图2-7所示。

图2-7 选择"删除"命令

步骤2：打开"删除"对话框，在"删除"选项中选择"整列"项，然后单击"确定"按钮，如图2-8所示，即可删除D4所在的一列单元格，如图2-9所示。

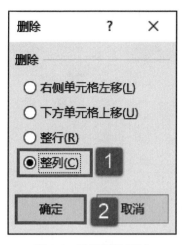

图 2-8 选择删除区域

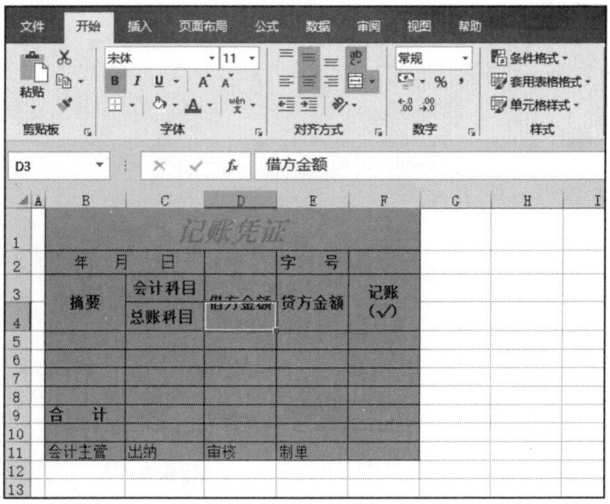

图 2-9 删除效果图

2.1.4 设置行高与列宽

单元格默认的行高是 14.25，列宽为 8.38，用户可以根据需要任意更改工作表中的行高与列宽，具体操作方法如下。

更改行高

步骤 1：打开"通用记账凭证.xlsx"工作簿，选中第一行单元格，在行标"1"处单击鼠标右键，然后在弹出的快捷菜单中选择"行高"选项，打开"行高"对话框，如图 2-10 所示。

步骤 2：重新输入要设置的行高，输入"32"，然后单击"确定"按钮，如图 2-11 所示。完成操作后的效果，如图 2-12 所示。

图 2-10 选择"行高"命令

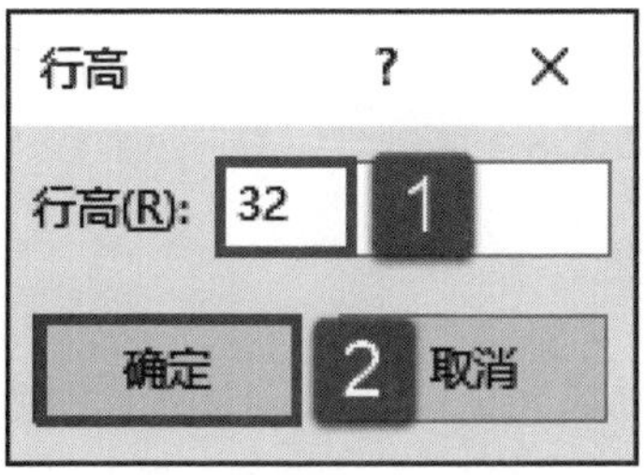

图 2-11 输入行高

图 2-12 查看行高效果

改变列宽

步骤 1：打开"通用记账凭证.xlsx"工作簿，选中 A 列，在列标"A"处单击鼠标右键，然后在弹出的快捷菜单中选择"列宽"选项，如图 2-13 所示。

图 2-13 选择"列宽"命令

步骤 2：打开"列宽"对话框，重新输入要设置的列宽，这里我们输入"12"，然后单击"确定"按钮，如图 2-14 所示。完成操作后的效果如图 2-15 所示。

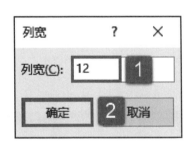

图 2-14 输入列宽

图 2-15 查看列宽更改效果

2.2 设置通用记账凭证格式

不同的会计报表有不同的格式，接下来以"通用记账凭证 .xlsx"工作簿为例来讲解单元格格式的设置方法。

2.2.1 合并单元格

步骤 1：打开已经输入文本的"通用记账凭证格式 .xlsx"工作簿，选择单元格区域 B1:G1，功能区切换到"开始"选项卡，单击"对齐方式"组中的"合并后居中"下拉按钮，在下拉框中选择"合并后居中"选项，如图 2-16 所示。

步骤 2：按照步骤 1 所述方法，将 B2:D2，C3:D3，B3:B4，E3:E4，F3:F4 和 G3:G4 单元格区域进行合并，设置效果如图 2-17 所示。

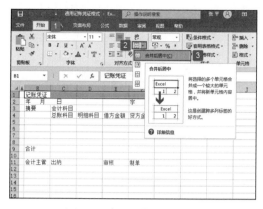

图 2-16　选择合并后居中

图 2-17　合并单元格效果图

2.2.2　设置文本格式

下面我们对表格中的文本进行具体的设置。

步骤 1：先对工作表的标题进行设置，选中文本"记账凭证"，功能区切换到"开始"选项卡，在"字体"组中将字体改为"华文中宋"，字号改为"20 号"，"倾斜"字体，然后单击"字体颜色符号"下拉按钮，在展开的下拉框中选择字体颜色是"蓝色，个性色 1"，如图 2-18 所示。

步骤 2：按照上述方法，对整个表格中的字体格式进行设置，并根据实际要求调整其行高和列宽，设置效果如图 2-19 所示。

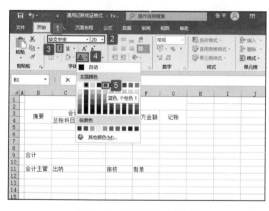

图 2-18　设置字体格式

图 2-19　设置文本格式效果

2.2.3　设置自动换行

当一个单元格中的文字过多时，文字并不能全部显示出来，设置自动换行可以显示超长文本，使得单元格中的文字全部显示。

打开"自动换行.xlsx"工作簿，选中 B1:G11 单元格区域，在主页功能区切换到"开始"选项卡，单击"对齐方式"组中的"自动换行"按钮，如图 2-20 所示。设置后的效果如图 2-21 所示。

图 2-20 选择"自动换行"命令

图 2-21 自动换行格式

2.2.4 设置表格边框格式

为了突出边框，可以对边框格式进行设置，用户可根据实际需要选择"线条"的样式，决定内外部边框的设置，接下来以记账凭证的边框格式的设置为例，介绍如何设置边框格式。

步骤 1：选中 B1:G11 单元格区域，单击鼠标右键，在弹出的快捷菜单中选择"设置单元格格式"选项，如图 2-22 所示。

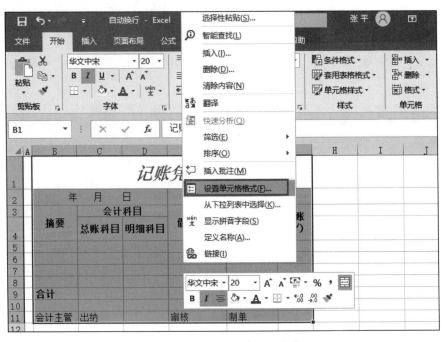

图 2-22 选择设置单元格格式

步骤 2：在打开的"设置单元格格式"对话框中切换到"边框"选项卡，在"线条样式"中选择合适的"线条"，"颜色"设置为"自动"，然后分别单击"外边框"和"内部"为表格设添加边框，边框的预览图可在"边框"选项卡下看见，最后单击"确定"按钮即可，如图 2-23 所示。设置边框后的效果图如图 2-24 所示。

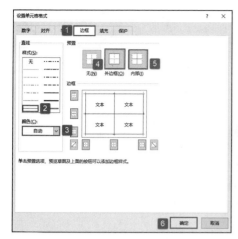

图 2-23　选择设置边框格式　　　　　图 2-24　边框效果图

2.2.5　设置单元格填充格式

用户不仅可以根据自己的需要对"边框"进行设置，还可以对单元格的填充背景进行设置，用户个人可以根据自己的喜好选择不同的颜色。

步骤 1：选中 B1:G11 单元格区域，单击鼠标右键，在弹出的快捷菜单中选择"设置单元格格式"选项，如图 2-25 所示。

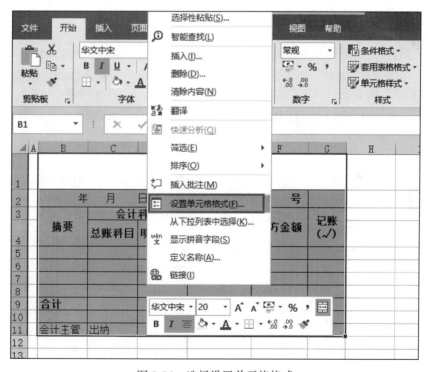

图 2-25　选择设置单元格格式

步骤 2：在打开的"设置单元格格式"对话框中切换到"填充"选项卡，选择"背景色"当中的"浅蓝色"，单击"确定"按钮，如图 2-26 所示。设置完成后的效果如图 2-27 所示。

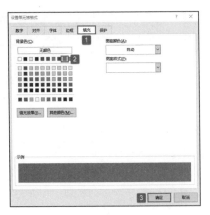

图 2-26　设置填充颜色

图 2-27　填充效果图

2.3　为收款凭证使用单元格样式

单元格样式是指一组特定单元格格式的组合。使用单元格样式可以快速对应用相同样式的单元格或单元格区域进行格式化，从而提高工作效率并使工作表格式规范统一。

2.3.1　套用单元格样式

Excel 2019 预置了一些典型的样式，用户可以直接套用这些样式来快速设置单元格样式。以"收款凭证.xlsx"工作簿为例来进行单元格样式的设置，具体操作步骤如下：

打开"收款凭证.xlsx"工作簿，选中单元格区域 A1:O12，在主页功能区切换到"开始"选项卡，在"样式"组中单击"单元格样式"按钮右侧的下三角按钮，在展开的下拉列表中选择"数据和模型"选项卡下的"输入"选项，如图 2-28 所示，效果如图 2-29 所示。

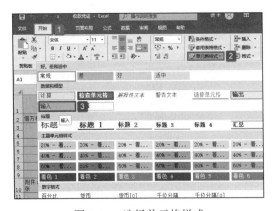

图 2-28　选择单元格样式

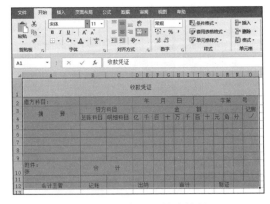

图 2-29　"输入"样式效果

2.3.2　新建单元格样式

除了套用已有的单元格样式以外，用户也可以自己新建单元格样式，具体步骤如下。

步骤1：选中单元格区域A1:O12，在主页功能区切换到"开始"选项卡，在"样式"组中单击"单元格样式"按钮右侧的下三角按钮，在展开的下拉列表中选择"新建单元格样式"选项，如图2-30所示。

步骤2：在打开的"样式"对话框中，将"样式名"命名为"样式3"，然后点击"格式"按钮，如图2-31所示。

图2-30 选择"新建单元格样式"选项

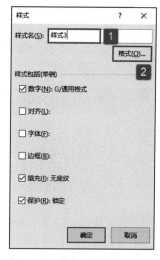

图2-31 选择"格式"按钮

步骤3：在打开的"设置单元格格式"对话框中切换到"数字"选项卡，在"分类"列表框中选择"数值"选项，"小数位数"设置为"2"，单击"确定"按钮，返回"样式"选项卡，如图2-32所示。

步骤4：勾选"对齐"复选框，单击"确定"按钮，便完成新建单元格样式，如图2-33所示。

图2-32 设置数字格式

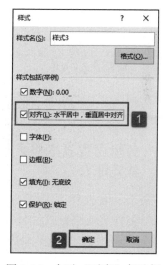

图2-33 勾选"对齐"复选框

2.3.3 合并样式

创建的自定义样式，只会保存在当前工作簿中，不会影响到其他工作簿的样式，如果需要在其他工作簿中使用当前新创建的自定义样式，可以使用合并样式来实现。

首先打开模板"跨越合并.xlsx"工作簿，然后将其单元格样式复制到"收款凭证.xlsx"工作簿中。具体步骤如下。

步骤1：打开"收款凭证.xlsx"工作簿，选中单元格区域A1:O12，在主页功能区切换到"开始"选项卡，在"样式"组中单击"单元格样式"按钮右侧的下三角按钮，在展开的下拉列表中选择"合并样式"选项，如图2-34所示。

步骤2：在打开的"合并样式"选项卡下，选择"合并样式来源"为"跨越合并.xlsx"，单击"确定"按钮，如图2-35所示。这样，模板工作簿中的自定义模式就被复制到当前工作簿中了。

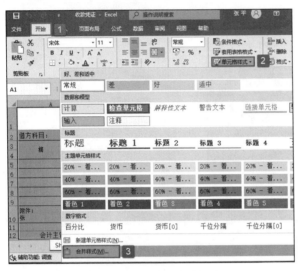

图2-34　选择合并样式

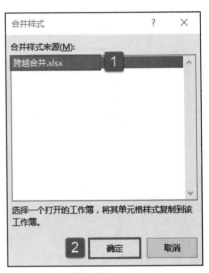

图2-35　选择合并样式来源

2.4 实战：使用表格格式快速美化收款凭证表

用户在编辑工作表的时候有时候会用到套用表格格式，那么这个套用表格格式是怎么用的呢？

2.4.1 套用内置表格格式美化收款凭证表

接下来以"收款凭证表.xlsx"工作簿为例来学习内置表格格式的使用方法。

步骤1：选中A2:O12单元区域，在主页功能区切换到"开始"选项卡下，单击"样式"组中的"套用表格格式"按钮右侧的下三角按钮，在展开的下拉列表中选择"浅色"组中的"白色，表样式浅色1"选项，如图2-36所示。

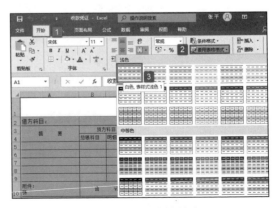

图2-36　选择表格格式

步骤2：打开"套用表格式"对话框，选择"表数据的来源"为"A2:O12"单元格区域，然后单击"确定"按钮，如图2-37所示，效果如图2-38所示。

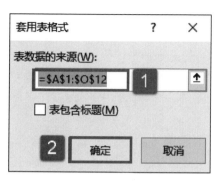

图2-37 选择表数据的来源

图2-38 套用表格格式效果

步骤3：取消掉筛选标签，选中图表，在主页功能区切换到"表设计"选项卡，在"表格样式选项"组中取消勾选"标题行"复选框，如图2-39所示，效果图如图2-40所示。

图2-39 取消勾选"标题行"复选框

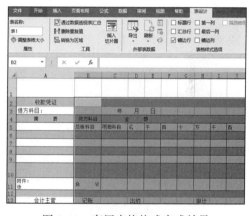

图2-40 套用表格格式完成效果

2.4.2 自定义表格样式

用户在使用Excel 2019制作和编辑表格的时候，常常需要根据实际需求创建自定义的表格样式，以方便日后直接套用。本节将以"凭证汇总表.xlsx"工作簿为例来具体讲解创建自定义表格样式的方法。

步骤1：选中A1:G25单元区域，在主页功能区切换到"开始"选项卡下，在"样式"组中单击"套用表格格式"按钮右侧的下三角按钮，在展开的下拉列表中选择"新建表格样式"选项，如图2-41所示。

图2-41 选择"新建表格样式"选项

步骤 2：在打开的"新建表样式"选项卡中，将"名称"默认为"表样式1"，单击"格式"按钮，如图 2-42 所示。

步骤 3：;在打开的"设置单元格格式"对话框中切换到"边框"选项卡，在"线条样式"选项中选择"线条"选项，然后分别单击"外边框"和"内部"，单击"确定"按钮，如图 2-43 所示。

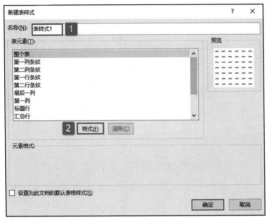

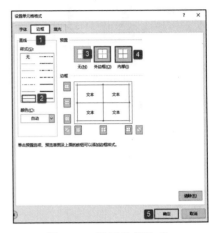

图 2-42　单击"格式"按钮　　　　　图 2-43　设置边框格式

步骤 4：返回"新建表样式"对话框，单击"确定"按钮，自定义表格样式就完成了，如图 2-44 所示。

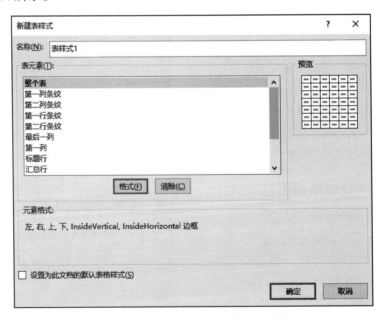

图 2-44　完成自定义表格样式的设置

第3章
建立财务报表的基本方法

在财务管理工作中,经常需要借助表格的形式来完成各种数据的分析、运算和预测。Excel 2019 作为优秀的电子表格工具软件,它集数据库、工作表、图形为一体,不但具备一般的(即横竖交成)网络表格的含义,而且具有电子的含义,即采用自动链接的方式来进行信息间的相互联系。在财务管理工作中,这种电子表格是非常有用的,利用此功能财务人员可以很容易地编制各种财务工作表,十分方便地管理财务数据。本章主要介绍利用 Excel 2019 建立财务报表的基本方法,包括建立报表前的准备工作、设计报表格式的方法、在报表中输入和建立公式及报表格式的设置等,通过本章的实战学习,用户可以在较短的时间内建立各种财务报表。

- 创建财务报表
- 输入数据与建立公式
- 实战:格式化财务报表
- 保存工作簿

3.1 创建财务报表

财务管理工作表主要应用在财务中,在格式上通常应包括表标题、表日期、表头、表尾和表体固定栏目等。下面我们以图 3-1 所示的"艺涵公司损益表"为例,介绍创建财务管理工作表的操作方法。

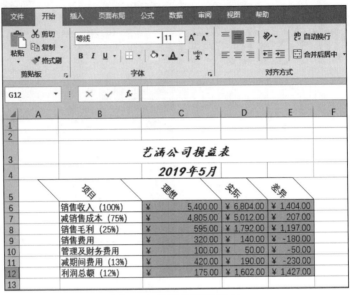

图 3-1 艺涵公司损益表

3.1.1 建立新工作簿

在建立财务管理工作表之前,首先应做的准备工作就是创建一张新的工作簿,在前面的章节中已经具体介绍了创建工作簿的方法,下面我们新建一个工作簿,并将其命名为"艺涵公司损益表.xlsx",具体操作步骤如下。

步骤 1:在"桌面"空白处单击鼠标右键,在弹出的快捷菜单中选择"新建"命令,在展开的选项中选择新建"Microsoft Excel 工作表",如图 3-2 所示。

步骤 2:选择"重命名"命令,将该工作簿命名为"艺涵公司损益表",效果如图 3-3 所示。

图 3-2 选择"新建"命令

图 3-3 为工作簿重命名

3.1.2 输入标题

财务管理工作表的标题一般都是文本数据类型,其输入方法非常简单。用户只需要切换到中文输入法,然后选择标题文本所在的单元格位置,并输入标题信息即可。

打开"艺涵公司损益表.xlsx"工作簿,使用鼠标单击 C3 单元格,使其成为当前活动单元格,然后在 C3 单元格中输入标题"艺涵公司损益表",按"Enter"键结束文本输入,其结果如图 3-4 所示。

图 3-4 输入标题

3.1.3 输入日期

日期不同于一般的文本类型的数据,在 Excel 2019 工作表中它是以数字的形式存在的,但又不同于数字。在工作表中输入日期类型的数据时,Excel 2019 提供了定义单元格格式的功能,因此在对于需要输入日期类型数据的单元格,可先将其定义成日期数据类型,然后按所需的日期类型格式输入日期数据。

下面我们将"艺涵公司损益表"工作表中的 C4 单元格定义为"××年×月"的日期格式,然后输入日期为"2019 年 5 月",具体操作方法如下。

步骤 1:选择 C4 单元格,单击鼠标右键,在弹出的快捷菜单中选择"设置单元格格式"选项,如图 3-5 所示。

图 3-5 选择"设置单元格格式"选项

步骤 2:在打开的"单元格格式"对话框中选择"数字"选项卡,然后在"分类"列表框中选择"日期"选项,在右侧的"类型"列表框中选择日期类型为"2012 年 3 月"的格式,然后单击"确定"按钮即可,如图 3-6 所示。

步骤 3:在 C4 单元格中输入"2019-5",并按"Enter"键结束,则 Excel 会自动将其转化为"2019 年 5 月"的形式,如图 3-7 所示。

图 3-6 设置单元格格式

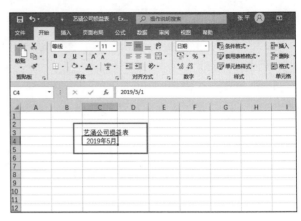

图 3-7 输入日期

3.1.4 输入表头

表头也就是表格的各个字段名，它也是文本型数据，其输入方法有两种：一种方法是在每个单元格中输入正文后，按"Enter"键，再将光标移到下一个单元格中继续输入；另一种方法是选择单元格区域，在一个单元格中输入正文后，按"Enter"键，便可在该单元格区域中的下一个单元格中输入正文。前面的章节中已经了解了单元格区域的选定方法，接下来就可以通过先选择单元格区域后输入内容的方法来输入工作表的表头了。下面我们需要在"艺涵公司损益表"中的 B5:E5 单元格区域分别输入表头"项目""理想""实际"和"差异"，具体操作方法如下。

步骤 1：单击 B5 单元格，然后拖动鼠标到单元格 E5，选定单元格区域 B5:E5，如图 3-8 所示。

步骤 2：此时，B5 单元格为当前单元格，在其中输入"项目"文本，按"Enter"键，则 C5 单元格成为活动单元格，在其中输入"理想"文本，再按"Enter"键，则 D5 单元格成为活动单元格，在其中输入"实际"文本，再次按"Enter"键后，则 E5 单元格成为活动单元格，在其中输入"差异"文本，如果继续按"Enter"键，则第一个单元格又成为活动单元格，用鼠标单击任意单元格即可结束单元格区域文本的输入，其输入结果如图 3-9 所示。

图 3-8 选择单元格区域

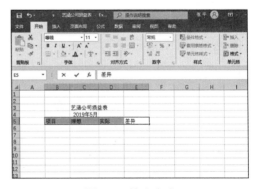

图 3-9 输入表头

3.1.5 输入表体固定栏目

在损益表中，销售收入、销售成本等被称为财务管理表格的固定栏目，它也是文本型数据，其输入方法很简单，用户可采用上述方法中的任意一种都可，其输入后的效果如图 3-10 所示。

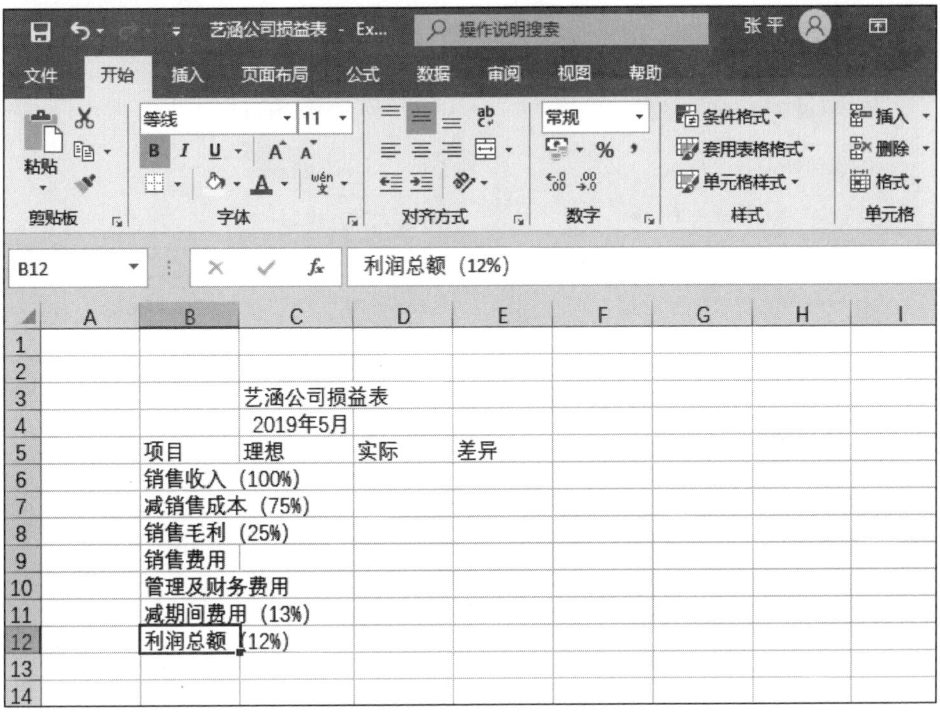

图 3-10 输入表体固定栏目

3.2 输入数据与建立公式

定义好了财务管理工作表的格式后，用户就可以在其中输入相关的财务数据了。在财务管理工作表中有些数据是原始数据，是要必须输入的，如上节中的"艺涵公司损益表"中的理想与实际销售收入、销售成本、管理及财务费用等，而有些数据如销售毛利、利润总额等则不需要输入，可以通过建立公式来让 Excel 2019 应用程序自动计算。下面就介绍一下输入数据和建立公式的方法。

3.2.1 输入数据

数值型数据的输入方法与文本的输入方法类似，用户也可以利用选择单元格区域进行输入。首先需要在"艺涵公司损益表"中输入理想与实际销售收入、销售成本等数据。具体操作如下。

步骤 1：单击 C6 单元格，然后拖动鼠标到单元格 D7，选定单元格区域 C6:D7，如图 3-11 所示。

步骤 2：此时 C6 单元格为当前单元格，在其中输入数据 5400，按"Enter"键，在 C7 单元格中输入 4805，再次按"Enter"键，在 D6 单元格中输入 6804，再次按"Enter"键后，在 D7 单元格中输入 5012，如图 3-12 所示。

图 3-11　选定单元格区域

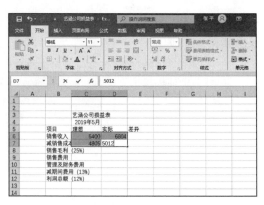

图 3-12　在单元格区域输入数据

步骤 3：用同样的方法选择 C9:D10 单元格区域，并依次输入 320、100、140、50，其结果如图 3-13 所示。

提示：在输入分数数据时，应首先在分数的前面先输入 0 或空格，然后再输入分数，如：0 1/2 表示 1/2 数，否则 Excel 会解释为日期；此外，负数也可以用数字置于（）内的形式来表示，如（125）表示为 –125。

图 3-13　输入基本数据

3.2.2　建立公式

在财务管理工作表表格内，各种数据之间都存在着一定的逻辑关系，也就是说工作表项目之间有一定的核对关系。比如"毛利＝销售收入－销售成本"，"差异＝实际－理想数"等。在 Excel 2019 中，表内数据的关系可以用公式的形式来表示。定义公式非常实用，当对公式进行一次定义后就可以多次使用，而且数据间的关系采用自动链接方式，当源数据发生变化时，目标数据会自动改变。

在 Excel 2019 中，公式的输入方法有两种，一种是直接输入，另一种是输入与复制相结合。下面我们以"艺涵公司损益表"中的数据为例具体介绍一下这两种方法。

在"艺涵公司损益表"中，其理想销售毛利等于理想销售收入与理想销售成本的差。其中 C6 单元格表示理想销售收入，C7 单元格表示理想销售成本，C8 单元格表示理想销售毛利，我们先利用直接输入公式法计算出损益表中理想的销售毛利的值，具体操作方法如下。

单击 C8 单元格，输入公式"=C6-C7"，按"Enter"键完成输入，即可在 C8 单元格中显示出计算结果，结果为 595，如图 3-14 所示。

输入与复制相结合方法是指将表示形式相同，而单元格引用不同的公式利

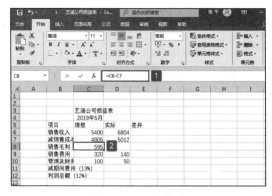

图 3-14　输入公式

用复制的方法在另一需要输入公式的单元格中进行粘贴，这样就减少了建立公式的烦琐步骤，提高了工作效率。那么这种方法怎么使用呢？下面就来学习一下具体案例。

在"艺涵公司损益表"中，其实际销售毛利等于实际销售收入与实际销售成本的差。其中，D6 单元格表示实际销售收入，D7 单元格表示实际销售成本，D8 表示实际销售毛利。我们可以利用复制公式的方法计算出损益表中实际的销售毛利的值。

步骤 1：选择 C8 单元格，单击鼠标右键，在弹出的快捷菜单中选择"复制"选项，如图 3-15 所示。

步骤 2：单击 D8 单元格，然后再次单击鼠标右键，在弹出的快捷菜单中选择"粘贴"选项，选择"粘贴选项"为"公式"，如图 3-16 所示。

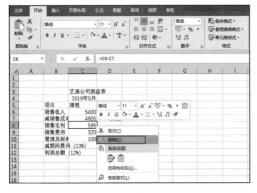

图 3-15　选择复制命令

图 3-16　设置粘贴选项

步骤 3：此时，公式的内容自动调整为"=D6−D7"，输出结果为 1792，如图 3-17 所示。

在损益表中，由于理想与实际的期间费用分别等于其销售费用与其管理及财务费用的和，其利润总额等于其销售毛利与其期间费用的差。所以利用同样的方法，在单元格 C11 中输入公式"=C9+C10"，在 C12 单元格中输入公式"=C8−C11"，然后利用复制的方法可求出实际期间费用、利润总额和实际与理想差异的值，结果如图 3-18 所示。

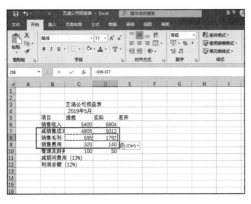

图 3-17　复制公式后的效果

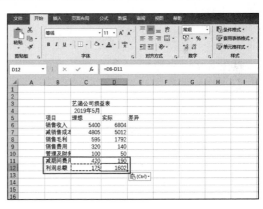

图 3-18　计算期间费用与利润总额

另外，在利用复制的方法进行公式的输入时，除了利用命令来进行复制与粘贴外，Excel 2019 还提供了一种更为简便的操作方式，那就是利用鼠标拖动单元格的填充柄来复制公式。

在"艺涵公司损益表"中。理想与实际的差异等于实际数值与理想数值的差。计算差异的值，我们需要先在 E6 单元格中输入计算销售收入差异的公式，然后利用拖动填充柄的方法将该公式复制到 E7 到 E12 单元格区域中。

步骤 1：选择 E6 单元格，在单元格中输入公式"=D6-C6"，按"Enter"键确认输出，输出结果为 1404，如图 3-19 所示。

步骤 2：移动鼠标到 E6 单元格右下角的填充柄处，当鼠标指针变换样式时按住鼠标左键不放向下拖动到 E12 单元格处，则所拖动过的单元格中，Excel 2019 会自动调整公式中相对引用的行坐标，将 6 个公式分别粘贴到 E7:E12 单元格区域中，并显示输出结果，效果如图 3-20 所示。

图 3-19　输入公式

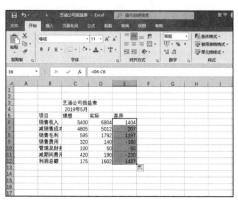
图 3-20　显示输出效果

3.3　实战：格式化财务报表

完善财务管理工作表的数据后，其工作并没有完成，还应该对工作表加以编排，如调整列宽、行高、数字格式、表格边框等，使财务管理工作更加美观，数据格式更加符合财务人员的习惯。

3.3.1　设置字体格式

在 Excel 中每种字体都有一个字形、大小和格式，合理地设置工作表中的字体格式，能够使工作表更美观。

以"艺涵公司损益表"工作表的表标题为例，对字体格式进行设置。具体设置要求如下：

将图 3-20 中 C3 单元格中的"艺涵公司损益表"、C4 单元格中的"2019 年 5 月"字号设置 16，字体为楷体，字形为加粗带斜体。

具体地操作方法如下：

选择 C3:C4 单元格区域，在主页功能区切换到"开始"选项卡，将字体改为"楷体"，字号设置为 16，字形设置为加粗带斜体，效果如图 3-21 所示。

图 3-21　设置字体格式

3.3.2 设置数据对齐方式

在 Excel 2019 应用程序中，用户可以根据需要来手动设置数据的对齐方式。下面我们以"艺涵公司损益表"中的数据为例，来讲解怎么设置对齐方式。具体要求为将图 3-21 中的 B3:E3 单元格区域设置为合并后居中效果，将单元格区域 B5:E5 设置为水平和垂直方向都居中，并向下倾斜 45 度。

步骤 1：选择 B3:E3 单元格区域，在主页功能区切换到"开始"选项卡，单击"对齐方式"组中的"合并后居中"下拉按钮，在展开的下拉列表中选择"合并后居中"选项，如图 3-22 所示。

步骤 2：选择 B5:E5 单元格区域，单击鼠标右键，在弹出的隐藏中选择"设置单元格格式"选项，如图 3-23 所示。

图 3-22　选择"合并后居中"

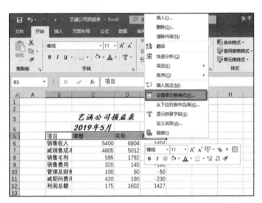

图 3-23　选择"设置单元格格式"选项

步骤 3：在弹出的"单元格格式"对话框中选择"对齐"选项卡，单击"水平对齐"和"垂直对齐"按钮右侧的下三角按钮，并在其展开的下拉列表框中统一选择"居中"选项，在"方向"区域中，拖动指针角度，使其指到向下 45 度处，然后单击"确定"按钮，如图 3-24 所示，最后的效果如图 3-25 所示。

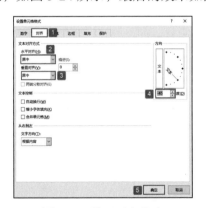

图 3-24　设置对齐格式

图 3-25　设置对齐方式后的效果

3.3.3 设置工作表的行高和列宽

在前面的第 2 章第 1 节中已经介绍了设置行高和列宽的具体方法，按照上述方法用户可以自行定义并设置行高和列宽以使表格更加美观。这里将单元格区域 B3:E3 的行高设置为30，B列和C列列宽分别设置为18和17，防止出现因为文本内容较多无法显示的情况，效果如图3-26所示。

图 3-26　设置行高和列宽

3.3.4　设置数字的格式

除了对日期的格式进行设置，我们还需对数字格式进行调整，将其设置为会计专用的数字格式，具体操作步骤如下。

步骤1：选择C6:E12单元格区域，单击鼠标右键，在弹出的快捷菜单中选择"设置单元格格式"选项，如图3-27所示。

步骤2：在弹出的"单元格格式"对话框中选择"数字"选项卡，在"分类"列表框中选择"会计专用"选项，

图 3-27　选择"设置单元格格式"选项

设置"小数位数"为2，"货币符号"为"¥"，然后单击"确定"按钮，如图3-28所示，效果如图3-29所示。

图 3-28　设置数字格式

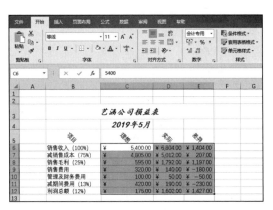

图 3-29　设置数字格式后的效果图

3.3.5 设置单元格的边框和底纹

为了进一步加强表格的显示效果和表现力，可以为"艺涵公司损益表"中的单元格区域添加边框和底纹图案。

接下来先为"艺涵公司损益表"中的单元格区域 B5:E12 添加边框。具体操作方法及效果如下。

步骤 1：选择 B5:E12 单元格区域，单击鼠标右键，在弹出的快捷菜单中选择"设置单元格格式"选项，如图 3-30 所示。

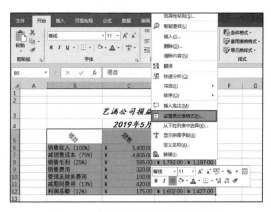

图 3-30　选择"设置单元格格式"

步骤 2：在弹出的"单元格格式"对话框中，切换到"边框"选项卡下，在"线条样式"选项中选择合适的样式，设置"颜色"为"自动"，然后分别单击"预置"选项下的"外边框"和"内边框"，为其添加线条边框，在"边框"选项下我们可以看到设置后的预览效果，最后单击"确定"按钮即可，如图 3-31 所示，添加边框后的效果如图 3-32 所示。

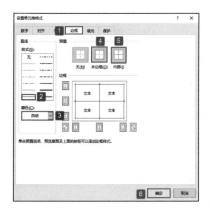

图 3-31　设置边框格式

图 3-32　设置边框后的效果

接下来还需要为单元格区域 C6:E12 添加底纹，具体操作方法及效果如下。

步骤 1：选择 C6:E12 单元格区域，单击鼠标右键，在弹出的快捷菜单中选择"设置单元格格式"选项，如图 3-33 所示。

步骤 2：在弹出的"单元格格式"对话框中，切换到"填充"选项卡下，设置"背景色"为"浅蓝色"，在"示例"选项下可以看到预览效果图，然后单击"确定"按钮即可，如图 3-34 所示，设置底纹的效果如图 3-35 所示。

图 3-33　选择"设置单元格格式"

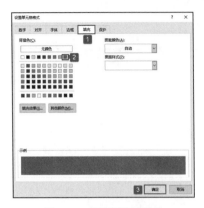

图 3-34　设置填充颜色

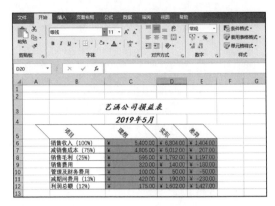

图 3-35　设置底纹效果图

3.4　保存工作簿

当前的工作簿已经编辑好了，可以将其保存在固定的文件夹中，这里选择保存位置为桌面，具体操作方法如下。

步骤 1：在主页面功能区选择"文件"选项卡下右侧导航栏中的"另存为"选项，选择储存的位置为"这台电脑"，如图 3-36 所示。

步骤 2：打开"另存为"对话框，在"另存为"对话框中选择存储的位置为"桌面"，文件名为"艺涵公司损益表（完成版）"，保存类型为"Excel 工作簿"，最后单击"保存"按钮即可完成工作簿的保存，如图 3-37 所示。

图 3-36　选择存储选项

图 3-37　保存工作簿

第4章
账务处理表格管理

工作中的会计账簿包括日记账、明细账和总账,在进行账务处理的过程中用户需要把大量分散的数据进行分类整理,逐步加工成有用的会计信息的账簿,以此作为编制会计报表的重要依据。本章将结合一些具体的函数来介绍这些会计账簿的管理方法,包括现金日记账、银行存款日记账、明细分类账以及总账,并结合 Excel 2019 应用程序对其进行实际操作,希望通过这一章的学习,给大家提供更多的账务管理的经验。

- 登记现金日记账
- 登记银行存款日记账
- 数量金额式明细分类账的设置与登记
- 实战:总账设计

4.1 登记现金日记账

现金日记账是由单位出纳人员根据审核无误的现金收、付款凭证进行登记的，它是用来逐日反映库存现金的收入、付出及结余情况的特种日记账。接下来将以登记现金日记账为例，逐一介绍 Excel 中基本数据类型的输入。

4.1.1 相关函数介绍

在介绍基本数据类型的输入之前，先来学习一下现金日记账相关函数的语法和功能，这里我们重点讲解 SUMPRODUCT 函数和 INDEX 函数。

1. SUMPRODUCT 函数的语法和功能

SUMPRODUCT 函数的语法格式是 SUMPRODUCT（array1,array2,array3,…），Array 为数组，从字面上可以看出，SUMPRODUCT 由两个英文单词组成，SUM 是和，PRODUCT 是积，所以是乘积之和的意思。它的功能就是返回相应的数组或者区域乘积的和。

（1）基础用法

当 SUMPRODUCT 函数中的参数只有一个数组时，即对数组{1;3;5;7;9;6;7}进行求和，1+3+5+7+9+6+7=38，即在 E2 单元格中输入公式"=SUMPRODUCT(A2:A8)"，然后按"Enter"键返回计算结果，如图 4-1 所示。

图 4-1　在 E2 单元格中输入公式

当 SUMPRODUCT 函数中参数为两个数组时，两个数组的所有元素对应相乘，即在 E3 单元格中输入公式"=SUMPRODUCT(A2:A8,B2:B8)"，然后按"Enter"键返回计算结果，如图 4-2 所示。

公式"=SUMPRODUCT（A2:A8,B2:B8）"可转化为

"=SUMPRODUCT（数组 1，数组 2）"

"=SUMPRODUCT（{1; 3; 5; 7; 9; 6; 7}，{1; 3; 5; 7; 9; 6; 7}）"=1*1+3*3+5*5+7*7+9*9+6*6+7*7=250。

当 SUMPRODUCT 函数中参数为三个数组时，三个数组的所有元素对应相乘，在 E4 单元格中输入的公式为"=SUMPRODUCT(A2:A8,B2:B8,C2:C8)"，然后按"Enter"键返回计算结果，如图 4-3 所示。

（2）应用案例

第一个案例：单条件求和。统计上海发货平台的发货量，打开"数据分析.xlsx"工作簿，切换到"Sheet1"工作表，如图 4-4 所示。

在 D2 单元格中输入公式"=SUMPRODUCT((A2:A13="上海")*(B2:B13))"，按"Enter"键返回计算结果。

看到这个公式用户可能会有疑惑，它跟语法格式好像不一样，其实把它看作是只有一个参数。因为当函数中出现由 TRUE 和 FALSE 组成的逻辑数组时，这时公式要写

成"=SUMPRODUCT((A2:A13="上海")*1，(B2:B13))"，乘以 1，把它转化成数组才能参与运算。否则就写成最上面的那种形式。

公式分解

"=SUMPRODUCT（{数组 1}*{数组 2}）"

"=SUMPRODUCT（{TRUE;……TRUE;……TRUE;……TRUE}*{12089;…40111;…20869;…30520}）"

=1*12089+1*40111+1*20869+1*30520=103589。

第二个案例：多条件求和。求当发货平台为成都，收货平台为重庆的发货量，如图 4-5 所示。在 E2 单元格中输入公式

"=SUMPRODUCT((A2:A13="成都")*(C2:C13="重庆")*(D2:D13))"，按"Enter"键返回计算结果。

图 4-2　在 E3 单元格输入公式

图 4-3　在 E4 单元格中输入公式

图 4-4　输入公式

图 4-5　在 E2 单元格中输入公式

需要注意的是 SUMPRODUCT 函数后面的参数必须是数组，即行和列的维度是一致的。

2. INDEX 函数的语法和功能

INDEX 函数的语法格式有两种，一种是数组形式，另一种是引用形式。

数组形式 =INDEX (array,row_num,column_num)=INDEX（数据表区域，行数，列数）；

引用形式 =INDEX (reference,row_num,column_num,area_num)

=INDEX(一个或多个单元格区域的引用，行数，列数，从第几个选择区域内引用)。

INDEX 函数的功能就是返回数据表区域的值或对值的引用。

（1）INDEX 函数数组形式案例

第一个案例：打开"数据分析.xlsx"工作簿，切换至"INDEX 函数"工作表，如

图 4-6 所示，在 B8 单元格中输入公式"=INDEX(B3:D6,4,3)"，按"Enter"键返回计算结果。

其中，数据表区域（B3:D6），数（4），列数（3），返回数据表区域（B3:D6）第四行第三列的值 500。

第二个案例：通过 INDEX 函数和 MATCH 函数实现单条件匹配查找。如图 4-7 所示，利用 INDEX 进行匹配查找，当数据很多时，我们不可能通过点数来确定 INDEX 函数中的行数和列数。而是要通过 MATCH 函数来确定行数和列数。

在 B9 单元格中输入公式"=INDEX($F$2:$I$6,MATCH(A9,$F$2:$F$6,0),MATCH($B$8,$F$2:$I$2,0))"，按"Enter"键返回计算结果。这里使用绝对引用要注意。B8 代表六月份不变要使用绝对引用。

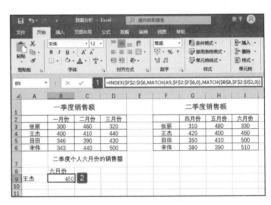

图 4-6　在 B8 单元格中输入公式　　　图 4-7　在 B9 单元格中输入公式

（2）INDEX 函数引用形式案例

第一个案例：如图 4-8 所示，在 B8 单元格中输入公式"=INDEX((B3:D6,G3:I6),4,3)"，按"Enter"键返回计算结果。其中，一个或多个单元格区域的引用（两个区域 B3:D6,G3:I6），行数（4），列数（3），从第几个选择区域内引用（省略，默认第一个区域 B3:D6），所以返回 500。

第二个案例：如图 4-9 所示，在 B8 单元格中输入公式"=INDEX((B3:D6,G3:I6),4,3,2)"，按"Enter"键返回计算结果。其中，一个或多个单元格区域的引用（两个区域 B3:D6,G3:I6），行数（4），列数（3），从第二个选择区域内引用（第二个区域为 G3:I6），所以返回 510。

图 4-8　在 B8 单元格中输入公式　　　图 4-9　在 B8 单元格中输入公式

在使用的过程中我们需要注意一点，那就是 row_num 参数和 column_num 参数必须指向数组中的某个单元格。否则，INDEX 函数出错，返回 #REF! 错误值。

4.1.2 输入文本类型数据

文本数据类型是指为文字、数字、符号等符号组成的字符串，它在 Excel 中以文本的形式存储。Excel 中的文本类型数据包括普通文本类型和数值型文本数据。打开示例文件"现金日记账.xlsx"工作簿。

1. 输入普通文本类型数据

步骤 1：单击选择要输入内容的单元格，如单元格 D5，输入内容"期初余额"，如图 4-10 所示，还可以在编辑栏中输入数据。

步骤 2：单击选择要输入内容的单元格，如单元格 D6，在编辑栏中输入"提取现金备用"，如图 4-11 所示。

图 4-10　输入内容

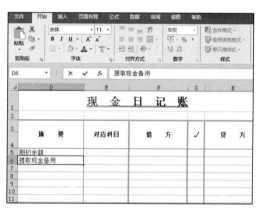

图 4-11　在 D6 单元格中输入文本

2. 输入数值型文本数据

步骤 1：在单元格 J2 中要输入现金日记账账页的编号，单击选择单元格 J2，输入内容"0125896"，如图 4-12 所示。

步骤 2：按下"Enter"键后，系统会动将输入的数字串存储为数字格式，删除最前面的 0，如图 4-13 所示。

图 4-12　直接输入数值

图 4-13　自动存储为数字

步骤 3：在单元格 J2 中重新输入编号，先输入一个单撇号，然后输入一个空格，最后再输入编号字符串，如图 4-14 所示。

步骤 4：按下"Enter"键后，此时单元格中会显示输入的字符串，但同时单元格左上角会显示一个绿色的小三角，如图 4-15 所示。

图 4-14　正确的输入方法

图 4-15　正确的输入结果

3. 隐藏错误检查标记

在默认的情况下，如果将数字存储为文本格式，或者是数字前面有撇号，系统会在单元格的左上角显示错误检查标记，即绿色的小三角。用户也可以将它隐藏起来，操作方法如下。

步骤 1：单击选中单元格 J2，此时单元格左侧会显示一个带下三角按钮的标记，单击标记右侧的下三角按钮，在展开的下拉列表中选择"错误检查选项"选项，如图 4-16 所示。

步骤 2：随后弹出"Excel 选项"对话框。单击"公式"标签，在"错误检查规则"区域取消勾选"文本格式的数字或前面有撇号的单元格"复选框，然后单击"确定"按钮，如图 4-17 所示。

图 4-16　单击"错误检查选项"选项

步骤 3：返回工作表中，此时单元格 J3 左上角的绿色小三角消失了，如图 4-18 所示。

图 4-17　设置"错误检查规则"选项

图 4-18　隐藏错误检查标记

4.1.3 输入数值类型数据

数值类型的数据是 Excel 工作表中最为重要的数据类型之一，众所周知，Excel 最突出的一项特色说是对于数据的运算、分析和处理，而最常见的处理的数据类型就是数字类型的数据，它常参与到各类运算中。数字通常包括整数、小数和分数，它们的输入方法介绍如下。

1. 输入整数

单击选择要输入数据的单元格，如单元格 J5，直接输入整数，如"24800"，按下"Enter"键后，数据自动靠单元格右侧对齐，如图 4-19 所示。

2. 输入小数

在单元格 F6 中输入数据"42500.5"，按下"Enter"键后，数据自动靠单元格右侧对齐，如图 4-20 所示。

图 4-19　输入整数

图 4-20　输入小数

3. 输入分数

在单元格中输入整数和小数都非常简单，直接输入即可，但是，却不能直接输入分数。在输入分数时必须掌握一定的技巧才能正确地输入分数。当然，在平常的登记现金日记账时，很少会使用分数进行登记，这里仅仅是为了介绍分数的输入方法而举的特例。

步骤 1：在单元格 H8 中输入"1/2"，如图 4-21 所示。

步骤 2：按下"Enter"键后，输入的数据自动显示为"1月2日"，如图 4-22 所示。

图 4-21　直接输入分数

图 4-22　显示为日期值

步骤 3：删除刚输入的内容，重新在单元格 H8 中输入"' 1/2"，如图 4-23 所示。

步骤 4：按下"Enter"键后，单元格 H8 中显示的内容为"1/2"，如图 4-24 所示。

图 4-23　正确的分数输入方法

图 4-24　显示为分数格式

4.1.4　输入符号

在实际工作中处理表格时，经常需要输入各类符号，对于可以使用键盘输入的符号可以按下 Shift 键，直接按下符号所对应的键，但有一些符号却不能通过键盘直接输入，需要使用"符号"对话框插入。插入符号的具体操作方法如下所示。

步骤 1：在现金日记账中输入业务发生的日期、凭证号数、摘要以及借贷金额等数据，在单元格 J6 中输入公式"=J5+F6-H6"，按下"Enter"键后，向下拖动单元格右下角的填充柄至单元格 J10，计算出每日的现金余额，如图 4-25 所示。

步骤 2：选中 G6 单元格，在"插入"选项卡中的"符号"组中单击"符号"按钮，如图 4-26 所示。

图 4-25　完善数据

图 4-26　单击"符号"按钮

步骤 3：随后弹出"符号"对话框，拖动对话框中的滚动条，选择要插入的符号"√"，然后单击"插入"按钮，如图 4-27 所示。

步骤 4：返回工作表中，插入符号"√"到单元格 G6 中，如图 4-28 所示。

图 4-27 选择符号

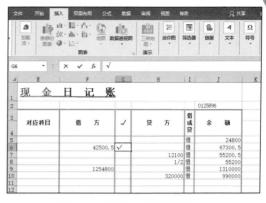
图 4-28 插入符号到单元格中

4.2 登记银行存款日记账

银行存款日记账通常由出纳员根据审核后的有关银行存款收、付款凭证，逐日逐笔顺序登记的，它是用来反映银行存款增加、减少和结存情况的账簿。银行存款日记账也是各单位重要的经济档案之一，银行存款日记账的格式与"现金日记账"格式类似。本节将修改上一节中创建的"现金日记账"，并另存为"银行存款日记账"。

4.2.1 相关函数介绍

在讲解关于银行存款日记账知识之前，先来学习一下 SMALL 函数、ROW 函数和 OR 函数的功能和用法。

1. SMALL 函数的语法和功能

SMALL 函数的语法格式是 SMALL(array,k)，其中，array 为数据的范围，k 为返回的数据在数据区域里的位置（从小到大），SMALL 函数的功能就是返回数据中第 k 个最小值。

（1）基础应用方法

我们先来看一下简单的应用方法。打开"数据分析.xlsx"工作簿，切换至"SMALL 函数"工作表，如图 4-29 所示，假设需要求数据中倒数第五个值，该怎么办呢？即在 C4 单元格中输入公式"=SMALL(A1:A10,5)"，按"Enter"键返回，便可得出结果为 5。

（2）案例应用

已知九名学生的成绩，求最后三名的姓名。

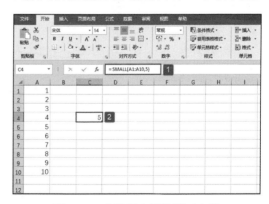
图 4-29 求数据中倒数第五个值

步骤 1：在 E3 单元格中输入公式"=VLOOKUP(SMALL(B2:B10,1),CHOOSE({1,2}, B2:B10,A2:A10),2,0)"，按"Enter"键即可得出结果，如图 4-30 所示。

步骤 2：在 E4 单元格中输入公式"=VLOOKUP(SMALL(B2:B10,2),CHOOSE({1,2}, B2:B10,A2:A10),2,0)"，按"Enter"键即可得出结果，如图 4-31 所示。

图4-30 求最后一名学生的姓名

图4-31 求倒数第二名学生的姓名

步骤3：在E5单元格中输入公式"=VLOOKUP(SMALL(B2:B10,3),CHOOSE({1,2},B2:B10,A2:A10),2,0)"，按"Enter"键即可得出结果，如图4-32所示。

2. ROW函数的语法和功能

ROW函数的语法格式是ROW(reference)，ROW函数的功能是返回所选择的某一个单元格的行数。下面我们来学习一下具体的应用方法。

如图4-33所示，在A1单元格中输入公式"=ROW(C6)"，返回C6单元格所在行，按"Enter"键即可得出结果6。

图4-32 求倒数第三名学生的姓名

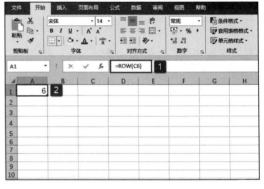
图4-33 返回C6单元格所在列

如果reference为一个单元格区域，如图4-34所示，返回引用中的第一行的行号。这里第一行为B5所在行，返回5。

在使用的过程中需要注意的是如果省略reference，则默认返回ROW函数所在单元格的行数。

3. OR函数的语法和功能

OR函数可以用来对多个逻辑条件进行判断，只要有1个逻辑条件满足时就返回"TURE"，OR函数的形式是OR(logical1,logical2,...)，最多可以有30个条件。

下面用具体的案例来详细介绍OR函数的使用方法。

打开"数据分析.xlsx"工作簿，切换至"OR函数"工作表。

某公司对升职设置了条件："年龄大于30岁，或在本公司工作年限大于10年（含）"，要筛选出符合条件的人选，如图4-35所示。

具体操作做法如下。

步骤1：使用OR函数，在G2单元格中输入"=OR(D2>30, E2>=10)"，按回车键，得到的结果是"FALSE",因为张 1 的年龄小于 30 岁,在公司工作时间也没有超过 10 年。即 OR 函数中的两个逻辑条件都不满足,所以返回"FALSE",如图 4-36 所示。

步骤 2:利用自动填充功能将单元格下拉,就可以得到所有人能否升职的结果,如图 4-37 所示。

图 4-34 返回引用中的第一行的行号　　　图 4-35 公司人员表

图 4-36 判断张 1 能否升职　　　图 4-37 利用自动填充完成表格

4.2.2 打开"现金日记账"工作簿

启动 Excel 2019 后,接下来使用"文件"菜单来打开上一节中创建的最终文件"现金日记账 .xlsx"。

步骤 1:在 Excel 工作表主页面功能区,单击"文件"菜单,然后单击"打开"命令,选择要打开的文件位置,这里设置选择"这台电脑"中的"桌面"选项,然后选择"现金日记账 .xlsx"工作簿,最后单击"打开"按钮,如图 4-38 所示。

图 4-38 单击"打开"按钮

步骤2：打开后的工作簿如图4-39所示。

图4-39 打开后的工作簿

4.2.3 清除单元格内容和格式

对于已经输入内容和设置了格式的单元格区域，用户可以清除单元格内容和格式，也可以只清除格式保留内容，或者只清除内容而保留格式。

1. 清除全部

步骤1：选择要清除的单元格区域，如单元格J2、单元格区域A5:J10，如图4-40所示。

步骤2：在"开始"选项卡中的"编辑"组中单击"清除"按钮右侧的下三角按钮，在展开的下拉列表中选择"全部清除"选项，如图4-41所示。

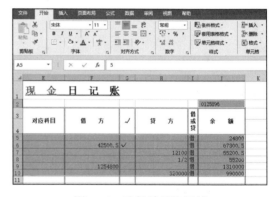

图4-40 选择单元格区域

步骤3：此时选定的单元格区域所有的内容和格式都被清除，显示为默认的单元格效果，如图4-42所示。

图4-41 选择"全部清除"选项

图4-42 清除后的效果

2. 清除格式

如果想要保留单元格区域的内容，不需要已设置的格式，可以只清除单元格区域的格式。首先在快速工具栏中单击"撤销"命令撤销上面的"清除全部"操作。

步骤1：选中要清除格式的单元格区域，如单元格J2、单元格A5:J10，在"开始"选项卡中的"编辑"组中，单击"清除"按钮右侧的下三角按钮，在展开的下拉列表中选择"清除格式"选项，如图4-43所示。

步骤2：此时，选定的单元格区域的边框、分数等格式被清除掉，系统以默认的格式显示，如图4-44所示。

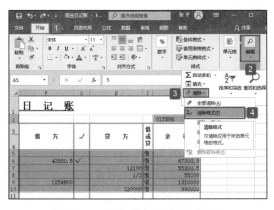

图4-43 选择"清除格式"选项

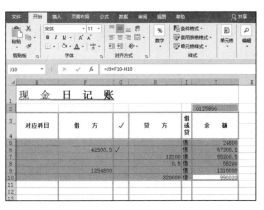

图4-44 清除格式保留内容的效果

3. 清除内容

如果不想要内容，希望保留格式，也可以。同样，请先单击快速工具栏中的"撤销"命令来撤销上面的"清除格式"的操作。

步骤1：选定单元格J2、单元格区域A5:J10，切换至"开始"选项卡，在"编辑"组中单击"清除"按钮右侧的下三角按钮，在展开的下拉列表中选择"清除内容"选项，如图4-45所示。

步骤2：此时工作表中会保留单元格格式，而删除单元格内容，如图4-46所示。

图4-45 选择"清除内容"命令

图4-46 只清除内容后的效果

4.2.4 修改并另存为银行存款日记账

接下来，在"现金日记账.xlsx"工作簿的基础上，修改表格格式后，另存为银行存款日记账，具体操作方法如下所示。

步骤1： 在 E 列列标处单击鼠标右键，在弹出的快捷菜单中选择"删除"选项，如图 4-47 所示。

步骤2： 在 D 列列标处单击鼠标右键，在弹出的快捷菜单中选择"插入"选项，如图 4-48 所示。重复此操作，在"摘要"栏左侧插入两列。

图 4-47 选择"删除"选项

图 4-48 选择"插入"选项

步骤3： 合并 D3:E3 单元格区域，然后分别在 D3、D4、E4 中输入文本"结算方式""类""号码"，如图 4-49 所示。

步骤4： 选中单元格 A1，将单元格中的"现金"更改为"银行存款"，如图 4-50 所示。

图 4-49 输入表格栏目

图 4-50 更改标题

步骤5： 在 Excel 工作表主页功能区单击"文件"菜单中的"另存为"选项，然后选择文件要保存的位置，这里我们选择的位置为"这台电脑"，随即打开"另存为"对话框。在"另存为"对话框中选择文件要保存的具体位置，这里选择的是"桌面"位置，然后在"文件名"文本框中输入"银行存款日记账"，选择保存类型为"Excel 工作簿"，然后单击"保存"按钮，如图 4-51 所示。

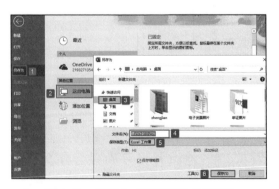

图 4-51 另存为"银行存款日记账"

步骤6：此时工作簿的名称会更改为"银行存款日记账"，如图4-52所示。

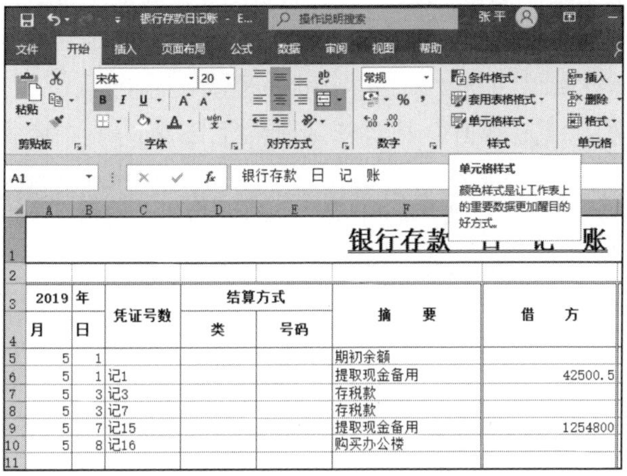

图4-52　另存为新工作簿

4.2.5　使用填充功能快速录入相同数据

如果需要在某一个行或列区域输入相同的数据，可以只在其中的一个单元格中输入数据，然后通过填充功能来将数据快速输入到其余单元格中。

1. 使用功能区中的命令填充数据

步骤1：打开"银行存款日记账.xlsx"工作簿，删除K2单元格中的数字编号，然后在银行存款日记账中录入数据，如图4-53所示。

图4-53　录入数据

步骤2：选择单元格区域J5:J15，如图4-54所示。

步骤3：在"开始"选项卡中的"编辑"组中单击"填充"下三角按钮，在展开的下拉列表中选择"向下"选项，如图4-55所示。

图4-54　选择单元格区域 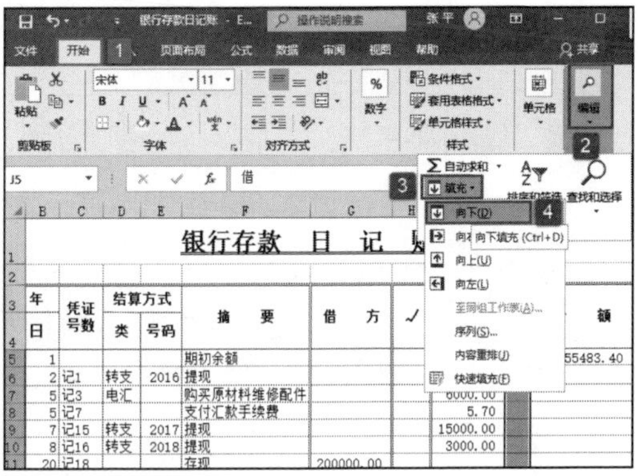　　　图4-55　单击"向下"选项

步骤4：此时，系统会将单元格J5中的文本"借"填充到其余选定的单元格中，

如图 4-56 所示。

2. 拖动填充柄填充相同数据

还可以直接拖动单元格右下角的填充柄来填充数据。请先撤销前面的填充操作，下面以相同的例子来介绍拖动填充柄填充相同数据。

步骤 1：单击选中单元格 J5，拖动该单元格右下角的填充柄，向下拖动至单元格 J15，释放鼠标后，屏幕上会显示一个填充选项按钮，单击该按钮中的下三角按钮，从展开的下拉列表中单击选中"不带格式填充"单选按钮，如图 4-57 所示。

图 4-56　填充结果

图 4-57　拖动填充柄进行填充

步骤 2：此时，将只填充内容，而不填充格式，如图 4-58 所示，单元格 J15 中保留了原有的格式。

步骤 3：在单元格 K6 中输入公式"=K5+G6-I6"，按下"Enter"键后，拖动单元格 K6 右下角的填充柄向下复制公式至单元格 K15，得到如图 4-59 所示的计算结果。

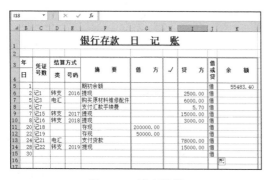

图 4-58　填充结果

图 4-59　计算余额

4.3　数量金额式明细分类账的设置与登记

"数量金额式"明细分类账的账页，其基本格式为"收入""发出"和"结存"三栏，在这些栏内再分别设有"数量""单价""金额"等项，以分别登记实物的数量和金额。这种格式的明细账适用于既要进行金额明细核算，又要进行数量明细核算的财产物资项目，如"原材料""产成品"等账户的明细核算。本节将以"原材料"明细分类账为例，详细介绍使用 Excel 2019 进行登记的方法,并设置数字格式。

4.3.1 录入"原材料"明细分类账数据

先打开实例文件"数量金额式明细账.xlsx"工作簿,接下来先在表格中录入明细分类账的具体数据。在录入数据之前,可以先设置好字体格式。

步骤1:选择要输入数据的单元格区域 B2:P17,如图 4-60 所示。

步骤2:切换至"开始"选项卡,在字体组中单击"字体"按钮右侧的下三角按钮,在展开的下拉列表中选择"华文行楷"选项,如图 4-61 所示。

步骤3:根据业务的发生情况,录入期初余额和本期发生额,如图 4-62 所示。

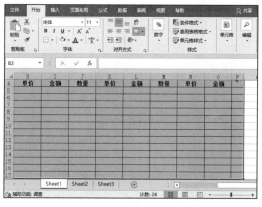

图 4-60 选择单元格区域

图 4-61 选择字体

图 4-62 输入数据

4.3.2 设置公式自动计算

对于可以使用公式计算得到的项目,可以设置公式自动计算。比如,借、贷、结存三栏的金额和结存栏的数量都可以通过计算得到。

步骤1:在单元格 I5 中输入公式"=G5*H5",按下"Enter"键后,拖动单元格 I5 右下角的填充柄复制公式至单元格 I9,得到如图 4-63 所示的数据。

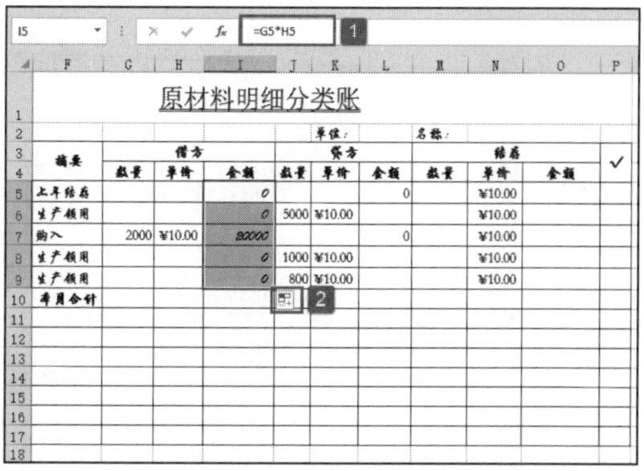

步骤2:在单元格 L5 中输入公式"=J5*K5",按下"Enter"键后,拖动单元格 L5 右下角的填充柄复制公式至单元格 L9,得到如图 4-64 所示的数据。

图 4-63 设置公式计算借方金额

步骤3:在计算今年的结存数量时我们需要知道上年的结存数量,通过查询得知上年的结存数量为7000，我们需要将该数据输入单元格M5中，然后在单元格M6中输入公式"=M5+G6-J6"，按下"Enter"键后，拖动单元格M6右下角的填充柄复制公式至单元格M9，如图4-65所示。

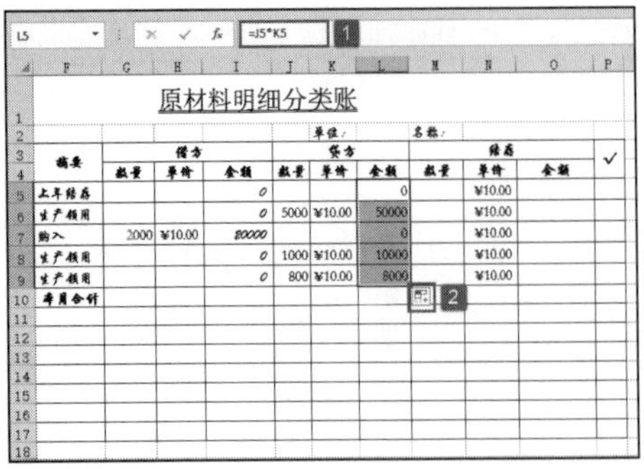

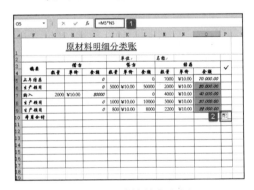

图4-64 设置公式计算贷方金额

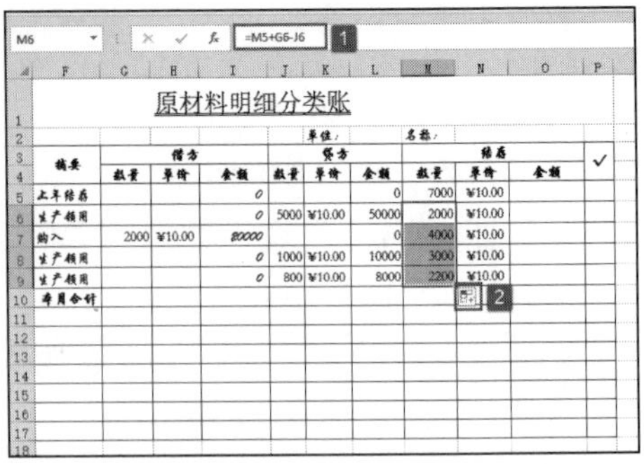

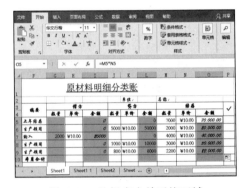

图4-65 根据去年结存数量计算今年结存数量

步骤4：在单元格O5中输入公式"=M5*N5"，按下"Enter"键后，拖动单元格O5右下角的填充柄复制公式至单元格O9，如图4-66所示。

步骤5：按住Ctrl键，拖动鼠标同时选中单元格区域G5:G10、I5:J10、L5:M10、O5:O10，如图4-67所示。

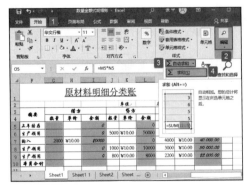

图4-66 计算结存金额

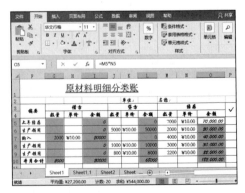

图4-67 选择多个单元格区域

步骤6：在"开始"选项卡中的"编辑"组中单击"自动求和"按钮右侧的下三角按钮，在展开的下拉列表中选择"求和"选项，如图4-68所示。

步骤7：此时，选定的每列区域的最后一个单元格中会显示对其上面的多个单元格的自动求和结果，如图4-69所示。

图4-68 单击"自动求和"按钮

图4-69 自动求和结果

4.3.3 隐藏工作表中的零值

在使用公式进行计算时，对于空白单元格的计算结果，都会显示为零值。用户可以隐藏工作表中的零值，操作方法如下。

步骤 1：在"原材料明细分类账"工作表主页功能区单击"文件"菜单项，然后单击"选项"命令，如图 4-70 所示。

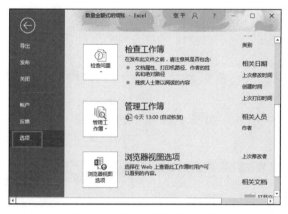

图 4-70　单击"选项"命令

步骤 2：在"Excel 选项"对话框中，单击"高级"标签，在"此工作表的显示选项"区域取消勾选"在具有零值的单元格中显示零"复选框，然后单击"确定"按钮，如图 4-71 所示。

步骤 3：隐藏零值后的工作表效果如图 4-72 所示。系统会将所有零值所在的单元格显示为空白。

图 4-71　设置隐藏零值

图 4-72　隐藏零值效果

4.4 实战：总账设计

总账也称为总分类账，是根据总分类科目开设账户，用来登记全部经济业务，进行总分类核算，提供总括核算资料的分类账簿。总分类账所提供的核算资料，是编制会计报表的主要依据，任何单位都必须设置总分类账。总账一般采用借、贷、余三栏式，总分类账的登记依据和方法，主要取决于所采用的会计核算形式，它可以直接根据各种记账凭证逐笔登记，也可以先把记账凭证按照一定的方式进行汇总，编制成科目汇总表或汇总记账，然后据以登记总账。本节将以科目汇总表为登记总账的依据，请打开"2019年总分类账.xlsx"工作簿。

4.4.1 创建总账表格

总分类账的账页格式，一般采用"借方""贷方""余额"三栏式，根据实际需要，也可以在"借方""贷方"两栏内增设"对方科目"栏。接下来在 Excel 工作簿中创建总账表格。

步骤 1：打开的"总分类账"工作簿，单击"科目汇总表"工作表标签右侧的"插入工作表"按钮，如图 4-73 所示。

步骤 2：在新工作表中输入如图 4-74 所示的表项目，然后将工作表标签更改为"总账"，如图 4-74 所示。

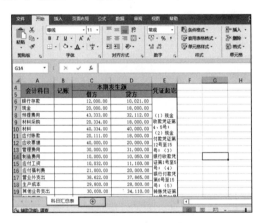

图 4-73　新建工作表

图 4-74　输入表项目

步骤 3：选择单元格区域 A1:H1，使用"合并后居中"功能使标题位于表头居中位置，并在两个字体之间空出三个字符，然后设置标题字体为"黑体"，字号为"20"，从下划线下拉列表中选择"双下划线"选项，效果如图 4-75 所示。

步骤 4：选择单元格区域 A2:H10，单击鼠标右键，在弹出的快捷菜单中选择"设置单元格格式"选项，如图 4-76 所示。

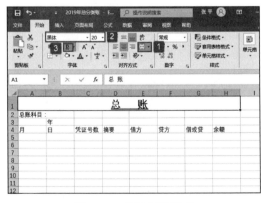

图 4-75　设置标题格式

图 4-76　选择"设置单元格格式"选项

步骤5：在弹出的"设置单元格格式"对话框中，切换到"边框"选项卡，首先从"颜色"下拉列表中选择适当的颜色，这里我们选择"绿色，个性色6"，然后从"样式"列表中选择细实线，再分别单击"外边框"和"内部"按钮为其添加边框，最后单击"确定"按钮即可，我们可在"边框"列表中对设置好的边框格式进行预览，如图4-77所示。

步骤6：设置好的总账表格效果如图4-78所示。

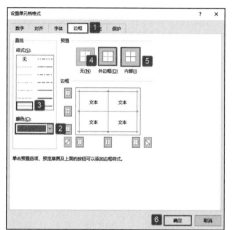

图4-77　设置边框格式

图4-78　总账表格效果

4.4.2　使用数据有效性设置总账科目下拉列表

当编制好科目汇总表后，需要根据科目汇总表中的数据来登记总账时，可以通过设置数据有效性来猎取总账科目，操作方法如下。

步骤1：单击选择单元格B2，在"数据"选项卡中的"数据工具"组单击"数据验证"按钮右侧的下三角按钮，在展开的下拉列表中选择"数据验证"选项，如图4-79所示。

步骤2：在打开的"数据验证"对话框中的验证条件区域单击"允许"列表下方的下三角按钮，从展开的下拉列表中单击"序列"选项，然后单击"来源"框右侧的单元格引用按钮，如图4-80所示。

图4-79　选择"数据验证"命令

图4-80　设置验证条件

步骤 3：在"科目汇总表"中选择单元格区域 A6:A22，如图 4-81 所示。

图 4-81　选择单元格区域

步骤 4：返回"数据验证"对话框，此时在"来源"框中显示单元格引用公式"=科目汇总表！$A$6:$A$22"，如图 4-82 所示。

图 4-82　确认来源区域

步骤 5：切换至"输入信息"选项卡，在"标题"框中输入"请选择科目"，在"输入信息"框中输入"请从下拉列表中选择总账科目"，如图 4-83 所示。

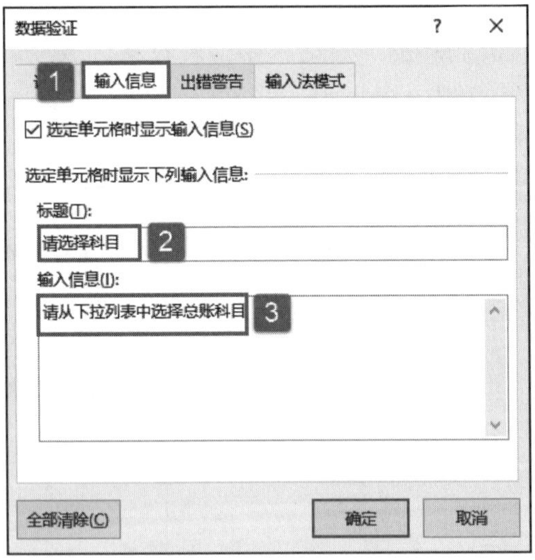

图 4-83　设置输入信息

步骤 6：切换至"出错警告"选项卡，在"标题"框中输入"错误总账科目！"，然后单击"确定"按钮，如图 4-84 所示。

图 4-84　设置出错警告

步骤 7：选中单元格 B2 时，屏幕上会显示设置的提示信息，如图 4-85 所示。

步骤 8：单击单元格 B2 右侧的下拉按钮，可以从下拉列表中选择科目，如图 4-86 所示。

图 4-85　显示提示信息

图 4-86　显示总账科目

步骤 9：当试图在单元格 B2 中输入一个不存在的科目时，屏幕上会弹出如图 4-87 所示的出错警告提示对话框。

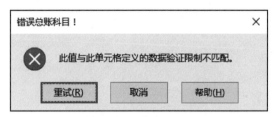

图 4-87　显示出错提示

第5章
常见的财务报表

财务报表是一套会计文件，是会计主体对外提供的反映会计主体财务状况和经营的会计报表，它反映一家企业过去一个财政时间段（主要是季度或年度）的财政表现及期末状况。它是财务报告的主要部分，通过量化的财务数字，分类表达，具体包括资产负债表、利润表和现金流量表，能帮助投资者和债权人了解企业的经营状况，进一步帮助其做出经济决策。本章将运用Excel应用软件具体讲解资产负债表、现金流量表、科目余额表和利润表的相关知识，希望通过本章的学习，用户能够对这些财务报表有更进一步的了解。

- 资产负债表
- 现金流量表
- 科目余额表
- 实战：利润表

5.1 资产负债表

资产负债表是反映会计主体在特定时点财务状况的主要报表，它是根据基本会计等式"资产=负债+所有者权益"编制的。资产负债表作为会计、商业会计或簿记实务上的财务报表之一，与购销损益账、现金流量表、股东权益变动表并列为企业四大常用财务报表，本节重点介绍如何用 Excel 2019 来编制符合用户需要的资产负债表。

5.1.1 相关函数介绍

在编制资产负债表之前用户需要先了解资产负债表中经常涉及的两个常用函数。

1. MAX 函数的语法和功能

MAX 函数的功能就是返回一个最大数值，它的语法形式如下：

MAX(number1, [number2], ...) 其中，number1, number2, ...number1 是必需的，后续数字是可选的。

下面我们一起来看一下 MAX 函数的使用方法。

步骤 1：打开"MAX 函数 .xlsx"工作簿，在"Sheet1"工作表中输入图中所示数据，作为我们要查找最大值的操作对象，如图 5-1 所示。

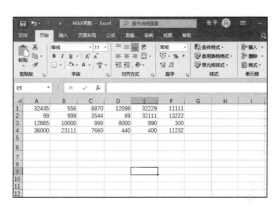

图 5-1 输入数据

步骤 2：然后我们在 A6 单元格中输入文本"最大的数"，然后把光标停留 B6 单元格，点击红色方框中的"fx"按钮，便可以进入函数设置页面，如图 5-2 所示。

步骤 3：点击"fx"按钮后，便会打开"插入函数"的设置页面，如图 5-3 所示。

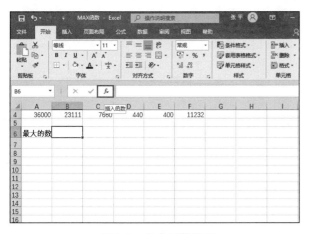

图 5-2 点击函数按钮

图 5-3 "插入函数"对话框

步骤 4：单击"或选择类别"选择框右侧的下三角按钮，在此处，要使用的 MAX 函数是属于"统计"类别的，所以需要在展开的下拉列表中选择"统计"选项，如图 5-4 所示。

步骤 5：在"选择函数"下面的函数列表中列出的都是关于"统计"的函数，选择"统计"选项之后，选择需要使用的"MAX"函数，然后点右下方的"确定"按钮，如图 5-5 所示。

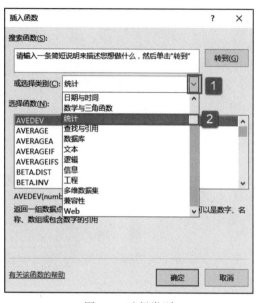

图 5-4　选择类别

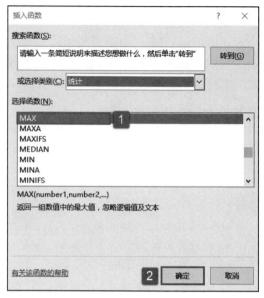

图 5-5　选择统计函数

步骤 6：单击"确定"按钮后，会打开"函数参数"的设置界面，先删除 Number1 后面的内容，然后选择参数的范围为 A1:F4，如图 5-6 所示，最后单击"确定"按钮，即可关闭"函数参数"设置对话框回到表格中，这时表格中显示的就是查找到最大的数值了，如图 5-7 所示。

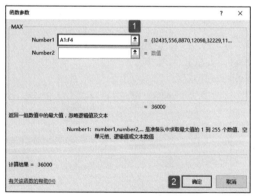

图 5-6　选择范围

图 5-7　查找结果

此外，如果参数不包含数字，函数 MAX 返回 0。

2. ABS 函数的语法和功能

ABS 函数的功能是返回数字的绝对值。一个数字的绝对值是该数字不带其符号的形式。正数和 0 返回数字本身，负数返回数字的相反数。

其语法格式为 ABS（number），Number 必需。 参数必须为数值类型，即数字、文本格式的数字或逻辑值。如果是文本，则返回错误值 #VALUE!。

示例：新建一个"ABS 函数 .xlsx"工作簿，以计算温差为例来解释 ABS 函数的应用。

具体操作如下：

在 D2 单元格中输入公式“=ABS(C2-B2)”，按“Enter”键输出结果，可得到数值为 3，它表达的意思是两地温差的“绝对值”，如图 5-8 所示。

图 5-8　计算温差

5.1.2　编制资产负债表

接下来我们将结合具体案例来讲解资产负债表的编制方法。

小明任职于格林股份有限公司的会计部门，近期，公司的部分业务变动较大。根据上级领导的要求，财务部门需要对公司现在的财务状况开展审核工作。为了便于财务审核，加快审核的进度，会计主管希望小明能把当前统计的资产负债表的相关数据建立成电脑文件。具体操作方法如下。

步骤 1：新建工作簿，重命名为“资产负债表.xlsx”，在 Sheet1 工作表中逐一将资产负债表有关数据输入工作表中，效果如图 5-9 所示。

格林股份有限公司		
资产负债表		
	2019年	
资产		
流动资产		
现金		¥1,620,290
银行存款		¥5,955,130
应收账款	¥432,000	
减：坏账准备	¥125,600	
存货		¥86,900
流动资产合计		
固定资产		
办公设备	¥865,000	
减：累计折旧-办公设备	¥75,200	
机器设备	¥1,500,000	
减：累计折旧-机器设备	¥181,250	
固定资产合计		
资产总额		
负债		
流动负债		
应付账款		¥756,600
应付票据		¥632,550
流动负债合计		
长期负债		
长期借款		¥2,000,000
负债总额		¥2,000,000
所有者权益		
资本	¥3,000,000	
资金来往		
加：本期损益	¥3,688,120	
所有者权益总额		
负债及所有者权益总额		

图 5-9　输入数据

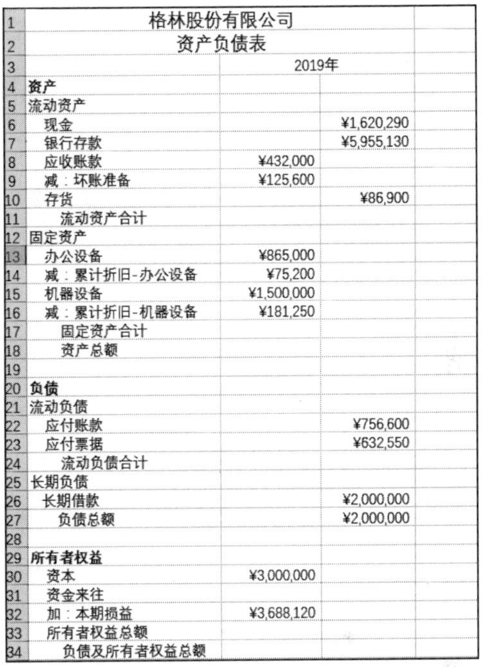

在工作表中，有些科目必须先完成合计的工作，才能继续计算总额的部分。

步骤 2：应收账款净额是由“应收账款－坏账准备”计算出来的，坏账是指可能收不回来的账款，选中 C9 单元格，然后输入公式“=B8-B9”，按“Enter”键即可计算出应收账款净额，如图 5-10 所示。

步骤 3：再用同样的方法，在 C14 单元格中输入公式“=B13-B14”，计算出办公设备的现值；在 C16 单元格中输入公式“=B15-B16”，计算出机器设备的现值，结果如图 5-11 所示。

图 5-10　计算应收账款净额

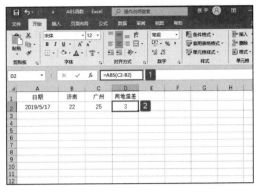

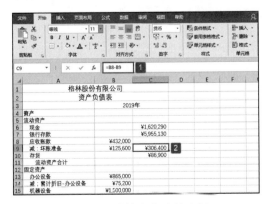

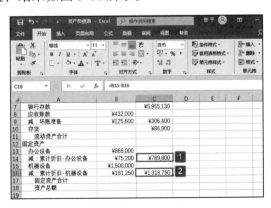

图 5-11　计算现值

资产总额=流动资产合计+固定资产合计，根据工作表中的数据可以分别计算出流动资产合计和固定资产合计。

步骤 4：在 C11 单元格中输入公式"=SUM（C6:C10）"，按"Enter"键返回即可计算出流动资产合计，如图 5-12 所示。

步骤 5：在 C17 单元格中输入公式"=SUM(C14:C16)"，按"Enter"键返回即可计算固定资产合计，如图 5-13 所示。

步骤 6：这样就可以在 C18 单元格中输入公式"=C11+C17"，按"Enter"键返回即可计算出资产总额，如图 5-14 所示。

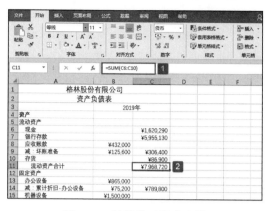

图 5-12　计算流动资产合计

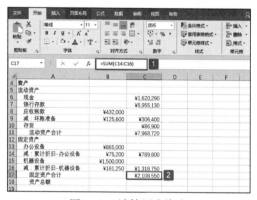

图 5-13　计算固定资产

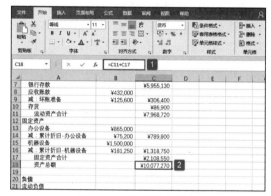

图 5-14　计算资产总额

步骤 7：负债总额=流动负债合计+长期借款，需要先在 C24 单元格中输入公式"=C22+C23"计算出流动负债合计的值，如图 5-15 所示。

步骤 8：然后在 C27 单元格中输入公式"=C24+C26"计算出负债总额，如图 5-16 所示。

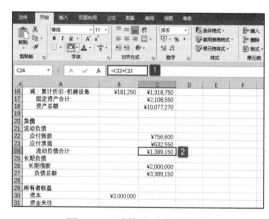

图 5-15　计算流动负债合计

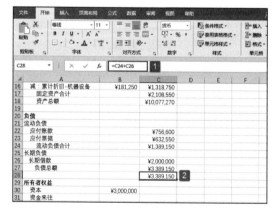

图 5-16　计算负债总额

步骤 9："所有者权益总额"的计算更简单了，只需要在 C33 单元格中输入公式

"=SUM（B30:B32）"，按"Enter"键后便会显示输出结果，如图5-17所示。

步骤10：最后计算"负债及所有者权益总额"，即在C34单元格中输入公式"=C27+C33"，按"Enter"键后便会显示输出结果，如图5-18所示。

图 5-17　计算所有者权益总额　　　　　　　图 5-18　计算负债及所有者权益总额

步骤11：根据"资产 = 负债 + 所有者权益"的基本原则对资产负债表进行检查核对，最终效果如图5-19所示。

资产负债表		
	2019年	
资产		
流动资产		
现金		¥1,620,290
银行存款		¥5,955,130
应收账款	¥432,000	
减：坏账准备	¥125,600	¥306,400
存货		¥86,900
流动资产合计		¥7,968,720
固定资产		
办公设备	¥865,000	
减：累计折旧-办公设备	¥75,200	¥789,800
机器设备	¥1,500,000	
减：累计折旧-机器设备	¥181,250	¥1,318,750
固定资产合计		¥2,108,550
资产总额		¥10,077,270
负债		
流动负债		
应付账款		¥756,600
应付票据		¥632,550
流动负债合计		¥1,389,150
长期负债		
长期借款		¥2,000,000
负债总额		¥3,389,150
		¥3,389,150
所有者权益		
资本	¥3,000,000	
资金来往		
加：本期损益	¥3,688,120	
所有者权益总额		¥6,688,120
负债及所有者权益总额		¥10,077,270

图 5-19　资产负债表最终效果图

5.1.3　设置万元显示格式

在Excel单位格里，如果表格中的数值太大，想直接以万元为单位进行显示，该怎么设置单位格式呢？这里我们以"资产负债表"中的数据设置为例。

步骤1：按住"Ctrl"键，选择"数值"列，分别是B列和C列，单击鼠标右键，在弹出的快捷菜单中选择"设置单元格格式"选项，如图5-20所示。

步骤2：在弹出的"设置单元格格式"对话框中切换到"数字"选项卡，在"分类"列表框中选择"自定义"选项，随即在右侧的"类型"文本框中输入"0!.!00000"，单击"确定"按钮，如图5-21所示，设置后的效果如图5-22所示。

图5-20 选择"设置单元格格式"选项

图5-21 输入自定义格式

资产负债表		
	2019年	
资产		
流动资产		
现金		162.00290
银行存款		595.05130
应收账款	43.02000	
减：坏账准备	12.05600	30.06400
存货		8.06900
流动资产合计		796.08720
固定资产		
办公设备	86.05000	
减：累计折旧-办公设备	7.05200	78.09800
机器设备	150.00000	
减：累计折旧-机器设备	18.01250	131.08750
固定资产合计		210.08550
资产总额		1007.07270
负债		
流动负债		
应付账款		75.06600
应付票据		63.02550
流动负债合计		138.09150
长期负债		
长期借款		200.00000
负债总额		338.09150
		338.09150
所有者权益		
资本	300.00000	
资金来往		
加：本期损益	368.08120	
所有者权益总额		668.08120
负债及所有者权益总额		1007.07270

图5-22 设置万元格式效果

5.2 现金流量表

现金流量表是综合反映企业一定会计期间内现金来源和运用及其增减变动情况的报表。现金流量表主要分析经营活动产生的现金流量、投资活动产生的现金流量、筹资活动产生的现金流量、汇率变动对现金的影响、现金及现金等价物净增加额等。

5.2.1 编制现金流量表

步骤1：启动Excel 2019软件后新建空白工作簿，打开新建的空白工作簿，双击工作表的名称标签，使其处于编辑状态，将其名称设置为"现金流量表"，如图5-23所示。

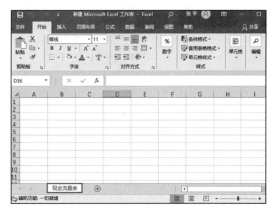

图5-23 编辑名称

步骤2：在表格中选择B列，在主页功能区切换到"开始"选项卡下，在"单元格"选项组中单击"格式"按钮右侧的下三角按钮，在展开的下拉菜单中选择"列宽"选项，如图5-24所示。

步骤3：在弹出的"列宽"对话框中，将"列宽"设置为32，并单击"确定按钮，如图5-25所示。

图5-24 选择"列宽"选项

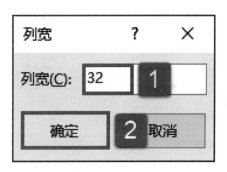

图5-25 设置列宽

步骤4：使用同样的方法，将C—F列的"列宽"设置为18，完成后的效果如图5-26所示。

步骤5：选择第二行单元格区域，在数字"2"处单击鼠标右键，在弹出的快捷菜单中选择"行高"选项，如图5-27所示。

步骤6：在弹出的"行高"对话框中，将"行高"设置为43，单击"确定"按钮，如图5-28所示。

步骤7：使用同样方法将第三行的"行高"设置为16，第四行的"行高"设置为24，第5～37行的"行高"设置为20，如图5-29所示。

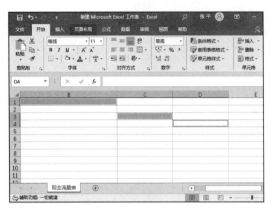

图 5-26 设置列宽效果

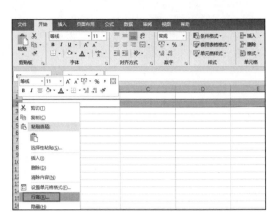

图 5-27 选择行高选项

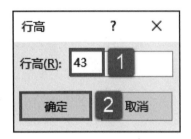

图 5-28 设置行高

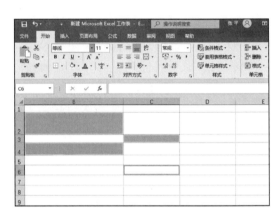

图 5-29 设置行高效果图

步骤 8：选择 B2:F2 单元格区域，在主页功能区切换到"开始"选项卡，在"对齐方式"组中单击"合并后居中"按钮，将其合并居中，如图 5-30 所示，效果如图 5-31 所示。

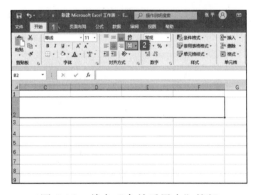

图 5-30 单击"合并后居中"按钮

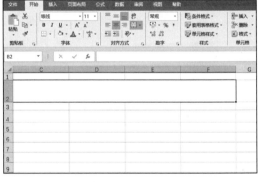

图 5-31 合并居中效果

步骤 9：在上一步合并单元格中配合空格键输入"现金流量表"，在主页面中功能区切换到"开始"选项卡，在"字体"选项组中，将"字体"设置为"宋体"，字号设置为 18，字形"加粗"，如图 5-32 所示。

步骤 10：使用前面讲过的方法将 E3:F3 单元格进行合并，并在合并的单元格中输入文字"年度：2019"，将"字体"设置为"宋体"，字号设置为11，如图 5-33 所示。

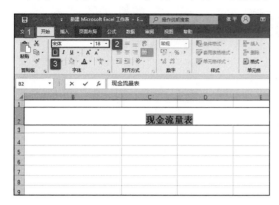

图 5-32　设置字体

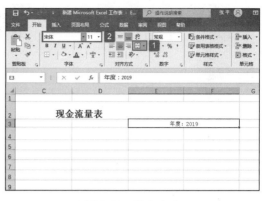

图 5-33　输入文本

步骤 11：在 B4:F4 单元格中结合空格键分别输入文字"项目名称""第一季度""第二季度""第三季度""第四季度"，将"字体"设置为"宋体"，字号设置为14，并单击"加粗"按钮，在"对齐方式"组中单击"将文本居中对齐"按钮，效果如图 5-34 所示。

步骤 12：在表格中选择 B4:F37 单元格区域，在主页功能区切换到"开始"选项卡，在"字体"选项组中单击"边框设置"右侧的下三角按钮，在展开的下拉菜单中选择"其他边框"选项，如图 5-35 所示。

图 5-34　输入文本

图 5-35　选择"其他边框"选项

步骤 13：在弹出的"设置单元格格式"对话框中，切换到"边框"选项卡下，选择图 5-36 所示的"线条样式"，并单击"外边框"按钮，如图 5-36 所示。

步骤 14：继续选择"线条样式"，然后单击"内部"按钮，单击"确定"按钮，如图 5-37 所示。

步骤 15：设置边框后的效果如图 5-38 所示。

步骤 16：使用前面介绍的方法分别对 B5:F5、B16:F16、B27:F27 单元格进行合并，并在合并的单元格中分别输入文字"一、经营活动产生的现金流量""二、投资活动产生的现金流量""三、活动产生的现金流量"，并将"字体"设置为"宋体"，字号设置为 12，将"填充颜色"设置为"黄色"，将"字体颜色"设置为"红色"，完成后的效果如图 5-39 所示。

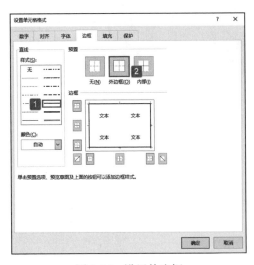
图 5-36 设置外边框

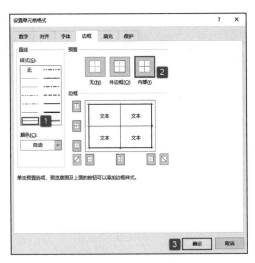
图 5-37 设置内边框

图 5-38 边框效果图

图 5-39 预览效果图

步骤 17：在 B 列单元格中输入文字，并将字体改为"等线"，"字号"设置为 11，如图 5-40 所示。

步骤 18：在单元格中输入数据，如图 5-41 所示。

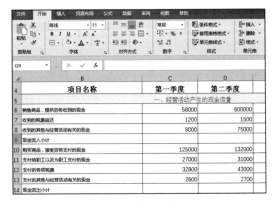

图 5-40 在 B 列输入文本　　　　　图 5-41 输入数据

步骤 19：在 C9 单元格中输入公式"=SUM（C6:C8）"，按"Enter"键完成公式的输入，如图 5-42 所示。

步骤20：在单元格中选择 C9 单元格，将光标置于该单元格的右下角，按住鼠标左键向右拖动至 F9 单元格中，复制公式，效果如图 5-43 所示。

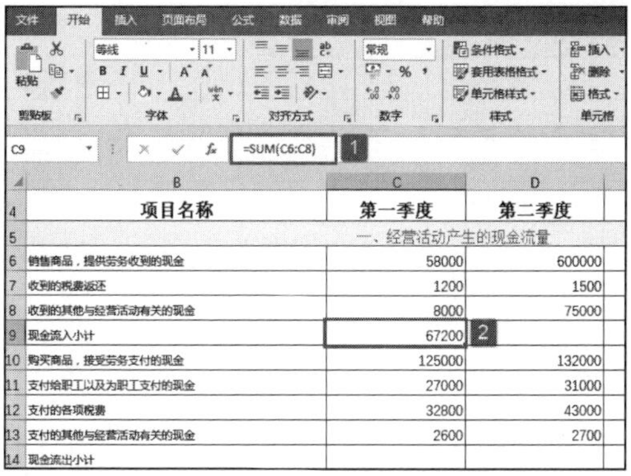

图 5-42　计算第一季度现金流入小计

图 5-43　使用填充柄填充

步骤21：在 C14 单元格中输入公式"=SUM（C10:C13）"，按"Enter"键完成公式的输入，将光标置于该单元格的右下角，按住鼠标左键向右拖动至 F14 单元格中，复制公式，如图 5-44 所示。

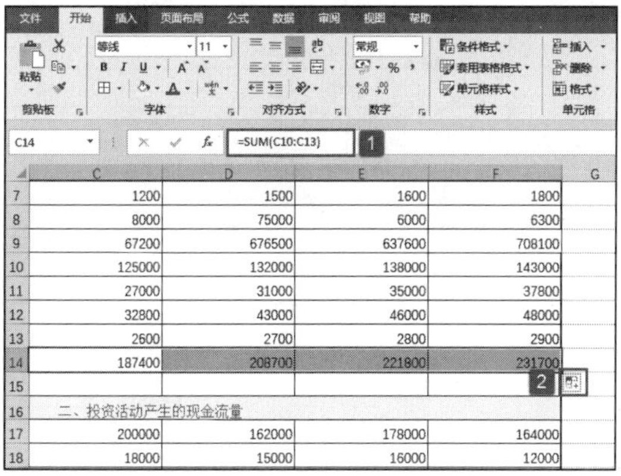

图 5-44　输入公式

步骤22：使用与上面相同的方法，分别在 C15 单元格中输入公式"=C9-C14"，在 C21 单元格中输入公式"=SUM(C17:C20)"，在 C25 单元格中输入公式"=SUM(C22:C24)"，在 C26 单元格中输入公式"=C21-C25"，在 C31 单元格中输入公式"=SUM(C28:C30)"，在 C35 单元格中输入公式"=SUM(C32:C34)"，在 C36 单元格中输入公式"=C31-C35"，在 C37 单元格中输入公式"=C15+C26+C36"，并以此对公式进行复制，完成后的效果如图 5-45 所示。

步骤23：在表格中选择带有数据的单元格，在主页中功能区切换到"开始"选项卡下，在"数字"选项组中将"数字模式"设置为"会计专用"，如图 5-46 所示，效果如图 5-47 所示。

步骤24：选择含有"现金流入小计""现金流出小计""现金流量净额"以及"现金及现金等价物增加净额"的数字行，在主页中功能区切换到"开始"选项卡下，将填充颜色设置为"浅灰色，背景2，深色10%"，如图 5-48 所示，最终完成后的效果如图 5-49 所示。

现金流量表

年度：2016

项目名称	第一季度	第二季度	第三季度	第四季度
一、经营活动产生的现金流量				
销售商品，提供劳务收到的现金	58000	600000	630000	700000
收到的税费返还	1200	1500	1600	1800
收到的其他与经营活动有关的现金	8000	75000	6000	6300
现金流入小计	67200	676500	637600	708100
购买商品，接受劳务支付的现金	125000	132000	138000	143000
支付给职工以及为职工支付的现金	27000	31000	35000	37800
支付的各项税费	32800	43000	46000	48000
支付的其他与经营活动有关的现金	2600	2700	2800	2900
现金流出小计	187400	208700	221800	231700
经营活动产生的现金流量净额	−120200	467800	415800	476400
二、投资活动产生的现金流量				
收回投资所收到的现金	200000	162000	178000	164000
取得投资收益所收到的现金	18000	15000	16000	12000
处置固定资产无形资产其他资产收到的现金净额	4600	4000	4200	4300
收到的其他与投资活动有关的现金	1800	1600	1500	1700
现金流入小计	224400	182600	199700	182000
购建固定资产无形资产其他资产支付的现金	17500	17200	17800	19000
投资所支付的现金	2600	4300	5200	4000
支付的其他与投资活动有关的现金	560	780	850	930
现金流出小计	20660	22280	23850	23930
投资活动产生的现金流量净额	203740	160320	175850	158070
三、筹资活动产生的现金流量				
吸收投资收到的现金	120000	80000	170000	50000
借款所收到的现金	300000	230000	100000	120000
收到的其他与筹资活动有关的现金	5000	3000	2500	1800
现金流入小计	425000	313000	272500	171800
偿还债务所支付的现金	58000	120000	146000	20000
分配股利利润或偿付利息支付的现金	5000	12000	13200	20500
现金流出小计	73000	143000	167200	50300
筹资活动产生的现金流量净额	352000	170000	105300	121500
四、现金及现金等价物增加净额	435540	798120	696950	755970

图 5-45　输入公式并填充

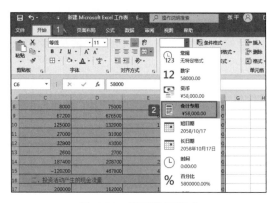

图 5-46　设置数字模式

图 5-47　设置数字格式效果图

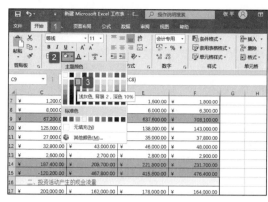

图 5-48　设置填充色　　　　　　　　图 5-49　填充效果

5.2.2　现金流量表的查看方式

Excel 2019 提供了多种视图方式，主要包括普通视图、页面布局视图、分页预览视图和自定义视图，用户可以根据需要在不同的视图方式下查看表格，通常默认的视图方式为普通视图方式。

1. 普通视图

普通视图是 Excel 2019 默认的视图方式，适合于对表格进行设计和编辑。

操作步骤：我们将主页面功能区切换到"视图"选项卡下，在"工作簿视图"组中便可以看到表格默认的视图方式为"普通视图"，如图 5-50 所示。

2. 页面布局视图

在"页面布局视图"中，既能对表格进行编辑修改，也能查看和修改页边距、页眉和页脚。同时，"页面布局视图"中还会显示水平和垂直标尺，这对于测量和对齐对象十分有用。

具体步骤：我们将主页面功能区切换到"视图"选项卡下，在"工作簿视图"组中单击"页面布局"按钮，表格就会以页面布局视图的方式来呈现表格的内容，如图 5-51 所示。

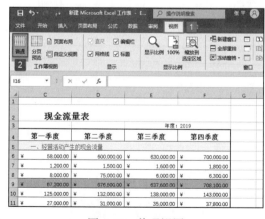
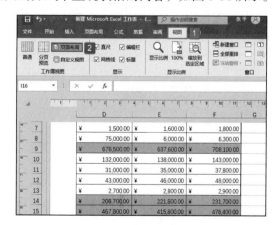

图 5-50　普通视图　　　　　　　　图 5-51　页面布局

3. 分页预览视图

在分页预览视图中可以调整当前工作表的分页符，还可以调整打印区域的大小以及编辑工作表。

操作步骤：我们将主页面功能区切换到"视图"选项卡下，在"工作簿视图"组中单击"分页预览"按钮，就可以切换到分页预览视图，如图 5-52 所示。

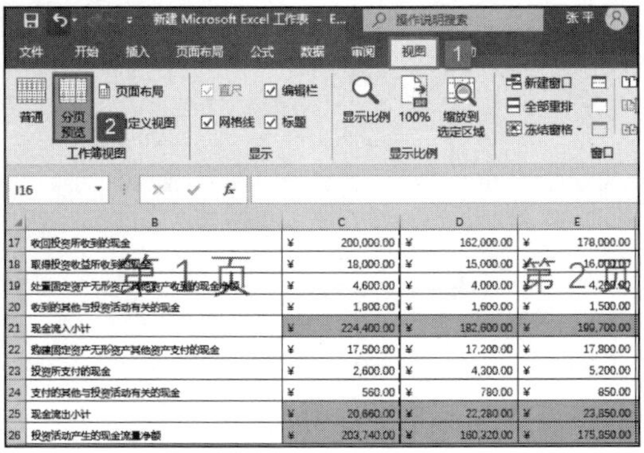

4. 自定义视图

如果上述视图某些用户都不喜欢，在 Excel 2019 中，用户可以根据自己的习惯来自定义视图方式，具体操作步骤如下所示。

步骤 1：隐藏"现金流量表"工作表中的 C 列，在"工作簿视图"组中单击"自定义视图"按钮，如图 5-53 所示。

步骤 2：在弹出的"视图管理器"对话框中单击"添加"按钮，如图 5-54 所示。

图 5-52　分页预览图

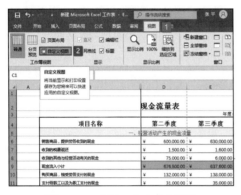

图 5-53　选择"自定义视图"

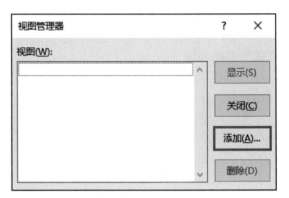

图 5-54　单击"添加"按钮

步骤 3：在"添加视图"对话框中的"名称"框中输入"自定义视图 1"，其余保留默认设置，单击"确定"按钮，如图 5-55 所示。

步骤 4：取消隐藏列 C，然后在"工作簿视图"组中单击"自定义视图"按钮，如图 5-56 所示。

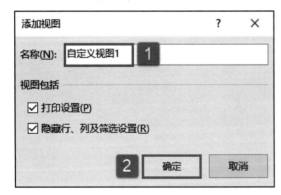

图 5-55　设置视图名称

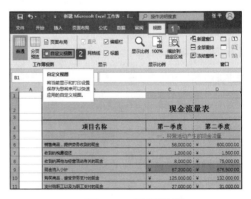

图 5-56　取消隐藏

步骤 5：在打开的"视图管理器"对话框中的"视图"列表中选择"自定义视图 1"，然后单击"显示"按钮，如图 5-57 所示。

步骤6：此时工作表按照"自定义视图1"显示，会自动隐藏C列，如图5-58所示。

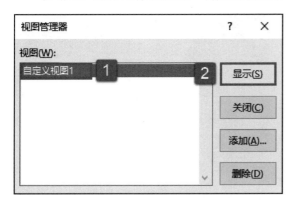

图5-57 选择显示的视图

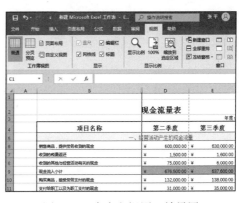

图5-58 自定义视图1效果图

小技巧：删除自定义视图

如果要删除自定义视图方式，请先在"工作簿视图"组中单击"自定义视图"按钮打开"视图管理器"对话框，在"视图"列表中选择要删除的视图名称，然后单击"删除"按钮，在弹出的对话框中单击"是"按钮即可删除自定义视图，如图5-59所示。

5.2.3 拆分和冻结窗口

当工作表中的数据量比较庞大时，可以通过拆分和冻结窗口来显示和比较工作表中不同区域的数据。例如，要比

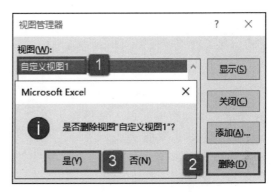

图5-59 删除自定义视图

较查看现金流量表中"经营活动"和"投资活动"各自的现金流量情况，此时就可以拆分窗口来比较。如果希望现金流量表中的标题行和左侧列一直显示在屏幕上，则可以通过冻结窗口来实现。接下来我们为了明确拆分和冻结窗口的实际应用，将"现金流量表"中合并的B5:F5，B16:F16，B27:F27单元格区域取消合并。接下来我们就来学习一下怎么拆分单元格。

拆分窗口

步骤1：选择要拆分位置的单元格，如单元格D16，在"视图"选项卡中的"窗口"组单击"拆分"按钮，如图5-60所示。

步骤2：此时，Excel会从单元格C15位置将窗口拆分，每个窗口都有单独的滚动条，用户可以拖动滚动条以查看不同的区域，如图5-61所示。

步骤3：鼠标指向水平和垂直拆分框的交叉位置，当指针变为双向黑色箭头时，拖动鼠标可更改拆分框的位置，如

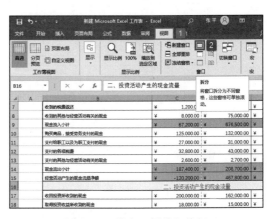

图5-60 单击"拆分"按钮

图 5-62 所示。如果要取消拆分窗口，只需要再次单击"窗口"组中的"拆分"按钮即可。

图 5-61　拆分窗口　　　　　　　　　图 5-62　更改拆分框的位置

5.3　科目余额表

前两节已经细致地介绍了资产负债表和现金流量表的编制，对于单元格的格式设置以及文本和数值的输入与设置大家肯定都掌握了，那么对于接下来要介绍的科目余额表，就更容易掌握了。

步骤 1：新建一个工作表为"科目余额表"，按照前面学习的知识将"科目余额表"的文本、数字输入并进行设置，并对单元格格式进行设置，效果如图 5-63 所示。

科目代码	会计科目	期初余额	借方发生额	贷方发生额	借或贷	期末余额
1001	库存现金	430,000.00	70,000.00		借	
1002	银行存款	210,148,843.33	2,930,000.00		借	
1012	其他货币资金	-	-		借	
1101	交易性金融资产	1,302,005.28	642,000.00		借	
1121	应收票据	1,850,780.00	386,520.00		借	
1122	应收账款	57,628,580.70	3,448,765.00		借	
1123	预付账款	84,989,734.89	2,348,700.00		借	
1403	原材料	264,611,007.62	133,660,880.00		借	
1503	可供出售金融资产	96,357.00	667,500.00		借	
1601	固定资产	417,530,000.00	32,470,906.00		借	
1701	无形资产	82,060,399.15	1,265,800.00		借	
2001	短期借款	507,294,059.02		21,354,600.00	贷	
2201	应付票据	8,635,124.20		5,644,320.00	贷	
2202	应付账款	17,479,470.72		23,111,200.00	贷	
2203	预收账款	15,298,915.60		78,125,430.00	贷	
2211	应付职工薪酬	504,232.29		2,420,840.00	贷	
2221	应交税费	47,330,717.08		210,000.00	贷	
2501	长期借款	62,560,000.00		9,760,000.00	贷	
2502	应付债券	83,451,334.05		6,739,800.00	贷	
1002	银行存款	178,966,165.27		457,230.00	贷	
4101	盈余公积	1,268,778.74		8,445,656.00	贷	

图 5-63　设置格式效果图

步骤 2：根据"资产类会计科目期末余额 = 期初余额 + 借方发生额 – 贷方发生额"，选中 G3 单元格，输入"="符号，单击选中单元格 C3，然后输入运符号"+"，选择单元格 D3，然后输入运算符"-"，最后选择单元格 E3，按"Enter"键输出结果，如图 5-64 所示。

步骤 3：按下"Enter"键后，拖动单元格 G3 右下角的填充柄向下复制公式至单元格 G13，计算后的效果如图 5-65 所示。

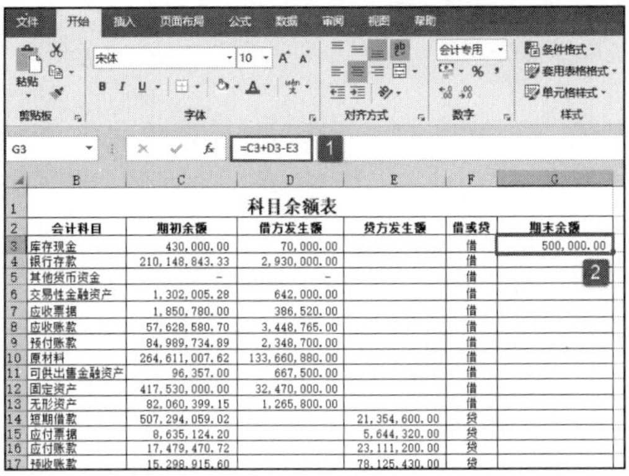

图 5-64　计算资产类会计科目期末余额 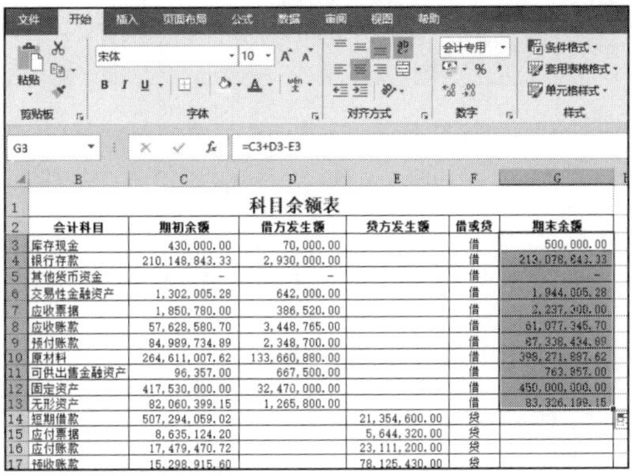　　　图 5-65　查看计算效果

步骤 4：根据"负债和权益类会计科目期末余额 = 期初余额 + 贷方发生额 – 借方发生额"的公式，在单元格 G14 中输入公式"=C14+E14–D14"，如图 5-66 所示。

步骤 5：按下"Enter"键后，拖动单元格 G14 右下角的填充柄向下复制公式至单元格 G23，计算出负债和权益类科目的期末余额，如图 5-67 所示。最终效果图如图 5-68 所示。

图 5-66　计算负债和权益类会计科目期末余额 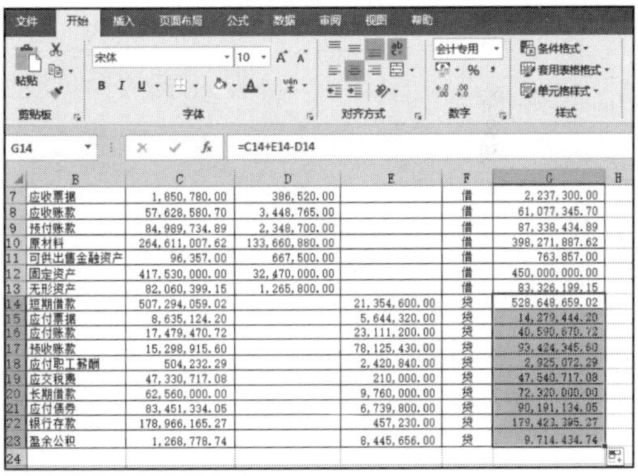　　　图 5-67　填充表格

	B	C	D	E	F	G
1			科目余额表			
2	会计科目	期初余额	借方发生额	贷方发生额	借或贷	期末余额
3	库存现金	430,000.00	70,000.00		借	500,000.00
4	银行存款	210,148,843.33	2,930,000.00		借	213,078,843.33
5	其他货币资金	-	-		借	-
6	交易性金融资产	1,302,005.28	642,000.00		借	1,944,005.28
7	应收票据	1,850,780.00	386,520.00		借	2,237,300.00
8	应收账款	57,628,580.70	3,448,765.00		借	61,077,345.70
9	预付账款	84,989,734.89	2,348,700.00		借	87,338,434.89
10	原材料	264,611,007.62	133,660,880.00		借	398,271,887.62
11	可供出售金融资产	96,357.00	667,500.00		借	763,857.00
12	固定资产	417,530,000.00	32,470,000.00		借	450,000,000.00
13	无形资产	82,060,399.15	1,265,800.00		借	83,326,199.15
14	短期借款	507,294,059.02		21,354,600.00	贷	528,648,659.02
15	应付票据	8,635,124.20		5,644,320.00	贷	14,279,444.20
16	应付账款	17,479,470.72		23,111,200.00	贷	40,590,670.72
17	预收账款	15,298,915.60		78,125,430.00	贷	93,424,345.60
18	应付职工薪酬	504,232.29		2,420,840.00	贷	2,925,072.29
19	应交税费	47,330,717.08		210,000.00	贷	47,540,717.08
20	长期借款	62,560,000.00		9,760,000.00	贷	72,320,000.00
21	应付债券	83,451,334.05		6,739,800.00	贷	90,191,134.05
22	银行存款	178,966,165.27		457,230.00	贷	179,423,395.27
23	盈余公积	1,268,778.74		8,445,656.00	贷	9,714,434.74

图 5-68　最终效果图

5.4 实战：利润表

利润表是反映企业利润实际情况的会计报表。利润表把一定时期内的营业收入与同一会计期间相关的营业费用进行配比，以便计算出企业一定时期的净利润。通过利润表能够反映企业生产经营的收入、费用状况，反映企业的经验成果。通过不同时期利润数字的比较，可以反映企业今后的利润发展趋势和获利能力。

■ 5.4.1 编制利润表

和科目余额表一样，本节重点介绍利润表的计算方法。但这次介绍的计算方法是引用其他表格数据，需要说明的是，编制利润报表需要参照前面的方法计算出"科目余额表"中各科目的余额。接下来以明德公司利润表的编制为例。

步骤 1：打开"明德公司会计报表.xlsx"工作簿，其中包括"科目余额表""资产负债表""现金流量表"和"利润表"，切换到"利润表"工作表，如图 5-69 所示。

步骤 2：在单元格 C5 中输入公式"= 科目余额表!K4"，从科目余额工作表中获取"营业收入"，按"Enter"键返回计算结果，如图 5-70 所示。

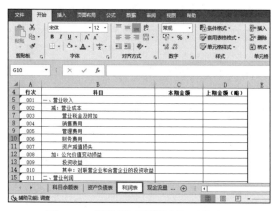

图 5-69 切换到"利润表"工作表

图 5-70 引用"营业收入"数据

步骤 3：在单元格 C6 中输入公式"= 科目余额表!J5"，按下"Enter"键后向下复制公式至单元格 C11，得到如图 5-71 所示的数据。

步骤 4：在单元格 C13 中输入公式"= 科目余额表!K11"，按下"Enter"键返回计算结果，如图 5-72 所示。

步骤 5：在单元格 C15 中输入公式"=C5-C6-C7-C8-C9-C10-C11+C12+C13"，计算结果如图 5-73 所示。

步骤 6：在单元格 C16 中输入公式"= 科目余额表!K12"，计算结果如图 5-74 所示。

步骤 7：在单元格 C17 中输入公式"= 科目余额表!J13"，计算结果如图 5-75 所示。

步骤 8：在单元格 C19 中输入公式"=C15+C16-C17"，按下"Enter"键后返回计算结果，如图 5-76 所示。

步骤 9：在单元格 C20 中输入公式"= 科目余额表!J14"，引用得到的数据，按下"Enter"键后返回计算结果，如图 5-77 所示。

步骤 10：在单元格 C21 中输入公式"=C19-C20"，计算结果如图 5-78 所示，编制利润表的任务就完成了，效果如图 5-79 所示。

图 5-71　引用营业成本等数据

图 5-72　引用"投资收益"数据

图 5-73　计算营业利润

图 5-74　引用"营业外收入"数据

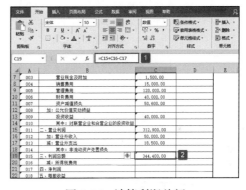

图 5-75　引用"营业外支出"数据

图 5-76　计算利润总额

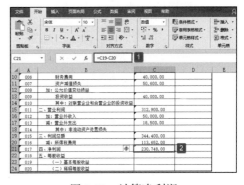

图 5-77　引用"所得税费用"数据

图 5-78　计算净利润

利润表

会企02表

编制单位：　　　　　　　　　　　　　　　　　　　　单位：元（角分）

行次	科目	本期金额	上期金额（略）
001	一、营业收入	1,200,000.00	
002	减：营业成本	700,000.00	
003	营业税金及附加	1,500.00	
004	销售费用	15,000.00	
005	管理费用	120,000.00	
006	财务费用	40,000.00	
007	资产减值损失	50,600.00	
008	加：公允价值变动损益		
009	投资收益	40,000.00	
010	其中：对联营企业和合营企业的投资收益		
011	二、营业利润	312,900.00	
012	加：营业外收入	50,000.00	
013	减：营业外支出	18,500.00	
014	其中：非流动资产处置损失		
015	三、利润总额	344,400.00	
016	减：所得税费用	113,652.00	
017	四、净利润	230,748.00	
018	五、每股收益		
019	（一）基本每股收益		
020	（二）稀释每股收益		

图 5-79　利润表预览图

■ 5.4.2　创建费用统计图表

统计图表也可称为统计图或趋势图，是以统计图的呈现方式，如柱形图、曲线图、饼图、点图、面积图、雷达图等，来呈现某事物或某信息数据的发展趋势的图形。利用图表可以充分地表现出文字所无法展现的效果，因此在报表中使用图表来说明问题也是常见的一种表达方式。如何利用工作表中的数据创建费用统计图表，具体操作步骤如下。

步骤 1：打开"利润表 .xlsx"工作簿，将页面切换到"利润表"工作表，选择 A4:C24 单元格区域，在主页面功能区切换到"插入"选项卡，在"图表"组中单击"饼图"按钮右侧的下三角按钮，在弹出的下拉列表中选择"三维饼图"选项，如图 5-80 所示。

步骤 2：选择图表，单击"图表元素"按钮，在展开的对话框中勾选"图表标题"和"图例"复选框，并将文本标题命名为"本期金额"，费用统计图表的创建就完成了，效果如图 5-81 所示。

图 5-80　选择插入"三维饼图"

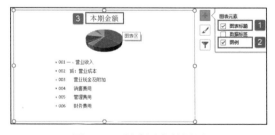

图 5-81　创建图表效果图

第6章
财务投资决策分析函数

投资是指对某一对象投放一定的财力，希望在未来获取一定收益的一种经济行为。投资按时间的长短来说，主要分为长期投资和短期投资两种。而投资决策是对投资项目进行经过可行性分析，合理预测出的一种投资方案。下面将通过计算固定资产折旧、本金和利息、投资和报酬率等具体讲解财务投资决策分析的相关函数。

本章将结合实际的计算案例来详细介绍Excel中最为常见的财务函数及其应用，例如固定资产折旧的计算、本金和利息的计算、投资计算、报酬率计算等。通过本章的介绍，读者能够对投资项目进行可行性分析，合理地制定出适合需要的投资方案。

- 固定资产折旧计算
- 本金和利息计算
- 投资计算
- 实战：报酬率计算

6.1 固定资产折旧计算

固定资产折旧是指一定时期内为弥补固定资产损耗按照核定的固定资产折旧率提取的固定资产折旧。它反映了固定资产在当期生产中的转移价值。

各类企业和企业化管理的事业单位的固定资产折旧是指，实际计提并计入成本费中的折旧费；不计提折旧的政府机关、非企业化管理的事业单位和居民住房的固定资产折旧，是按照统一规定的折旧率和固定资产原值计算的虚拟折旧。计算资产折旧就是要根据它的原值与使用寿命来确定在某个时间某个点上的价值。Excel 的财务函数中专门提供了一类折旧函数，用于计算不同折旧方法下的资产折旧值。

6.1.1 直线折旧法与 SLN 函数

直线法即平均年限法，它是最简单、最普遍的折旧方法，它是指按固定资产的使用年限平均计提折旧的一种方法。它假定折旧是由于时间的推移而不是使用的关系，认为服务潜力降低的决定因素是随时间推移所造成的陈旧和破坏，而不是使用所造成的有形磨损。平均年限法适用于各个时期使用情况大致相同的固定资产折旧。

直线折旧法的计算公式如下：

年折旧额 =（固定资产的原始价值 – 预计净残值）/ 预计使用年限

预计净残值 = 固定资产报废时的预计的残余价值 – 预计的报废清理费用

年折旧率 =（固定资产的年折旧额 / 固定资产的原始价值）× 100%

在 Excel 中，用户无须再按上面的公式进行数学运算，只需要调用对应的直线折旧函数 SLN，正确设置函数参数，即可由函数自动计算出结果。

SLN 函数的表达式为：SLN（cost,salvage,life），它一共有三个参数，cost 为资产原值，salvage 为资产残值，life 为使用年限。

例如，已知天得企业购进一项价值 1 288 000 元的大型设备，使用年限为 15 年，预计净残值为 15 500 元。现要求按直线折旧法，计算该设备每年的折旧费以及年折旧率。首先请打开实例文件"直线折旧法 .xlsx"工作簿。

步骤 1：在单元格 B5 中输入"=SLN("，此时，屏幕上会自动显示出该函数的语法提示，用户可以根据屏幕提示依次设置函数参数，如图 6-1 所示。

步骤 2：在单元格 B5 中输入完整的公式"=SLN(B2，B3，B4)"，按下"Enter"键后，得到如图 6-2 所示的计算结果。

步骤 3：在单元格 B6 中输入公式"=B5/B2"，按下"Enter"键后即可计算出如图 6-3 所示的年折旧率。

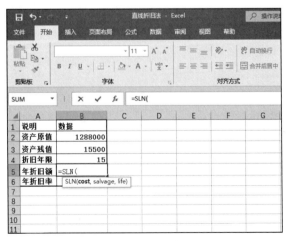

图 6-1　输入函数名

图 6-2　输入参数

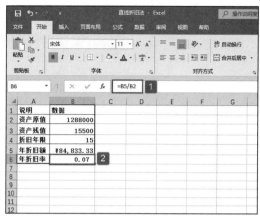

图 6-3　计算年折旧率

6.1.2　固定余额递减折旧法与 DB 函数

固定余额递减折旧法是一种加速折旧法,即在预计使用年限内,将后期折旧的一部分移到前期,使前期折旧额大于后期折旧额。固定余额递减法折旧的计算公式为:
年折旧额 =（资产原值 – 前期折旧总值）× 固定的年折旧率,其中固定的年折旧率的
　　　　计算公式为：年折旧率 =1–((残值/资产原值)^(1/折旧期限)),这个
　　　　比率是固定不变的,然后乘以逐年递减的固定资产现有价值。

在 Excel 中,使用固定余额递减法计算折旧的函数为 DB 函数,它的语法表达式为:
DB（cost,salvage,life,period,month）,该函数共有 5 个参数,cost 指资产原值;salvage 指资产残值;life 指使用年限;period 为需要计算折旧值的期间;month 为每一年的月份数,如省略该参数,则默认值为 12。

该函数对于第一个周期和最后一个周期的折旧属于特例。对于第一个周期,函数 DB 的计算公式为:资产原值 × 年折旧率 × 第一年的月份数 /12,对于最后一个周期,函数 DB 的计算公式为:((资产原值 – 前期折旧总值)× 年折旧率 ×(12– 第一年的月份数))/12。

例如,已知某其企业在 2019 年 3 月购进一项价值 15 万元的大型设备,使用年限为 8 年,预计净残值为 3 万元。现要求按固定余额递减折旧法,计算该设备每年的折旧费以及累计折旧额。请打开实例文件"固定余额递减折旧法 .xlsx"工作簿。

步骤 1：在单元格 D4 中输入公式"=DB(A2,B2,C2,C4,D2)",按下"Enter"键后即可返回计算结果,如图 6-4 所示。

步骤 2：由于公式中,对于资产原值、资产残值等参数的引用都是固定的单元格,为了后面拖动复制公式,先将公式中引用固定单元格的方式更改为绝对引用,即将单元格 D4 中的公式更改为"=DB($A$2,$B$2,$C$2,C4,$D$2)",如图 6-5 所示。

步骤 3：拖动单元格 D4 右下角的填充柄,向下复制公式至单元格 D11,计算出其余年份的折旧额如图 6-6 所示。

步骤 4：在单元格 D13 中输入公式"=SUM(D4:D11)",按下"Enter"键返回计算结果,即计算出累计折旧额,如图 6-7 所示。从结果可以看出,累计折旧额加上资产残值约等于资产原值。

在更改公式中单元格的引用方式时,除了可以手动输入绝对引用符 $ 外,还可以通过按功能键 F4 来转换。

图 6-4　计算第 1 年折旧额

图 6-5　更改参数的引用方式

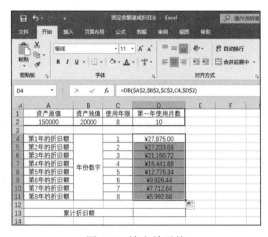

图 6-6　填充单元格

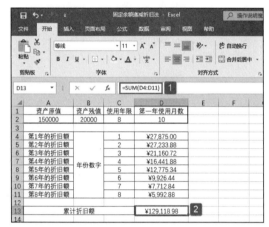

图 6-7　计算累计折旧额

6.1.3　双倍余额递减折旧法与 DDB 函数

双倍余额递减折旧法，是在不考虑固定资产净残值的情况下，根据每年年初固定资产净值和双倍的直线法折旧率计算固定资产折旧额的一种方法。采用这种方法，固定资产的账面余额随着折旧的计提减少，而折旧率不变。因此，各期计提的折旧额必然逐年减少。折旧在第一阶段是最高的，在后继阶段中会减小。年折旧额的计算公式为：

年折旧额 =（固定资产原值 − 累计折旧额）×（余额递减速率 / 预计使用年限）

在 Excel 中，使用函数 DDB 来计算按双倍余额递减法计算折旧，该函数的语法表达式为：

DDB（cost,salvage,life,period,factor），它一共有 5 个参数，cost 为资产原值；salvage 为资产残值；life 为使用年限；period 为需要计算折旧值的期间；factor 为余额递减速率，如果该函数被省略，则默认为 2，此时会采用双倍余额递减法。

已知明海企业在 2019 年 3 月购进一项价值 15 万元的大型设备，使用年限为 8 年，预计净残值为 2 万元。不同的是现要求按余额递减速率分别为 2 倍和 3 倍计算该设备每年的折旧费以及累计折旧额。请打开实例文件"双倍余额递减折旧法计算折旧.xlsx"工作簿。

1. 按双倍余额计算折旧

步骤1：在单元格D4中输入公式"=DDB($A$2,$B$2,$C$2,C4)"，按下"Enter"键后，得到如图6-8所示的计算结果。此处公式中省略了factor参数，默认值为2。

步骤2：拖动单元格D4右下角的填充柄，向下复制公式至单元格D11，如图6-9所示。

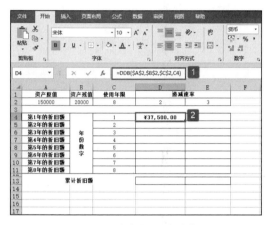

图6-8　按双倍余额递减计算折旧　　　　　图6-9　填充结果

步骤3：在单元格D13中输入公式"=SUM(D4:D11)"，按"Enter"键返回计算结果，即计算出累计折旧额，如图6-10所示。从结果可以看出，累计折旧额加上资产残值约等于资产原值。

2. 按3倍余额计算折旧

步骤1：在单元格E4中输入公式"=DDB($A$2,$B$2,$C$2,C4,$E$2)"，按下"Enter"键后，使用填充柄复制公式至单元格E11，得到如图6-11所示的计算结果。从结果可以看出，3倍余额进一步加快了固定资产折旧，在第5年末就提前完成了该项资产的折旧计提。

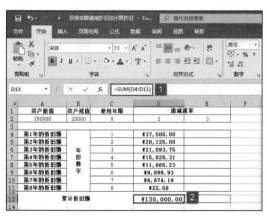
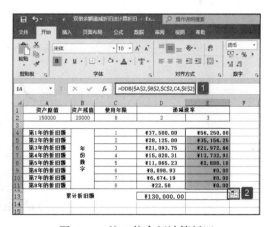

图6-10　计算累计折旧额　　　　　图6-11　按3倍余额计算折旧

步骤2：在单元格E13中输入公式"=SUM(E4:E11)"，按下"Enter"键即可返回计算结果，即计算出累计折旧额，如图6-12所示。从结果可以看出，累计折旧额加上资产残值约等于资产原值。

上述两种折旧方法都属于加速折旧法，与 DB 函数不同的在于，DDB 函数中不需要指出第一年使用的月份数。

6.1.4 可变余额递减折旧法与 VDB 函数

可变余额递减法是指以不同倍率的余额递减法计算一个时期内折旧额的方法。在 Excel 中，对应的函数为 VDB，该函数的语法表达式为：

VDB(cost,salvage,life,start_period,end_period,factor,no_switch)，该

图 6-12 计算累计折旧额

函数共有 7 个参数。Cost 为资产原值；salvage 为资产残值；life 为使用年限；start_period 为进行折旧计算的起始期间，必须与 life 的单位相同；end_period 为进行折旧计算的截止期间，其单位也必须与 life 的单位相同；factor 为余额递减速率，也可称为折旧因子，如果省略该参数，则默认为 2；no_switch 为一逻辑值，指定当折旧值大于余额递减计算值时，是否转用直线折旧法，该值如果为 TRUE，表示即使折旧值大于余额递减计算值，也不转用直线折旧法，如果为 FALSE 或省略，且折旧值大于余额递减计算值时，Excel 将转用线性折旧法。

现通过一个具体的实例来进一步理解可变余额折旧法。已知明海企业在 2019 年 3 月购进一项价值 15 万元的大型设备，使用年限为 8 年，预计净残值为 2 万元。

根据已知条件新建实例文件"可变余额递减法.xlsx"工作簿，打开"可变余额递减法.xlsx"工作簿。

步骤 1：在单元格 B4 中输入公式"=VDB(A2,B2,C2*365,0,1)"，按下"Enter"键即可返回计算结果，即计算第一天的折旧额，如图 6-13 所示。

步骤 2：在单元格 B5 中输入公式"=VDB(A2,B2,C2,0,1)"，按下"Enter"键即可返回计算结果，即计算第一年的折旧额，如图 6-14 所示。

图 6-13 计算第一天的折旧额

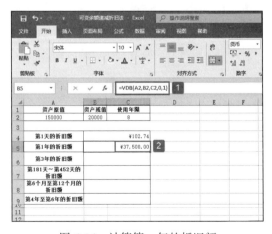

图 6-14 计算第一年的折旧额

步骤 3：在单元格 B6 中输入公式"=VDB(A2,B3,C2,2,3)"，按下"Enter"键即可

返回计算结果，如图 6-15 所示。

步骤 4：在单元格 B7 中输入公式"=VDB(A2,B2,C2*365,181,452)"，按下"Enter"键即可返回计算结果，如图 6-16 所示。

图 6-15　计算第 3 年的折旧额

图 6-16　以天为单位计算某段时间内的折旧额

步骤 5：在单元格 B8 中输入公式"=VDB(A2,B2,C2*12,6,12)"，按下"Enter"键即可返回计算结果，如图 6-17 所示。

步骤 6：在单元格 B9 中输入公式"=VDB(A2,B2,C2,4,6)"，按下"Enter"键即可返回计算结果，如图 6-18 所示。

图 6-17　以月为单位计算某段时间内的折旧额

图 6-18　以年为单位计算某段时间内的折旧额

在使用 VDB 函数计算折旧时，需要注意参数 life 与参数 start_period 和 end_period 的单位必须一致。如果以"天"为单位，则都应以"天"为单位；如果以"月"为单位，则都应以"月"为单位；如果以"年"为单位，则都应为"年"为单位。

6.1.5　年数总和折旧法与 SYD 函数

年数总和法又称折旧年限积数法、年数比率法、级数递减法或年限合计法，是将固定资产的原值减去预计净残值后的净额乘以一个逐年递减的分数计算每年的折旧额，这个分数的分子代表固定资产尚可使用的年数，分母代表使用年限的逐年数字总和。年限总和折旧法也是一种加速折旧法，它以固定资产的原始价值减去预计净残值后的余额乘以一个逐年递减的分数，作为该期的折旧额。计算公式为：

年折旧额=（固定资产原值－预计残值）×（尚可使用年数/年次数字的总和）

其中，年次数字的总和=life+(life-1)+(life-2)+…+1=(life×(life+1))/2

在 Excel 中，年限总和折旧法对应的函数为 SYD，它的语法表达式为：

SYD(cose,salvage,life,per)，前面3个参数的含义与前面介绍的折旧函数类似，参数 per 为期间，其单位与 life 相同。

仍以明海企业为例，现假设要按年限总和法计算每一年的折旧。

首先根据已知条件新建"年限总和折旧法.xlsx"工作簿，打开"年限总和折旧法.xlsx"工作簿。

步骤 1：在单元格 D4 中输入公式"=SYD($A$2,$B$2,$C$2,C4)"，按下"Enter"键后，向下复制公式至单元格 D11，计算出各年的折旧额，如图 6-19 所示。

步骤 2：从计算结果可以看出，每年的折旧额呈递减趋势。在单元格 D13 中输入公式"=SUM(D4:D11)"，按下"Enter"键后即可返回计算结果，即计算出累计折旧额，如图 6-20 所示。

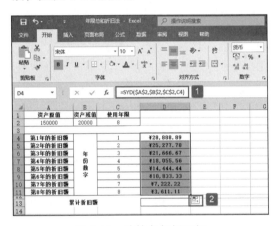

图 6-19　计算各年折旧额

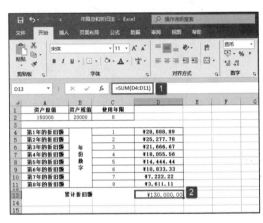

图 6-20　计算累计折旧额

6.2　本金和利息计算

本金，是指未来某一时点上的一定量现金折合为现在的价值，是各类经济组织与个人为进行生产经营活动而垫支的资金。而利息实质上是利润的一部分，是利润的特殊转化形式。在 Excel 中，还有一类专门用于计算与本金、利息相关的函数，它们包括：PMT、PPMT、IPMT、PPMT、CUMIPMT 和 CUMPRINC 等，下面具体来介绍一下这些函数。

■ 6.2.1　分期付款函数 PMT

PMT 函数的功能是基于固定的利率及等额分期付款方式，返回贷款的每期付款额。它的语法表达式为：PMT（rate,nper,pv,fv,type）。它一共有 5 个参数，rate 为贷款利率；nper 表示贷款周期；pv 表示本金；fv 表示在最后一次付款后希望得到的现金余额，如省略，则默认值为 0；type 为数字 0 或 1，用以指定各期的付款时间是在期末还是在期初。

下面通过一个具体实例介绍 PMT 函数及其应用，案例如下：

王总向银行贷款 40 万元，贷款期限为 10 年，贷款利率为 8.78%，现要求计算每年偿还金额和每月偿还金额。

步骤 1：打开实例文件"PMT 函数 .xlsx"工作簿，在单元格 B4 中输入公式"=PMT(C2,B2,A2)"，按下"Enter"键后即可返回计算结果，如图 6-21 所示。

步骤 2：在单元格 B5 中输入公式"=PMT(C2/12,B2*12,A2)"，按下"Enter"键后，计算得到的每月偿还金额为 −5019.53，如图 6-22 所示。

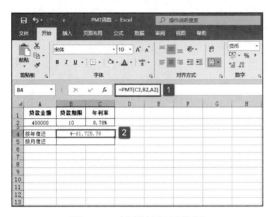

图 6-21　计算每年还款额

图 6-22　计算每月还款额

6.2.2　计算付款中的本金和利息函数 PPMT 和 IPMT

PPMT 函数的功能是在固定利率及等额分期付款方式下，返回投资在某一给定期间内的本金偿还额。它的语法表达式为：PPMT(rate,per,nper,pv,fv,type)。

该函数一共有 6 个参数，rate 为贷款利率；per 用于计算本金数额的期数；nper 表示该项贷款的付款总期数；pv 表示本金；fv 表示在最后一次付款后希望得到的现金余额；type 用于指定各期的付款时间是在期初还是期末。

IPMT 函数的功能是基于固定利率及等额分期付款方式下，返回给定期数内对投资的利息偿还额。它的语法表达式为：IPMT(rate, per,nper,pv,fv,type)，其参数个数和含义等同于 PPMT 函数。

接下来，来看一下实际应用案例，王总向银行贷款 40 万元，贷款期限为 10 年，贷款利率为 8.78%，现要求，分别计算出前 8 个月每个月还款的本金和利息。

步骤 1：打开"本金和利息 .xlsx"工作簿，在单元格 B5 中输入公式"=PPMT($C$2/12,A5,$B$2*12,$A$2)"，按下"Enter"键返回计算结果后向下复制公式，计算出前 8 个月每个月支付的本金如图 6-23 所示，从结果可以得知，本金在逐渐增加。

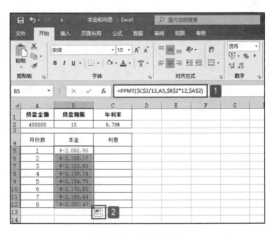

图 6-23　计算本金

步骤 2：在单元格 C5 中输入公式"=IPMT($C$2/12,A5,$B$2*12,$A$2)"，利用填充柄工具复制公式至 C12，计算出前 8 个月每个月支付的利息数，计算结果如图 6-24 所示，从结果可以得知，每个月支付的利息在逐渐减少。

6.2.3 计算阶段本金和利息函数 CUMPRINC 和 CUMIPMT

在实际工作和生活中，有时也许需要计算某一个时间段内某项贷款所需要支付的本金和利息，在 Excel 中，可以使用阶段本金和利息函数 CUMIPMT 和 CUMPRINC 来完成此项计算。以上一节中的数据为例，请打开实例文件"计算阶段本金和利息.xlsx"工作簿。

图 6-24 计算利息

步骤 1：在单元格 B5 中输入公式"=CUMPRINC(C2/12,B2*12,A2,18,36,0)"，按下"Enter"键后返回计算结果，如图 6-25 所示。

步骤 2：在单元格 B6 中输入公式"=CUMPRINC(C2,B2,A2,2,4,0)"，按下"Enter"键返回计算结果，如图 6-26 所示。

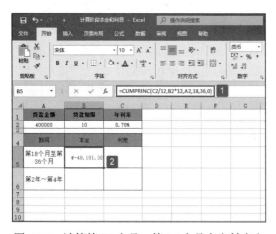

图 6-25 计算第 18 个月～第 36 个月内应付本金

图 6-26 计算第 2 年～第 4 年内应付本金

步骤 3：在单元格 C5 中输入公式"=CUMIPMT(C2/12,B2*12,A2,18,36,0)"，按下"Enter"键返回计算结果，如图 6-27 所示。

步骤 4：计算某些年期间内应付利息。在单元格 C6 中输入公式"=CUMIPMT(C2,B2,A2,2,4,0)"，按下"Enter"键返回计算结果，如图 6-28 所示。

本节中所介绍的本金和利息计算函数，在使用时需要注意一点，即时间单位要保持一致。如果要计算的是以"月"为单位的期间，则所有与时间相关的参数都必须统一为以"月"为单位，利率需转换为月利率，还款期限也必须转换为以"月"为单位的总期数。

图 6-27 计算第 18 个月～第 36 个月内应付利息　　图 6-28 计算第 2 年～第 4 年内应付利息

6.3 投资计算

投资计算函数是用于计算投资与收益的一类函数，可以解决日常财务中的累计、贴现等问题。常见的投资计算函数有 FV、FVSCHEDULE、PV、NPV 等，下面我们就来重点讲解一下这些函数。

6.3.1 计算一笔投资的未来值函数 FV

FV 函数的功能是基于固定的利率及等额分期付款方式，返回某项投资的未来值。它的表达式为：FV(rate,nper,pmt,pv,type)，一共有 5 个参数，rate 为各期利率；nper 为总投资期；pmt 为各其应支付的金额；pv 表示从该项投资开始计算时已经入账的款项，即本金；type 用以指定各期的付款时间是在期初还是期末。

例如，现需要启动某项投资，已经存入指定专用账户先期存款 10 万元，年利率为 4.5%，并在今后的 36 个月每个月存入 3000 元到该账户。现需要计算两年后，该账户的存款金额。具体操作步骤如下所示。

步骤 1：启动 Excel 2019 新建一个工作簿，重命名为"FV 函数.xlsx"，在工作表 Sheet1 中根据上面的描述文字输入已知条件，并设置好单元格格式，如图 6-29 所示。

步骤 2：在单元格 B5 中输入公式"=FV(B2/12,D2,-C2,-A2,0)"，按下"Enter"键返回计算结果为 229 823.05，如图 6-30 所示。在该公式

图 6-29 创建 FV 函数模型

中，将存款额都输入为负数，因为现在是将它们看成为是投资，应为支出。

图 6-30　设置公式计算未来值

6.3.2　计算可变利率下投资的未来值函数 FVSCHEDULE

上节中介绍的 FV 函数在计算投资的未来值时，其利率是固定的。如果某项投资的利率是可变的，要计算该项投资的未来值时就需要使用 FVSCHEDULE 函数。

FVSCHEDULE 函数的功能是计算某项投资在可变利率下的未来值。它的语法表达式为：

FVSCHEDULE(principal，schedule)，它只有两个参数，principal 表示现值，即本金；schedule 输入为数组，表示利率数组。

例如，假设某人在 2018 年 1 月现存入 15 万元，协定按月计算利息。在该年中，存款年利率一共变化了 3 次，1～3 月份为 3.57%，4～6 月份为 3.48%，7～11 月份为 3.85%，12 月份再次上调为 3.88%，现需要计算一年后的存款总额。

请打开实例文件"FVSCHEDULE 函数 .xlsx"工作簿。

步骤 1：在单元格 C4 中输入公式"=B4/12"，按下"Enter"键返回结果后，向下复制公式至单元格 C15，计算结果如图 6-31 所示。

步骤 2：在单元格 B17 中输入公式"=FVSCHEDULE(B1,C4:C15)"，按下"Enter"键后返回计算结果，如图 6-32 所示。

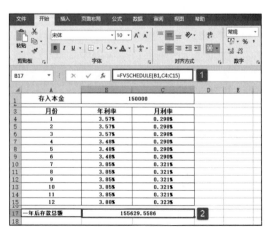

图 6-31　计算月利率　　　　　　　　　图 6-32　计算存款总额

在使用 FVSCHEDULE 函数时需要注意，schedule 参数必须为数组。但在本例中需要注意，不能直接使用年利率数组，即不能直接将单元格区域 B4:B15 作为 schedule 参数。因为是按月份计算利息，而且每个月的年利率是不一致的，因此应先计算出每月的月利率。

6.3.3 计算投资的现值函数 PV

PV 函数的功能是返回某项投资的现值，它的语法表达式为：PV(rate,nper,pmt,fv,type)。它一共有 5 个参数，rate 为各期利率；nper 为总投资期；pmt 为各期所应支付的金额；fv 表示最后一次支付后希望得到的现金余额；type 用以指定各期的付款时间是在期初还是在期末。

例如，张某想通过贷款来进行一项投资，其能承受的每月还款额为 4500 元，贷款年利率为 5.6%，贷款年限为 15 年。在此基础上，计算他最多能承受的贷款总额。

步骤 1：新建一个工作簿，命名为"PV 函数 .xlsx"工作簿，在工作表 Sheet1 中创建一个表格并输入已知数据，如图 6-33 所示。

步骤 2：在单元格 B6 中输入公式"=PV(B3,B4,-B2,0,0)"，按下"Enter"键后返回计算结果为 44 870.43，即此人能够承受的贷款总额，如图 6-34 所示。

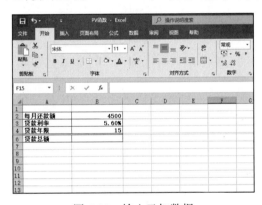

图 6-33　输入已知数据

图 6-34　计算贷款总额

6.3.4 计算非固定回报的投资函数 NPV

NPV 函数的功能是通过使用贴现率以及一系列未来支出和收入，返回一项投资的净现值。该函数的表达式为：NPV(rate,value1,value2,value3…)。它有一个固定参数 rate，为某一期间的贴现率，相当于竞争投资的利率；另外还有 1～29 年可选参数 value1,value2,…代表支出和收入。

例如，某企业要购买一项专利技术提高产品质量，投资成本为 200 万元，并且购买后第一年没有收益，以后连续 5 年的预计收益分别为：7.8 万元，10 万元，16 万元，18.2 万元，18 万元。假设该年利率为 5%，现需要计算该项投资是否值得。请打开实例文件"NPV 函数 .xlsx"工作簿。

步骤 1：在单元格 B12 中输入公式"=NPV(B2,B5:B10)"，按下"Enter"键后返回计算结果，如图 6-35 所示，该数据即表示获得预计回报的现值。

步骤 2：在单元格 B13 中输入公式"=IF(B12>B1,"值得","不值得")"，按下"Enter"键后返回计算结果，如图 6-36 所示，因为投资的现值远远大于该项专利的购买成本，因此得出结论此项投资值得。

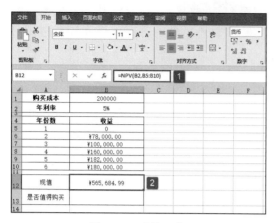

图 6-35　计算现值

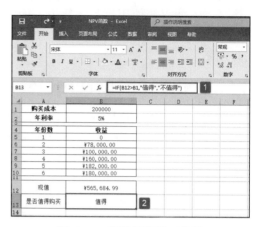

图 6-36　判断投资是否值得

6.3.5　计算现金流的净现值函数 XNPV

XNPV 函数的功能是返回一组不一定定期发生的现金流的净现值。它的语法表达式为：

XNPV(rate,values,dates)，它一共有 3 个参数，rate 表示现金流的贴现率；values 表示与 dates 中的支付时间相对应的一系列现金流；dates 表示与现金流支付相对应的支付日期表。

假设某公司欲购买一条进口生产流水线，预计一次性购买成本为 98 000 元，在第 4 年需要进行一次全面保养，保养费为 5000 元。预计该流水线投入使用后，每年产生收益的现金流量分别为：5 000、15 800、16 000、25 000、35 800。现需要计算该项投资所产生的净现金流量以及衡量此项投资是否值得。请打开实例文件"XNPV 函数计算模型 .xlsx"工作簿。

步骤 1：在单元格 E10 中输入公式"=XNPV(B2,E2:E8,D2:D8)"，按下"Enter"键返回计算结果，计算出净现值为 −20794.78575，如图 6-37 所示。

步骤 2：在单元格 E11 中输入公式"=IF(E10>0,"值得","不值得")"，判断该项投资是否值得。由于结果计算出的净现值小于零，为负数，说明该项投资不值得，如图 6-38 所示。

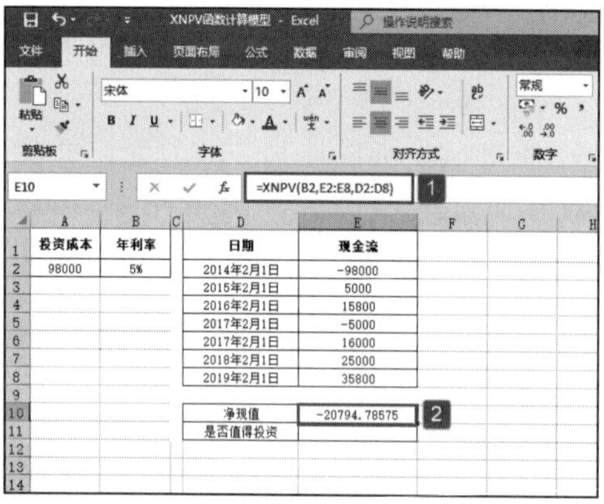

图 6-37　计算净现值

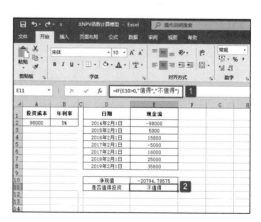

图 6-38　判断投资是否值得

6.3.6 计算投资回收率函数 RATE

函数 RATE 的功能是返回某项投资各期的利率（或回收率）。它的语法表达式为：RATE(nper,pmt,pv,fv,type)，它一共有 5 个参数。nper 表示偿还期或投资期，pmt 为各期所应支付的金额，其数值在整个年金期间保持不变，通常包括本金和利息，但不包括其他费用和税款；pv 表示现值，即从该项投资开始计算时已经入账的款项，或一系列未来付款的当前值的累积和，也称为本金；fv 表示在最后一次付款后希望得到的现金余额；type 用以指定各期的付款时间是在期初还是期末。

例如，某公司欲进行一项投资，一次性投入资金约为 20 万元，如果要求在 5 年投资回收期中使资本增值为 60 万元，则年投资回收率应该不低于多少？

步骤 1：新建一个工作簿，命名为"RATE 函数 .xlsx"工作簿，在工作表 Sheet1 中创建如图 6-39 所示的表格并输入数据。

步骤 2：在单元格 B5 中输入公式"=RATE(B3,0,-B2,B4,0)"，按下"Enter"键后返回计算结果为 24.5731%，如图 6-40 所示。意思是只有在回收率为 24.5731% 的情况下，投资 20 万元在 5 年后才可能增值为 50 万元。

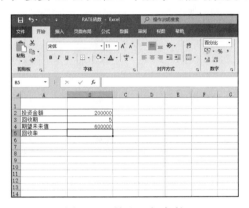

图 6-39　输入已知条件

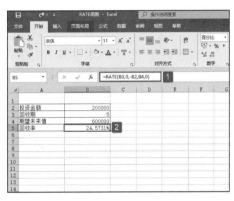

图 6-40　计算回收率

6.4　实战：报酬率计算

报酬率计算函数主要是用于计算内部资金流量的回报率的一类函数。比较常见的报酬率函数有 IRR 函数、MIRR 函数和 XIRR 函数，下面我们就来具体讲解一下这些函数及其应用。

6.4.1 返回现金流的内部收益率函数 IRR

内部收益率通常指投资的回收率。Excel 中的 IRR 函数的功能是返回由数值代表的一组现金流的内部收益率。它的语法表达式为：

IRR(values,guess)，它有两个参数，values 为数组类型，表示用来计算返回的内部收益率的数字；guess 为对函数 IRR 计算结果的估计值，如果省略，假设它为 0.1（10%）。

例如，贾总打算开办一家新公司，投资额为 150 万元。预计在今后 5 年内的收益分别为：40 万元、45 万元、58 万元、65 万元和 72 万元，现需要计算投资 1 年后、3

年后和 5 年后的内部收益率。

步骤 1：新建一个工作簿，重命名为"IRR 函数"，在工作表 Sheet1 中创建如图 6-41 所示的表格并输入已知数据。

步骤 2：在单元格 E4 中输入公式"=IRR(B3:B4,0.2)"，按下"Enter"键后返回计算结果为 −73.33%，表示一年后还未收回成本，如图 6-42 所示。公式中第二个参数输入为 0.2，表示假设 IRR 计算结果的估计值为 0.2。

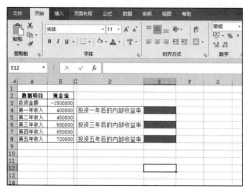

图 6-41　创建表格

图 6-42　计算一年后的内部收益率

步骤 3：在单元格 E6 中输入公式"=IRR(B3:B6,0.2)"，按下"Enter"键后返回计算结果为 −2.22%，如图 6-43 所示。

步骤 4：在单元格 E8 中输入公式"=IRR(B3:B8,0.2)"，按下"Enter"键后返回计算结果，如图 6-44 所示。说明在第五年后，有 22.26% 的收益率。

图 6-43　计算三年后的内部收益率

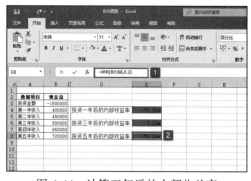

图 6-44　计算五年后的内部收益率

6.4.2　返回现金流的修正内部收益率 MIRR

修正内部报酬率是指在不同的利率下计算支出和收入时所得的内部收益率，同时考虑投资成本和现金再投资收率。

Excel 中用于计算现金流内部收益率的函数为 MIRR，它的语法表达式为：

MIRR(values,finance_rate,reinvest_rate)，它一共有 3 个参数，values 为数组类型，表示用来计算返回的内部收益率的数字；finance_rate 表示现金流中使用的资金支付的利率；reinvest_rate 表示将现金流再投资的收益率。

例如，馨德公司在 5 年前以 8.85% 的年利率贷款 35 万元购买了一批设备，这批设备在这 5 年内带来的收入分别为：3 万元、8.9 万元、10.85 万元、12 万元和 13.25 万元。其中又将这些收入用于再投资，每年的收益率为 15%。现要计算购买这批设备 3 年后及 5 年后的修正内部收益率。请打开实例文件"MIRR 函数计算修正内部收益率.xlsx"工作簿，该工作簿中已创建好表格并输入已知数据。

步骤 1：在单元格 E5 中输入公式"=MIRR(B2:B5,B8,B9)"，按下"Enter"键后返回计算结果是为 –10.5%，如图 6-45 所示。说明在投资的第 3 年，该项投资仍处于亏损状态。

步骤 2：在单元格 E7 中输入公式"=MIRR(B2:B7,B8,B9)"，按下"Enter"键后返回计算结果为 11.4%，如图 6-46 所示，说明在投资后的第 5 年，收益率为 11.4%。

图 6-45　计算 3 年后的修正内部收益率　　　图 6-46　计算 5 年后的修正内部收益率

6.4.3　返回不定期发生现金流的内部收益率 XIRR

XIRR 函数的功能是返回一组现金流的内部收益率，这些现金流不一定定期发生。它的语法表达式为：XIRR(values,dates,guess)，它一共有 3 个参数，values 表示与 dates 中的支付时间相对应的一系列现金流；dates 表示与现金流支付相对应的支付日期表；guess 为对函数 XIRR 计算结果的估计值，如果省略，则默认为 0.1。

例如，某公司在 2015 年 3 月 10 日开始一项 19 万元的投资。它的回报金额和日期参考"XIRR 函数 .xlsx"工作簿，现要求计算这项投资的内部收益率。请打开实例文件"XIRR 函数 .xlsx"工作簿。

步骤 1：在单元格 D11 中输入公式"=XIRR(D2:D9,C2:C9,0.2)"，这里假设函数 XIRR 结果的估计值为 0.2，按下"Enter"键返回结果，即计算出的内部收益率为 20.13%，如图 6-47 所示。

步骤 2：通常，如果该报酬率大于一般的定期存款利率，则说明此项投资值得。因此，在单元格 D12 中输入公式"=IF(D11>=0.05,"值得","不值得")"，按下"Enter"键后，单元格中显示公式计算结果为"值得"，如图 6-48 所示。

图 6-47　计算内部收益率　　　　　　　图 6-48　判断投资是否值得

第7章
进销存管理

进销存管理就是用计算机来管理企业日常经营中最基本的进货、销售、库存等基本的业务流程，能够有效地辅助企业解决业务管理、分销管理、存货管理、营销计划的执行和监控以及统计信息的收集等方面的业务问题。本章将通过实际案例详细介绍如何利用 Excel 工作表输入原始单据，自动生成一套进销存明细账和汇总报表，从而能够及时、准确地为企业提供进销存全面的管理信息。

- 制作商品列表
- 制作进销记录工作表
- 实战：制作进销存汇总工作表

7.1 制作商品列表

商品列表是进销存管理系统中的基本商品数据列表，表格结构比较简单。本节主要讲述"冻结窗格"等功能的使用方法。具体操作步骤如下。

步骤1：打开"进销存管理.xlsx"工作簿，将"Sheet1"重命名为"商品列表"，并在工作表第一行中输入标题文本：商品编码、商品名称、型号规格、单位，设置字号为14，对字体进行加粗，设置填充颜色为"黄色"，字体颜色为"黑色"，效果如图7-1所示。

步骤2：在对应的列中输入数据，效果如图7-2所示。

图7-1 制作标题栏

步骤3：在第2行的行标处单击鼠标右键选中第2行，在主页功能区切换到"视图"选项卡，单击"窗口"组中"冻结窗格"按钮右侧的下三角按钮，在展开的下拉列表中选择"冻结首行"选项，使第一行固定显示在表中，如图7-3所示。

图7-2 输入数据

图7-3 冻结窗格

7.2 制作进销记录工作表

进销记录工作表是关于商品进货和销售数据的记录表，表格结构主要分为3部分：凭证和商品基本数据、进货数据、销售数据。

7.2.1 凭证和商品基本数据

凭证和商品基本数据用于介绍商品基本数据工作表的格式设置，并可根据商品编码查找商品信息，具体操作步骤如下。

步骤1：在商品列表右侧新建工作表，并将其重命名为"进销记录"，如图7-4所示。

步骤2：在工作表第一行中输入标题文本"日期""凭证号""摘要""商品编码""商品名称""型号规格""单位""进货数量""进货单价""进货金额""销售数量""销售单价""销售金额"，并设置字号为11，字体颜色为"黑色"，填充颜色为"黄色"。其中，A:G列是凭证和商品基本数据，H:J列是进货数据，K:M列是销售数据，如图7-5所示。

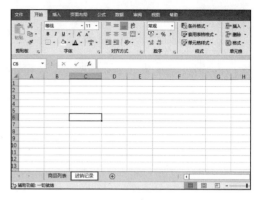

图7-4 新建工作表

步骤3：试着输入一张凭证的收据，如图7-6所示。E、F、G、J、K这5列中因为要设置公式，所以不输入数据。

图7-5 标题栏

图7-6 输入数据

步骤4：根据商品编码查找商品名称。在E2单元格输入公式"=VLOOKUP(D2,商品列表!A:D,2,0)"，按"Enter"键返回计算结果，如图7-7所示。

步骤5：根据商品编码查找型号规格。在F2单元格中输入公式"=VLOOKUP(D2,商品列表!A:D,3,0)"，按"Enter"键输出结果，如图7-8所示。

图7-7 查找商品名称

图7-8 查找型号规格

步骤6：根据商品编码查找单位。在G2单元格中输入公式"=VLOOKUP(D2,商品列表!A:D,4,0)"，按"Enter"键返回计算结果，如图7-9所示。

图 7-9　查找单位

7.2.2　进货数据

进货数据主要以手动方式输入，在 7.1 节中已经输入了数据，接下来计算进货金额。在 J2 单元格中输入公式"=H2*I2"，按"Enter"键即可返回结果，如图 7-10 所示。

图 7-10　计算进货金额

7.2.3　销售数据

销售数据和进货数据一样需要手动输入，工作表中"销售数量"和"销售单价"这两列数据可根据实际情况直接输入，在进行统计时，单独设置销售金额的公式即可，具体操作步骤如下。

步骤 1：将销售数量和销售单价分别输入 K 列和 L 列，但需要对每一行设置公式，计算销售金额。在 M2 单元格中输入公式"=K2*L2"，如图 7-11 所示。

步骤 2：输入实际数据，并将上面设置的 5 个公式填充到第 20 行，效果如图 7-12 所示。

图 7-11　计算销售金额

图 7-12　完善表格

步骤 3：表格中含有多个零值，为了美观，我们可以将其隐藏。在主页功能区单击"文件"选项卡，在左侧的功能列表中单击"选项"按钮，打开"Excel 选项"对话框，然后单击"高级"按钮，取消勾选"在具有零值的单元格中显示零"复选框，最后单击"确定"按钮即可,如图 7-13 所示,最终效果如图 7-14 所示。

图 7-13　设置隐藏零值　　　　　　　　图 7-14　最终效果图

7.3　实战：制作进销存汇总工作表

进销存汇总工作表可用于对进销数据工作表的数据进行统计,求得进货和销售的汇总数据,并在数据透视表中计算出存货的数量和金额。

7.3.1　数据透视表

下面介绍利用数据透视表和数据透视图对进销记录数据进行分类汇总,具体操作步骤如下。

步骤 1：在主页功能区切换到"插入"选项卡,单击"图表"组中的"数据透视图"下三角按钮,在展开的下拉列表中选择"数据透视图和数据透视表"选项,如图 7-15 所示。

步骤 2：在弹出的"创建数据透视表"对话框中设置"选择一个表或区域"为"进销记录!$A$1:$M$20",设置"选择放置数据透视表的位置"为"新工作表",最后单击"确定"按钮,如图 7-16 所示。

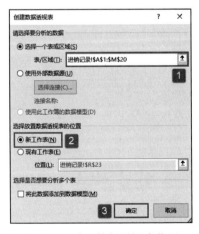

图 7-15　选择图表类型　　　　　　　　图 7-16　设置数据透视表位置

步骤 3：将数据透视图字段中的"日期"添加到"筛选"区域,如图 7-17 所示。

步骤4：将数据透视图字段中的"商品编码""商品名称""型号规格"添加到"轴（类别）"区域中，如图7-18所示。

步骤5：将数据透视图字段中的"进货数量""进货金额""销售数量""销售金额"添加到"值"区域中，效果如图7-19所示。

图 7-17　拖动字段到"筛选"区域

图 7-18　拖动字段到"轴（类别）"区域

图 7-19　拖动字段到"值"区域

步骤6：数据透视表最终效果如图 7-20 所示。

日期	(全部)			
行标签	计数项:进货数量	求和项:进货金额	计数项:销售数量	求和项:销售金额
⊟11007	2	55	4	57.1
⊟背包	2	55	4	57.1
方便购物袋012	2	55	4	57.1
⊟11008	1	136	1	130
⊟背包	1	136	1	130
旅行包556	1	136	1	130
⊟11009	1	4840		0
⊟背包	1	4840		0
旅行包531	1	4840		0
⊟12001	1	44		0
⊟行李车	1	44		0
行李车013	1	44		0
⊟12002	1	136		0
⊟行李车	1	136		0
大网车014	1	136		0
⊟13001	1	150	1	90
⊟休闲包	1	150	1	90
休闲腰包	1	150	1	90
⊟13002	2	534		0
⊟休闲包	2	534		0
休闲手提包	2	534		0
⊟13003	2	174		0
⊟休闲包	2	174		0
休闲小背包700	2	174		0

图 7-20　数据透视表最终效果

图 7-20 （续）

7.3.2 数据透视表计算字段

数据透视表计算字段用于介绍修改字段的汇总方式，设置计算字段和修改汇总字段的显示名称。具体操作步骤如下。

步骤1：选中 B3 单元格，在主页功能区切换到"数据透视表分析"选项卡，单击"活动字段"组中的"字段设置"按钮，如图 7-21 所示。

步骤2：随即弹出"值字段设置"对话框，切换到"值汇总方式"选项卡，更改计算类型为"求和"，最后单击"确定"按钮，如图 7-22 所示。

步骤3：随即返回工作表页面，效果如图 7-23 所示。

步骤4：按上述步骤将 D3 单元格中的"计数项：销售数量"修改为"求和项：销售数量"。

步骤5：选中 B3 单元格，在主页功能区切换到"数据透视表分析"选项卡，单击"计算"组中的"字段、项目和集"下三角按钮，在展开的下拉列表中选择"计算字段"选项，如图 7-24 所示。

步骤6：在弹出的"插入计算字段"对话框中，输入名称"存货数量"，公式"=进货数量－销售数量"，单击"添加"按钮插入计算字段，如图 7-25 所示。

步骤7：单击"确定"按钮，返回工作表，效果如图 7-26 所示。

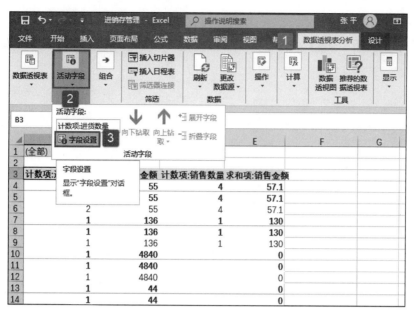

图 7-21 单击"字段设置"按钮

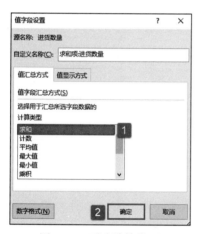

图 7-22 更改计算类型

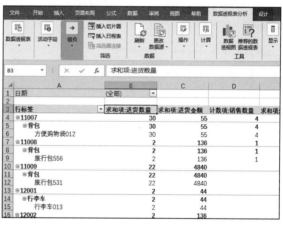

图 7-23 修改计数项为求和项

图 7-24 选择"计算字段"选项

图 7-25 插入计算字段"存货数量"

(全部)				
求和项:进货数量	求和项:进货金额	求和项:销售数量	求和项:销售金额	求和项:存货数量
30	55	20	57.1	10
30	55	20	57.1	10
30	55	20	57.1	10
2	136	5	130	-3
2	136	5	130	-3
2	136	5	130	-3
22	4840		0	22
22	4840		0	22
22	4840		0	22
2	44		0	2
2	44		0	2
2	44		0	2
2	136		0	2
2	136		0	2
2	136		0	2
10	150	5	90	5
10	150	5	90	5
10	150	5	90	5
7	534		0	7
7	534		0	7
7	534		0	7
5	174		0	5
5	174		0	5
5	174		0	5
1	50		0	1
1	50		0	1
1	50		0	1
5	325		0	5
5	325		0	5
5	325		0	5
86	6444	30	277.1	56

图 7-26 插入计算字段 "存货数量" 效果

步骤 8：再次打开 "插入计算字段" 对话框，输入名称 "存货金额"，公式 "=（进货金额/进货数量）*存货数量"，单击 "添加" 按钮插入计算字段，如图 7-27 所示。

图 7-27 插入计算字段 "存货金额"

步骤 9：单击 "确定" 按钮返回工作表，效果如图 7-28 所示。

(全部)	▼					
求和项:进货数量	求和项:进货金额	求和项:销售数量	求和项:销售金额	求和项:存货数量	求和项:存货金额	
30	55	20	57.1	10	18.33333333	
30	55	20	57.1	10	18.33333333	
30	55	20	57.1	10	18.33333333	
2	136	5	130	-3	-204	
2	136	5	130	-3	-204	
2	136	5	130	-3	-204	
22	4840		0	22	4840	
22	4840		0	22	4840	
22	4840		0	22	4840	
2	44		0	2	44	
2	44		0	2	44	
2	44		0	2	44	
2	136		0	2	136	
2	136		0	2	136	
2	136		0	2	136	
10	150	5	90	5	75	
10	150	5	90	5	75	
10	150	5	90	5	75	
7	534		0	7	534	
7	534		0	7	534	
7	534		0	7	534	
5	174		0	5	174	
5	174		0	5	174	
5	174		0	5	174	
1	50		0	1	50	
1	50		0	1	50	
1	50		0	1	50	
5	325		0	5	325	
5	325		0	5	325	
5	325		0	5	325	
86	6444	30	277.1	56	4196.093023	

图 7-28 插入计算字段"存货金额"效果

步骤 10：数据透视表的一个特点是各数据字段的名称前有"求和项:"等字符，使列宽偏大，影响美观。我们可以按快捷键"Ctrl+H"，随即弹出"查找和替换"对话框，在"查找内容"文本框中输入"求和项:"，在"替换为"文本框中输入"｜"，然后单击"全部替换"按钮，如图 7-29 所示。

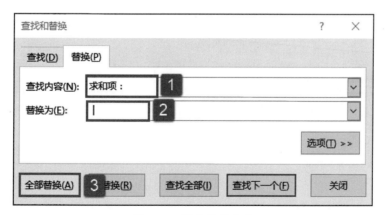

图 7-29 输入替换文本

步骤 11：随即返回工作表，完成进销存汇总数据透视表，如图 7-30 所示。

图 7-30　进销存汇总数据透视表

第8章
固定资产管理

固定资产，指单位价值在规定限额以上，使用期限在一年以上，在长期使用中能保持原有物质形态的劳动资料和消费资料。属于产品生产过程中用来改变或者影响劳动对象的劳动资料，是固定资本的实物形态。固定资产在生产过程中可以长期发挥作用，长期保持原有的实物形态，但其价值则随着企业生产经营活动而逐渐地转移到产品成本中去，并构成产品价值的一个组成部分。分为有生产性固定资产和非生产性固定资产。固定资产的财务处理是会计的重要业务之一，企业的固定资产日常核算、固定资产折旧处理是一项烦琐的工作，而使用 Excel 2019 创建固定资产表并对其管理核算，可以帮助财务人员快速高效管理固定资产。

- 建立固定资产管理表
- 固定资产筛选与排序
- 实战：固定资产折旧

8.1 建立固定资产管理表

财务部门需要对固定资产进行固定资产的登记编号、记录报废、折旧计提等，根据财务部门对固定资产的日常管理，需要建立制作一个固体资产管理表，以实现固定资产相关计算与管理的目的。

■ 8.1.1 建立固定资产表

固定资产表应当从公司固定资产数据中获取，罗列出相应资产清单，建立固定资产表，具体操作步骤如下所示。

步骤 1：启动 Excel 2019，切换至"文件"选项卡，选择新建"空白工作簿"，将工作簿命名为"固定资产管理表 .xlsx"，然后将 Sheet1 表命名为"固定资产表"。

步骤 2：输入"固定资产名称""年限""价值""数量"等固定资产标志项，根据公司现有的数据如实地输入相应的数据内容。将标题文本内容设置为"固定资产表"。设置合适的文本字体与大小，设置合适的对齐方式并设置相应的底色，设置合适的表格边框。最终效果如图 8-1 所示。

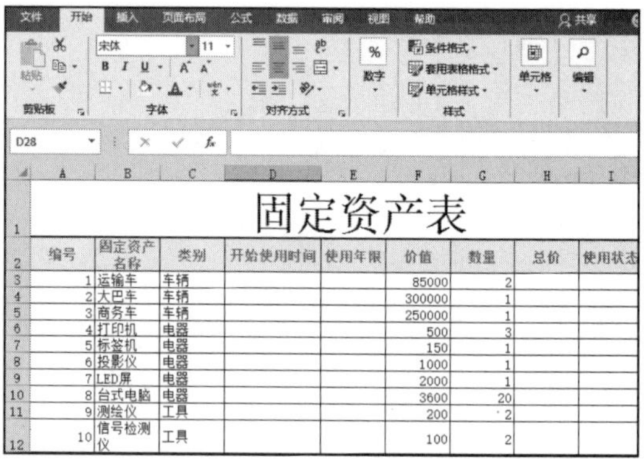

■ 8.1.2 设置时间格式

图 8-1 初步建立"固定资产表"

在添加使用时间的过程中，需要对添加的时间进行格式设置，以方便对时间数据进行统一管理。具体操作步骤如下所示

步骤 1：在固定资产表中，选中 D 列，切换至"开始"选项卡，单击"数字"组中的"数字格式对话框启动器"按钮，如图 8-2 所示。

步骤 2：在弹出的"设置单元格格式"对话框中，选择"数字"列表框中的"自定义"选项，然后选择"yyyy/m/d"类型，最后单击"确定"按钮，如图 8-3 所示。

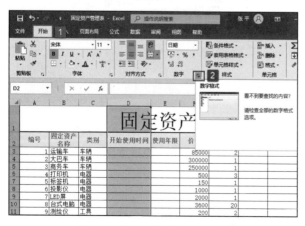

图 8-2 选择"数字格式"选项

图 8-3 设置时间格式

步骤 3：根据现有的数据输入开始使用时间，同时输入“使用年限”，如图 8-4 所示。

D	E	F	G	H	I	J	K
开始使用时间	使用年限	价值	数量	总价	使用状态	净残值率	净残值
2018/3/2	8	85000	2			5%	
2017/4/15	10	300000	1			5%	
2017/9/16	15	250000	1			5%	
2017/9/3	6	500	3			5%	
2018/1/5	12	150	1			5%	
2019/5/31	5	1000	1			5%	
2019/5/31	6	2000	1			5%	
2017/10/9	8	3600	20			5%	
2017/10/20	20	200	2			5%	
2018/7/25	8	100	2			5%	
2018/7/25	3	120	4			5%	
2017/9/3	2	100	2			5%	
2019/1/6	8	5000	1			5%	

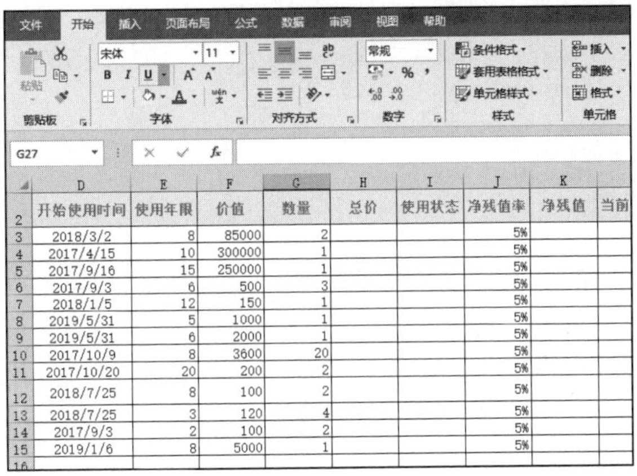

图 8-4　设置时间格式

8.1.3　计算总价

固定资产的总价等于固定资产的单价乘以数量，在 H3 单元格中输入公式“=F3*G3”，按“Enter”键即可得到运输车的总价数据，然后选中 H3 单元格，将鼠标光标定位到该单元格的右下角，使用填充柄工具向下复制公式，可一次性得出所有固定资产的总价，如图 8-5 所示。

D	E	F	G	H	I	J
开始使用时间	使用年限	价值	数量	总价	使用状态	净残值率
2018/3/2	8	85000	2	170000		5%
2017/4/15	10	300000	1	300000		5%
2017/9/16	15	250000	1	250000		5%
2017/9/3	6	500	3	1500		5%
2018/1/5	12	150	1	150		5%
2019/5/31	5	1000	1	1000		5%
2019/5/31	6	2000	1	2000		5%
2017/10/9	8	3600	20	72000		5%
2017/10/20	20	200	2	400		5%
2018/7/25	8	100	2	200		5%
2018/7/25	3	120	4	480		5%
2017/9/3	2	100	2	200		5%
2019/1/6	8	5000	1	5000		5%

图 8-5　计算“总价”

8.1.4　计算使用状态

固定资产的使用状态是指固定资产当前的使用情况，例如“使用中”“未使用”“不需用”“出租”等，确定使用状态的计算方法可以利用 IF 函数得到，具体操作如下步骤所示。

步骤 1：选中 I3 单元格，在公式编辑栏中输入公式：

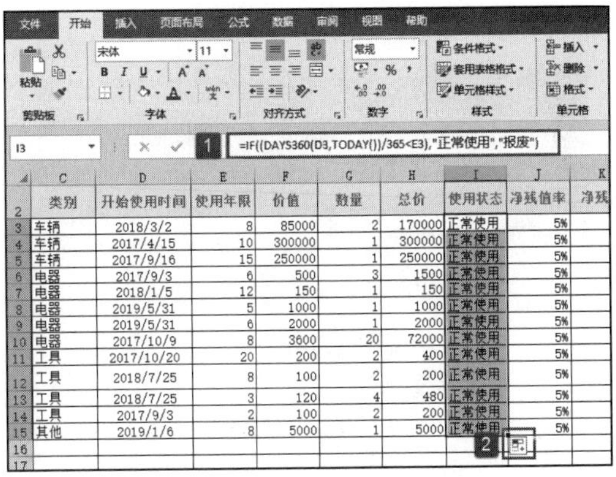

“=IF((DAYS360(D3,TODAY())/365<E3),”正常使用”,”报废”)”，按“Enter”键即得到固定资产的目前使用状态情况。

步骤 2：再次选中 I3 表格，将光标定位到该单元格的右下角，使用填充柄向下复制公式，可一次性得出所有固定资产的“使用状态”，如图 8-6 所示。

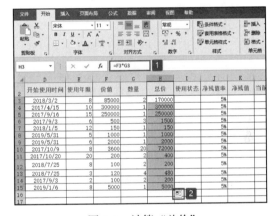

C	D	E	F	G	H	I	J
类别	开始使用时间	使用年限	价值	数量	总价	使用状态	净残值率
车辆	2018/3/2	8	85000	2	170000	正常使用	5%
车辆	2017/4/15	10	300000	1	300000	正常使用	5%
车辆	2017/9/16	15	250000	1	250000	正常使用	5%
电器	2017/9/3	6	500	3	1500	正常使用	5%
电器	2018/1/5	12	150	1	150	正常使用	5%
电器	2019/5/31	5	1000	1	1000	正常使用	5%
电器	2019/5/31	6	2000	1	2000	正常使用	5%
电器	2017/10/9	8	3600	20	72000	正常使用	5%
工具	2017/10/20	20	200	2	400	正常使用	5%
工具	2018/7/25	8	100	2	200	正常使用	5%
工具	2018/7/25	3	120	4	480	正常使用	5%
工具	2017/9/3	2	100	2	200	正常使用	5%
其他	2019/1/6	8	5000	1	5000	正常使用	5%

图 8-6　计算使用状态

8.1.5　计算净残值

固定资产净残值是指固定资产使用期满后，残余的价值减去应支付的固定资产清理费用后的那部分价值。固定资产净残值属于固定资产的不转移价值，不应计入成本、费用中去，在计算固定资产折旧时，采取预估的方法，从固定资产原值中扣除，到固定资产报废时直接回收。固定资产净残值占固定资产原值的比例一般在3%～5%之间。

固定资产净残值＝固定资产原值×预计残值率，在这里，默认净残值率设置为5%，净残值的具体计算步骤如下所示。

步骤1：选中K3单元格，在公式编辑栏中输入公式"=H3*J3"，按"Enter"键即可得到固定资产的总值。

步骤2：再次选中K3单元格，将光标定位到该单元格的右下角，使用填充柄工具向下复制公式，可一次性得出所有固定资产的"净残值"，如图8-7所示。

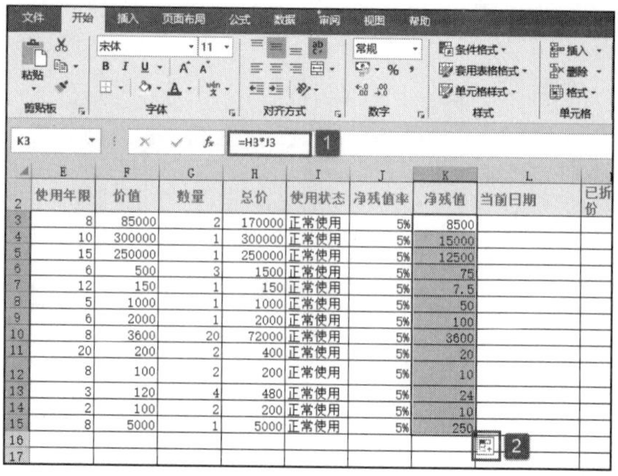

图8-7 计算"净残值"

8.1.6 利用数据有效性填充数据

使用数据有效性可定义单元格序列，这样可以直接在下拉列表中选择所需的数据，避免再次重复输入相同的数据，从而提高工作效率，达到事半功倍的效果。在固定资产表中，固定资产的"车辆、电器、工具"等类别名称大部分是需要重复输入的文字，可以利用数据的有效性进行快速输入，具体操作步骤如下所示。

步骤1：打开固定资产表，选中"类别"列区域，切换至"数据"选项卡，在"数据工具"组中单击"数据验证"下拉按钮，在展开的下拉列表中选择"数据验证"选项，如图8-8所示。

步骤2：在弹出的"数据验证"对话框中，切换至"设置"选项卡，在"允许"项里设置为"序列"选项，选择来源区域为C3:C5单元格区域，最后点击"确定"按钮完成数据验证的设置，如图8-9所示。

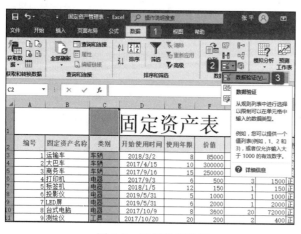

图8-8 选择数据验证

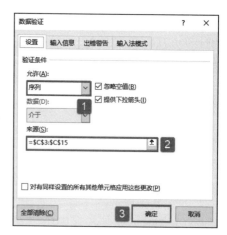

图8-9 设置数据验证

步骤3：此时当我们在类别列里再次输入新的数据时，会弹出下拉按钮，方便快速输入，效果如图8-10所示。

图 8-10　数据有效性效果

8.2　固定资产筛选与排序

当企业的固定资产较多时，如果逐一寻找起来会十分不方便。此时，我们可以利用已知的条件，在 Excel 2019 中运用相应的查询与筛选功能，从而完成对固定资产数据的快速管理。

8.2.1　按类别查找固定资产

如果用户想查询某个类别下的固定资产清单时，可以在类别中利用筛选功能进行查找，具体操作步骤如下所示。

步骤 1：打开"固定资产管理表 .xlsx"工作簿，选择 C 列，切换至"数据"选项卡，在"排序和筛选"组中单击"筛选"按钮。如图 8-11 所示。

步骤 2：单击数据下拉框，在数据下拉框中只勾选"车辆"复选框，单击"确定"按钮，如图 8-12 所示。此时，表中筛选出所有的车辆类固定资产，效果如图 8-13 所示。

图 8-11　选择"筛选"按钮

图 8-12　选择"车辆"类别固定资产

117

图 8-13　筛选车辆类别后效果

同样，当筛选电器或工具类的固定资产时，可以重复上述步骤，在相应的复选框中打勾即可。对于按数量、使用状态等筛选时，也可以按照上述步骤进行操作，在这里将不再一一赘述。

8.2.2　按价值查找固定资产

在固定资产的管理中，有时需要按照某一数值段进行查找固定资产，例如需要查找价值在 200～3000 之间的固定资产，具体操作步骤如下。

步骤 1：选择 F2 单元格以下的单元格区域，切换至"数据"选项卡，单击"排序和筛选"组中的"筛选"按钮。

步骤 2：单击数据下拉框，在数据下拉框中选择"数字筛选"选项，然后选择"介于"选项。如图 8-14 所示。

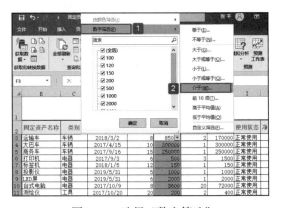

图 8-14　选择"数字筛选"

步骤 3：在弹出的"自定义自动筛选方式"对话框中，在"大于或等于"后输入数值"200"，在"小于或等于"后输入数值"3000"，然后单击"确定"按钮，如图 8-15 所示。完成筛选设置后，结果如图 8-16 所示。

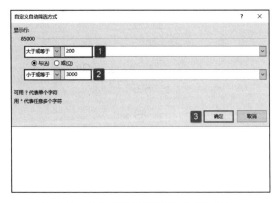

图 8-15　"自定义自动筛选方式"设置

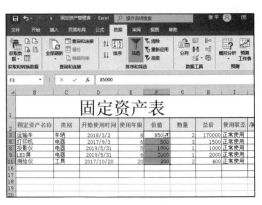

图 8-16　筛选结果

8.2.3 按总价对固定资产排序

在管理固定资产的过程中，有时需要按总价大小了解各个固定资产分布情况，进行合理资产划分。此时，可以利用 Excel 2019 中的排序功能快速实现，具体操作步骤如下所示。

步骤1：在"固定资产表"中，选中 H 列单元格，切换"数据"选项，在"排序和筛选"组中单击"排序"按钮，如图 8-17 所示。

步骤2：随后弹出"排序提醒"对话框，选择"扩展选定区域"选项，然后单击"排序"按钮，如图 8-18 所示。

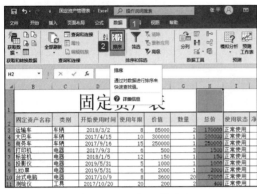

图 8-17 选择"排序"

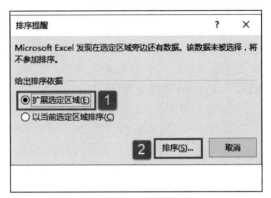

图 8-18 选择"排序"

步骤3：在弹出的"排序"对话框里，在"列"里选择主要关键字为"总价"，在"排序依据"里选择"单元格值"，在"次序"里我们按"升序"进行排序，然后单击"确定"按钮，完成排序设置，如图 8-19 所示，排序后的效果如图 8-20 所示。

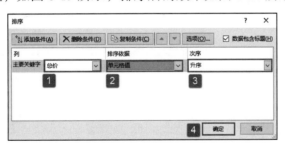

图 8-19 排序设置

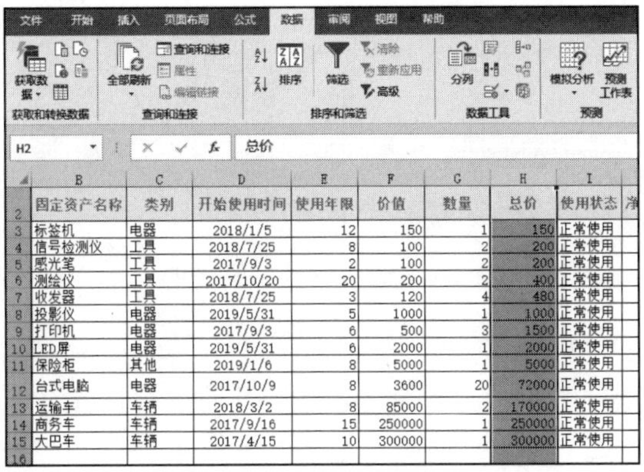

图 8-20 "总价"排序效果

8.2.4 标记特定固定资产

在实际的固定资产管理过程中，有时需要将固定资产某个范围内的数值标记出来，方便我们清楚地看到数据，从而对固定资产数据进行下一步的操作。以标记"电器"类别的固定资产为例，具体操作步骤如下。

步骤1：选择C2单元格以下的所有单元格数据。切换至"开始"选项卡，在"样式"组中单击"条件格式"按钮右侧的下三角按钮，在展开的下拉列表中选择"突出显示单元格规则"选项，然后在展开的联级下拉列表中选择"等于"选项，如图8-21所示。

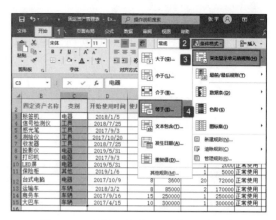

图8-21 选择"突出显示单元格规则"

步骤2：在弹出的"等于"对话框中，将等于的值设为"电器"，并将效果设置为"浅红填充色深红色文本"格式。然后单击"确定"按钮，如图8-22所示。此时，对于标记类别为"电器"的固定资产，我们可以清晰地看到被标记为浅红色，效果如图8-23所示。

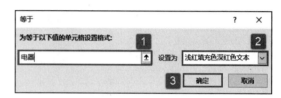

图8-22 设置单元格突出格式

图8-23 标记"电器"固定资产

8.3 实战：固定资产折旧

固定资产的价值是根据它本身的磨损程度逐渐转移到新产品中去的，它的磨损分为有形磨损和无形磨损两种情况；固定资产折旧是指在固定资产使用寿命内，按照确定的方法对应计折旧额进行系统分摊。使用寿命是指固定资产的预计寿命，或者该固定资产所能生产产品或提供劳务的数量。应计折旧额是指应计提折旧的固定资产的原价扣除其预计净残值后的金额。已计提减值准备的固定资产，还应扣除已计提的固定资产减值准备累计金额。

固定资产计提折旧注意问题

1. 注意计提折旧的范围，按现行企业会计准则规定，除以下情况外，企业应对所有固定资产计提折旧：

（1）已提足折旧仍继续使用的固定资产；

（2）按照规定单独计价作为固定资产入账的土地；

（3）处于更新改造过程中的固定资产。未使用的机器设备、仪器仪表、运输工具、工具器具、季节性停用也要计提折旧。

2. 注意再计提固定资产这就是应考虑固定资产减值准备。

3. 注意折旧期间跨年度是年折旧额的确定。

8.3.1 计算折旧时间

在进行固定资产的折旧计算时，首先要计算出当前时间、折旧月份、已提折旧年份等数据，具体操作步骤如下所示。

步骤1：打开固定资产表，选中L3单元格，在公式编辑栏里输入公式"=TODAY()"，按"Enter"键即可显示当前的日期。再次选中L3单元格，将光标定位到该单元格的右下角，使用填充柄工具向下复制公式填充序列，可一次性让所有单元格显示当前的日期，如图8-24所示。

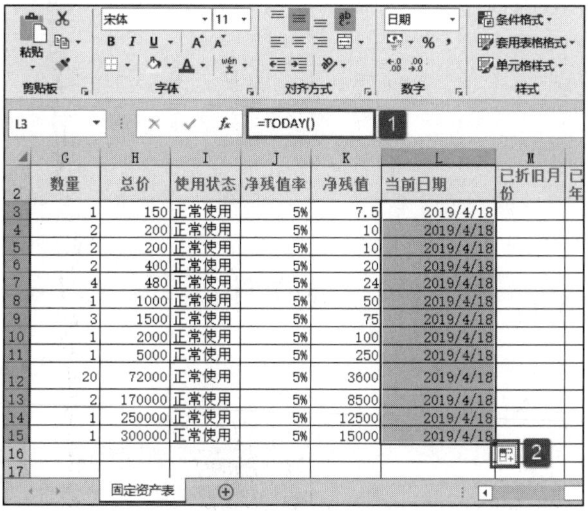

图8-24 显示"当前日期"

步骤2：计算"已提折旧月份"，可以利用"DAYS360"函数，选中M3单元格，在公式编辑栏中输入公式"=INT(DAYS360(D3,L3)/30)"，按"Enter"键即可显示已折旧月份。再次选中M3单元格，将光标定位到该单元格的右下角，使用填充柄工具向下复制公式填充序列，可一次性得到所有已折旧月份数据，如图8-25所示。

步骤3：计算"已提折旧年份"可用已折旧月份除以12，先选中N3单元格，在公式编辑栏中输入公式"=M3/12"，按"Enter"键即可得到"已提折旧年份"，再次选中N3单元格，使用填充柄工具向下复制公式填充序列，即可得到所有的"已折旧年份"数据，结果如图8-26所示。

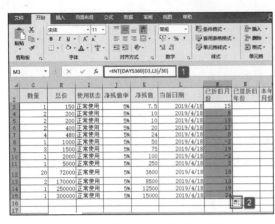
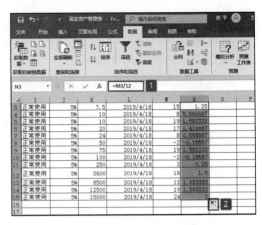

图 8-25 计算"已折旧月份"数据　　　　图 8-26 计算已提折旧年份

步骤 4：在本年已提月份里输入相关数据，完成折旧计算前基础数据的所有计算。

■ 8.3.2 年数总和法计算折旧值

年数总和法又称折旧年限积数法、年数比率法、级数递减法或年限合计法，是将固定资产的原值减去预计净残值后的净额乘以一个逐年递减的分数计算每年的折旧额，这个分数的分子代表固定资产尚可使用的年数，分母代表使用年限的逐年数字总和。

逐年递减分数的分子代表固定资产尚可使用的年数；分母代表使用年数的逐年数字之总和，假定使用年限为 n 年，分母即为 1+2+3+……+n=n（n+1）÷2，相关计算公式如下：

年折旧率＝尚可使用年数/年数总和×100%

年折旧额＝(固定资产原值－预计残值)×年折旧率

月折旧率＝年折旧率/12

月折旧额＝(固定资产原值－预计净残值)×月折旧率

年数总和法主要用于计算技术进步、产品更新换代较快的或者常年处于强震动、高腐蚀的固定资产。我们以台式电脑为例，计算其折旧值。具体操作步骤如下所示。

步骤 1：在"固定资产管理表"工作簿中，将 Sheet2 工作表命名为"年数总和法"表，建立相关的折旧数据信息，调整合适的字体，设置边框、表格底色等，效果如图 8-27 所示。

步骤 2：选中 B5 单元格，切换至"公式"选项卡，单击"财务"下三角按钮，在展开的下拉列表中选择"SYD"选项，如图 8-28 所示。

步骤 3：在弹出的函数对话框中输入"Cost""Salvage""Life""Per"参数相对应的值，并按住 F4 键，将单元格的相对引用设置成绝对引用，最后单击"确定"按钮，完成函数参数的设置。如图 8-29 所示。

图 8-27 建立"年数总和法"表

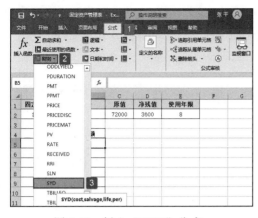

图 8-28 插入"SYD"公式

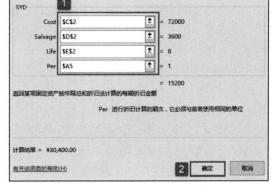

图 8-29 设置 SYD 函数参数

步骤 4：得出计算结果后，再次选中 B5 单元格，将光标定位到该单元格的右下角，使用填充柄工具向下复制公式填充序列，可一次性得到所有已折旧月份数据，结果如图 8-30 所示。

图 8-30 计算 1～8 年折旧额

年数总和法对影响折旧分配需要考虑的因素也不能完全体现。采用年数总和法计提固定资产折旧，体现了会计的谨慎性原则。

8.3.3 直线法计算折旧值

直线法又称年限平均法，是指将固定资产的应计折旧额均衡地分摊到固定资产预计使用寿命内的一种方法。采用这种方法计算的每期折旧额均相等。它假定折旧是由于时间的推移而不是使用的关系，认为服务潜力降低的决定因素是随时间推移所造成的陈旧和破坏，而不是使用所造成的有形磨损。因而假定资产的服务潜力在各个会计期间所使用的服务总成本是相同的，而不管其实际使用程度如何。即指按固定资产的使用年限平均计提折旧的一种方法。它是最简单、最普遍的折旧方法。直线法适用于各个时期使用情况大致相同的固定资产折旧。

固定资产在一定时间计提折旧额的大小，主要取决于下列因素：固定资产的原值、预计使用年限、固定资产报废清理时所取得的残余价值收入和支付的各项清理费用。

直线法折旧计算公式：年折旧额 = 固定资产 − 净残值 / 使用年限

假设需要计算购买的运输车的年折旧额和累计折旧数据，具体操作步骤如下所示。

步骤 1：在"固定资产管理表"工作簿中，将 Sheet3 表命名为"直线法"表，输入"年限""年折旧额""累计折旧""账面价值"等标志项，调整合适的字体，设置相应的边框、表格底色等，效果如图 8-31 所示。

步骤 2：选中 B6 单元格，切换至"公式"菜单，在"函数库"组中单击"财务"按钮，在展开的下拉列表中选择"SLN"公式。

步骤 3：在弹出的"函数参数"对话框中依次输入"Cost""Salvage""Life"参数所对应的单元格，并按住 F4 键，将单元格的相对引用设置成绝对引用，然后单击"确定"按钮，完成函数参数的设置。如图 8-32 所示。

图 8-31　建立"直线法"表

步骤 4：当得到第一年的年折旧额后，再次选中 B6 单元格，将鼠标光标定位到该单元格的右下角，利用填充柄向下复制公式即可一次性得出所有年份的年折旧额，如图 8-33 所示。

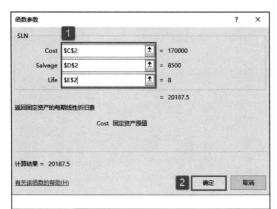

图 8-32　设置 SLN 函数的参数

图 8-33　计算各年份的年折旧额

步骤 5：计算累计折旧数据，累计折旧等于之前年折旧额相加累计所得。选中 C6 单元格，在公式编辑栏中输入公式"=C5+B6"，按"Enter"键即可得到第一年的"累计折旧"数据，然后使用填充柄工具向下复制公式即可得到所有年限的"累计折旧"数据，如图 8-34 所示。

步骤 6：最后计算"账面价值"，"账面价值"可以由原值减去累计折旧值所得。选择 D6 单元格，在公式编辑栏中输入公式"=$D$5-C6"，按"Enter"键即可得到第一年的账面价值，使用填充柄复制公式到 D13 单元格，便可得到所有年限的账面价值数据，如图 8-35 所示。

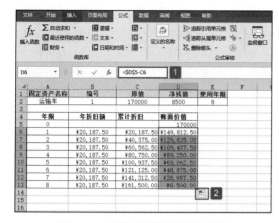

图 8-34　计算"累计折旧"数据　　　　图 8-35　计算各年的"账面价值"

8.3.4　双倍余额递减法计算折旧值

双倍余额递减法是用年限平均法折旧率的两倍作为固定的折旧率乘以逐年递减的固定资产期初净值,得出各年应提折旧额的方法。这与加速折旧法相同,可让你在第一年折减较大金额。这种计算方法以加速的比率计算折旧,因此折旧在第一阶段是最高的,但在后继阶段中将会减少。

双倍余额递减法计算公式为:

年折旧率 = 2 / 预计折旧年限 × 100%

年折旧额 = (固定资产原值 − 预计净残值) × 年折旧率

在使用双倍余额递减法计算时,必须注意不能使固定资产的账面净值降到其预计残值收入以下。我国现行的会计制度规定:实行双倍余额递减法计提折旧的固定资产,应当在其固定资产折旧年限到期前两年内,将固定资产净值扣除预计净残值的余额平均摊销。

下面以购置的小轿车为例,利用双倍余额法计算年折旧额具体操作步骤如下。

步骤 1:在"固定资产管理"工作簿中,新建工作表,并将其命名为"双倍余额法"表,建立相关的折旧数据信息,调整合适的字体,设置相应的边框、表格底色等,效果如图 8-36 所示。

步骤 2:选中 B5 元格,切换到"公式"选项卡,在"函数库"组中单击"财务"按钮,在展开的下拉列表中选择"DDB"公式。

步骤 3:在弹出的函数对话框中输入"Cost""Salvage""Life""Period""Factor"参数相对应的单元格,并按住 F4 键,将单元格的相对引用设置成绝对引用,单击"确定"按钮,完成函数参数的设置。如图 8-37 所示。

步骤 4:得出计算结果后,再次选中 B5 单元格,将鼠标光标定位到该单元格的右下角,使用填充柄工具向下复制公式至 B8 单元格,可一次性得到 1 ~ 4 年的"年折旧额",结果如图 8-38 所示。

步骤 5:选中 B9 单元格,在公式编辑栏中输入第 5 年的折旧额计算公式"=($C$2-SUM($B$5:$B$8)-$D$2)/2",按"Enter"键即可得到第 5 年的折旧额,如图 8-39 所示。

步骤 6:选中 B9 单元格,单击鼠标右键,在弹出的"隐藏"菜单中选择"复制"选项,如图 8-40 所示。当 B9 单元格转变为选区之后,选中 B10 单元格,再次单击鼠标右键,在弹出的"隐藏"菜单中选择粘贴选项为"公式",随后便会显示第 6 年的折旧额。如图 8-41 所示。

　　运用双倍余额递减法计提折旧的固定资产，在其固定资产折旧年限到期前的两年内，要将固定资产净值扣除预计净残值后的余额平均摊销，因此，最后两年的折旧额是相等的。由于双倍余额递减法不考虑固定资产的残值收入，因此，不能使固定资产的账面折余价值降低到它的预计残值收入以下。当上述条件成立时，应改用直线法计提折旧。

图 8-36　建立"双倍余额法"表

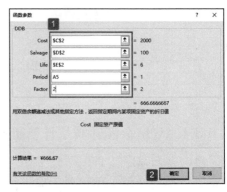

图 8-37　输入函数参数

图 8-38　计算年折旧额结果

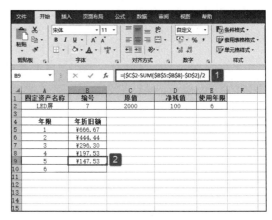

图 8-39　计算第 5 年的年折旧额

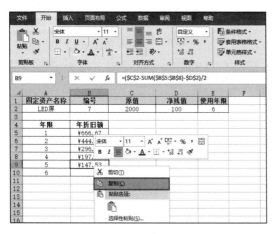

图 8-40　选择"复制"选项

图 8-41　选择"公式"选项

第9章
员工工资管理

员工工资表又称工资表,是按车间、部门编制的,每月一张。为方便员工及时核对自己的薪资情况,工资一般表会在工资正式发放前的1~3天发放到员工手中。在Excel 2019建立工资表的过程中,要根据工资卡、考勤记录、产量记录及代扣款项等资料按人名填列"应付工资""代扣款项""实发金额"三大部分并完成相关计算,进而合理管理员工工资,完善公司薪资制度。

- 建立基本工资表单
- 个人所得税计算
- 实战:员工工资汇总管理

9.1 建立基本工资表单

员工基本工资表单是工资管理必不可少的部分，工资表用于记录员工信息的基本工资、各类工资加减项。基本工资表单是用于发放工资的基础。本节将介绍使用 Excel 2019 建立基本工资表单并进行相关的工资项目计算的方法。

9.1.1 建立基本工资表

基本工资表用于记录员工的基本信息以及基本工资情况，是核算应发工资的基础，基本工资表应当包含员工"基本信息""工龄工资""基本工资""备注"等标志项。其具体的创建过程下所示。

步骤 1：启动 Excel 2019，根据前面学过的基础操作知识，新建"空白工作簿"并将其命名为"员工工资管理表 .xlsx"，重命名 Sheet1 工作表为"基本工资表"，然后在表格中添加员工基本信息、基本工资等相关内容，并在表格中设置合适的文字格式、边框底纹格式等，设置完毕后，效果如图 9-1 所示。

步骤 2：工龄是指职工以工资收入为生活资料的全部或主要来源的工作时间。工龄的长短标志着职工参加工作时间的长短。计算工龄可以利用 Year 函数。先单击 E3 单元格，在公式编辑栏中输入公式"=YEAR(TODAY())-YEAR(D3)"，按"Enter"键即可得到日期值。再次选中 E3 单元格，将光标定位到该单元格右下角，使用填充柄向下复制公式至 E12 单元格，可以一次性计算出所有员工的工龄。如图 9-2 所示。

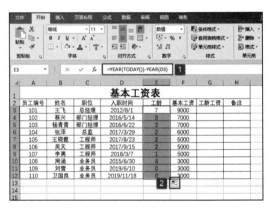

图 9-1　建立"基本工资表"　　　　图 9-2　计算员工工龄

9.1.2 计算工龄工资

工龄工资，是某些企业按照员工的工作年数，即员工的工作经验和劳动贡献的积累给予的经济补偿。工龄工资是企业分配制度的一个重要组成部分，用户可以利用 Excel 2019 中的"IF"函数来实现快速计算员工的工龄工资。

假设工龄工资的计算标准为：当工龄不足一年时不计工龄工资，当工龄大于一年时按照每年 300 元递增。具体操作步骤如下。

步骤 1：选中 G3 单元格，在公式编辑栏中输入公式"=IF(E3<=1,0,(E3-1)*300)"，

按"Enter"键即可根据员工的工龄计算出"工龄工资"。

步骤2：选中G3表格，将光标定位到该单元格的右下角，使用填充柄向下复制公式至G12单元格可一次性得出所有员工的"工龄工资"，如图9-3所示。

9.1.3 建立考勤统计表

考勤表是公司员工每天上班的凭证，也是员工领工资的凭证，考勤统计表记录员工上班的天数。通过记录考勤可以维护企业的正常工作秩序，公司工资表的统计需要根据员工在考勤表中的旷工、迟到天数的罚款进行工资计算。具体创建过程如下所示。

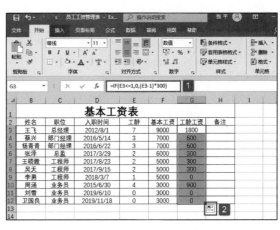

图9-3 计算"工龄工资"

步骤1：打开"员工工资管理表.xlsx"工作簿，将Sheet 2表命名为"考勤统计表"，建立"员工编号""员工姓名"等考勤统计信息，调整合适的字体大小，设置合适的文本格式，添加相应的表格边框，最终效果如图9-4所示。

步骤2：选中B3单元格，然后在公式编辑栏里输入公式"=VLOOKUP(A3,基本工资表!$A$3:$C$12,2,0)"，按"Enter"键即可得

图9-4 建立"考勤统计表"

到员工编号为101的姓名，再次选中B3单元格，将鼠标光标定位到该单元格右下角，使用填充柄工具向下复制公式至B12单元格，即可一次性得到所有员工的姓名，如图9-5所示。

步骤3：根据步骤2的方法，再次计算出员工的职位信息，然后根据员工的出勤信息，填写"考勤统计表"，最终表格如图9-6所示。

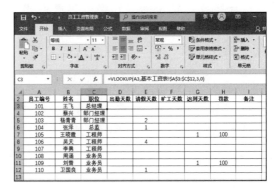

图9-5 建立"考勤统计表"　　　　　　　图9-6 填写考勤统计表信息

9.1.4 建立奖惩统计表

奖惩是企业对工作人员进行的奖励或惩罚，以强化人事管理。企业的工作人员业绩突出会得到相应的工作奖励，同样也会因为一些工作失误造成一定的罚款，利用 Excel 2019 建立一张奖惩管理表，可以记录奖惩数据并统计到员工工资表中。具体创建过程如下所示。

步骤 1：打开"员工工资管理表"，将 Sheet 3 表命名为"奖惩统计"表，建立"员工编号""员工姓名""奖惩统计"等信息，设置合适的文本格式，添加相应的表格边框，最终效果如图 9-7 所示。

步骤 2：选中 B3 单元格，在公式编辑栏里输入公式 "=VLOOKUP(A3,基本工资表!$A$3:$C$12,2,0)"，按"Enter"键即可得到员工编号为 101 的姓名，再次选中 B3 单元格，将鼠标光标定位到该单元格右下角，使用填充柄向下复制公式至 B12 单元格，可以一次性得到所有员工的姓名。

步骤 3：根据步骤 2 的方法，得到员工的职位信息，然后根据员工的奖惩信息，填写"奖惩统计表"的"业绩提成""罚款"等信息，最终表格如图 9-8 所示。

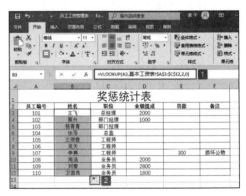

图 9-7 建立"奖惩统计表"　　　　图 9-8 填写考勤统计表信息

9.1.5 日期格式转换

对于已经设定的日期，用户可以根据需要对日期格式进行转换，例如将横杠格式转换成斜杠等，以方便进行某些函数计算等。其具体操作步骤如下所示。

步骤 1：选定需要转换的日期格式区域，我们以"基本工资表"为例，选中 D 列，切换至"开始"选项卡，在"数字"组中单击"数字格式对话框启动器"按钮。

步骤 2：在弹出的"设置单元格格式"对话框中，切换至"数字"选项卡，在"分类"列表框中选择"日期"选项，在右侧日期格式里，选择所需日期格式，这里选择带有"年月日"的日期格式，单击"确定"按钮，如图 9-9 所示。完成日期格式

图 9-9 选择日期格式

转换，效果如图 9-10 所示。

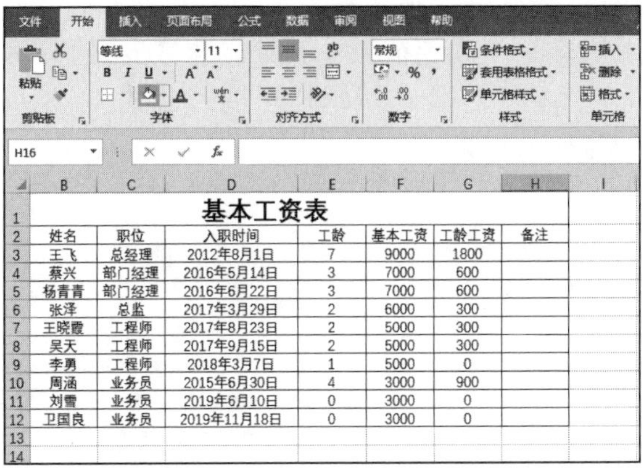

姓名	职位	入职时间	工龄	基本工资	工龄工资	备注
王飞	总经理	2012年8月1日	7	9000	1800	
蔡兴	部门经理	2016年5月14日	3	7000	600	
杨青青	部门经理	2016年6月22日	3	7000	600	
张泽	总监	2017年3月29日	2	6000	300	
王晓霞	工程师	2017年8月23日	2	5000	300	
吴天	工程师	2017年9月15日	2	5000	300	
李勇	工程师	2018年3月7日	1	5000	0	
周涵	业务员	2015年6月30日	4	3000	900	
刘雪	业务员	2019年6月10日	0	3000	0	
卫国良	业务员	2019年11月18日	0	3000	0	

图 9-10　日期格式转换效果

9.2 个人所得税计算

个人所得税是国家对本国公民、居住在本国境内的个人的所得和境外个人来源于本国的所得征收的一种所得税。工资、薪金所得，是指个人因任职或受雇而取得的工资、薪金、奖金、年终加薪、劳动分红、津贴、补贴以及与任职或受雇有关的其他所得。这就是说，个人取得的所得，只要是与任职、受雇有关，不管其单位的资金开支渠道或以现金、实物、有价证券等形式支付的，都是工资、薪金所得项目的课税对象。员工所得工资，按照个人所得税率，需要缴纳一定的个人所得税，得到税后工资。

9.2.1 建立个人所得税表

在计算员工个人所得税之前，我们需要建立员工的“个人所得税表”，具体创建过程如下所示。

步骤 1：打开“员工工资管理表”，将 Sheet 3 表命名为“个人所得税统计”表，建立“员工编号”“员工姓名”“个人所得税”等信息，设置合适的文本格式，添加相应的表格边框，效果如图 9-11 所示。

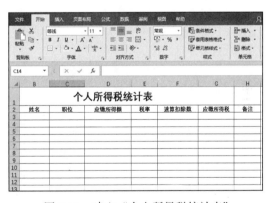

图 9-11　建立“个人所得税统计表”

步骤 2：选中 B3 单元格，在公式编辑栏里输入公式“ =VLOOKUP(A3, 基本工资表 !$A$3:$C$12,2,0) ”，按“ Enter”键即可得到员工编号为 101 的姓名，再次选中 B3 单元格，将光标定位到该单元格右下角，使用填充柄工具向下复制公式至 B12 单元格，可以一次性得到所有员工的姓名。

步骤 3：根据步骤 2 的方法，得到员工的职位信息。

9.2.2 计算应缴纳所得额

应缴纳所得额是指员工个人在获得的工资中应当缴纳税额的部分。个税免征额是

3500元，所谓免征额是在征税对象总额中免予征税的数额。它是按照一定标准从征税对象总额中预先减除的数额。免征额部分不征税，只对超过免征额部分征税。所以，应缴纳所得额等于应发工资－个税免征额，其具体计算步骤如下所示。

步骤1：单击D3单元格，在公式编辑栏里输入公式"=SUM(基本工资表!F3,基本工资表!G3,考勤统计表!H3,奖惩统计表!D3,奖惩统计表!E3,)－3500"，按"Enter"键即可得到员工编号为101的应缴纳所得额。

步骤2：再次选中D3单元格，将光标定位到该单元格右下角，使用填充柄工具向下拖动复制公式至D12单元格，可以一次性得到所有员工的应缴纳所得额，如图9-12所示。

图9-12 计算应缴纳所得额

9.2.3 计算适用税率

个人所得税率是个人所得税税额与应纳税所得额之间的比例。个人所得税率是由国家相应的法律法规规定的，根据个人的收入计算，其具体税率如图9-13所示。缴纳个人所得税是收入达到缴纳标准的公民应尽的义务。

级数	含税级距	税率(%)	速算扣除数
1	0-1500	3%	0
2	1500-4500	10%	105
3	4500-9000	20%	555
4	9000-35000	25%	1005
5	35000-55000	30%	2755
6	55000-80000	35%	5505
7	80000以上	45%	13505

图9-13 个人所得税表

计算适用税率具体步骤如下所示。

步骤1：在个人所得税表里，单击E3单元格，然后在公式编辑栏里输入公式"=IF(D3<=1500,0.03,IF(D3<=4500,0.1,IF(D3<=9000,0.2,IF(D3<=35000,0.25,IF(E3<=80000,0.35,0.45)))))"，按"Enter"键返回结果即可得到第一位员工的适用税率。

步骤2：再次选中E3单元格，将光标定位到该单元格右下角，使用填充柄工具向下复制公式至E12单元格，可以一次性得到所有员工的适用税率，如图9-14所示。

图9-14 计算适用税率

9.2.4 计算速算扣除数

"速算扣除数"是为简化计税程序而按全额累进方式计算累进税额时所使用的扣除数额,它是全额累进税额减去超额累进税额的差额。速算扣除数实际上是在级距和税率不变条件下,全额累进税率的应纳税额比超额累进税率的应纳税额多纳的一个常数。因此,在超额累进税率条件下,用全额累进的计税方法。只要减掉这个常数,就等于用超额累进方法计算的应纳税额,故称速算扣除数。

计算速算扣除数,可以利用 VLOOKUP 查找函数来实现。具体操作步骤如下所示。

步骤1:在个人所得税统计表里,选中 F3 单元格,在公式编辑栏中输入公式"=VLOOKUP(E3,{0.03,0;0.1,105;0.2,555;0.25,1005;0.3,2755;0.35,5505;0.45,13505},2,)"。公式中的 2 表示返回这个组列中第二列的值。按"Enter"键返回即可计算出第一个人的速算扣除数。

步骤2:再次选择 F3 单元格,将光标定位到该单元格的右下角,使用填充柄工具向下复制公式至 F12 单元格,可一次性得出所有员工的速算扣除数。如图 9-15 所示。

9.2.5 计算个人所得税

在完成以上所有的数据计算后,我们接下来就可以计算个人所得税了。其公式为"应纳个人所得税税额 = 应纳税所得额 × 适用税率 − 速算扣除数"。具体计算步骤如下所示。

步骤1:单击 G3 单元格,在公式编辑栏里输入公式"=D3*E3-F3",按"Enter"键返回即可计算出第一位员工的应缴纳所得税。

步骤2:再次选中 G3 单元格,将光标定位到该单元格右下角,使用填充柄工具向下复制公式至 G12 单元格,可以一次性得到所有员工的应缴纳所得税,如图 9-16 所示。

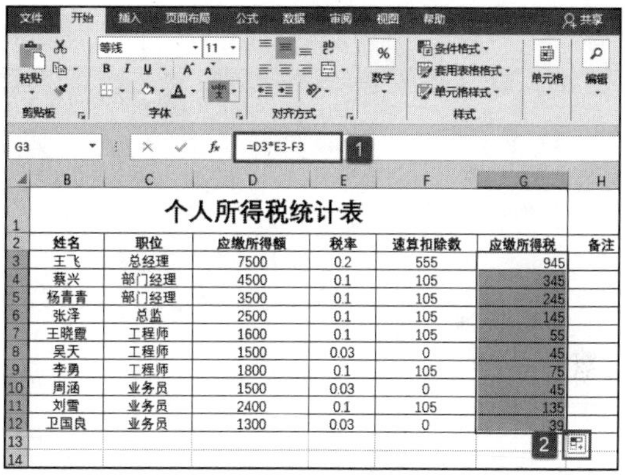

图 9-15 计算速算扣除数

图 9-16 计算"应缴纳所得税"

9.3 实战:员工工资汇总管理

员工工资汇总,可以根据相关数据对员工进行工资发放并对工资数据统一管理,从而完善员工薪资体系。

9.3.1 建立工资汇总表

在进行工资管理前，先要创建员工工资汇总表，具体操作步骤如下所示。

步骤 1：打开“员工工资管理表”，新建新工作表并重命名为“员工工资汇总表”，然后在表格中添加员工基本信息、基本工资、实发工资等相关内容，并在表格中设置合适的文字格式、边框底纹格式等，设置完成后，效果如图 9-17 所示。

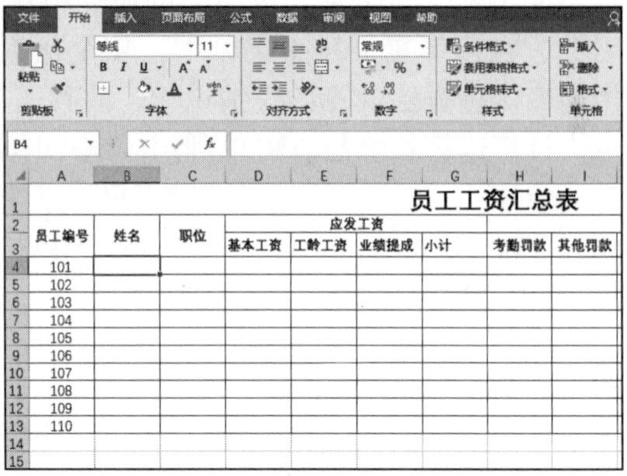

员工编号	姓名	职位	基本工资	工龄工资	业绩提成	小计	考勤罚款	其他罚款
101								
102								
103								
104								
105								
106								
107								
108								
109								
110								

图 9-17 建立“员工工资汇总表”

步骤 2：选中 B4 单元格，在公式编辑栏里输入公式“=VLOOKUP(A4, 基本工资表 !$A$3:$C$12,2,0)”，按“Enter”键返回即可计算出员工编号为 101 的姓名，再次选中 B4 单元格，将光标定位到该单元格右下角，使用填充柄工具向下复制公式至 B13 单元格，可以一次性得到所有员工的姓名。

步骤 3：利用步骤 2 的方法，得到职位、基本工资等信息，因为各地各公司福利不同，将五险一金设置为 1000 元，输入数据后如图 9-18 所示。

步骤 4：选中 G4 单元格，在公式编辑栏里输入公式“=D4+E4+F4”，按“Enter”键返回即可计算出第一位员工的应发工资小计，再次选中 G4 单元格，将光标定位到该单元格右下角，使用填充柄工具向下复制公式至 G13 单元格，可以一次性得到所有员工的应发工资小计。如图 9-19 所示。

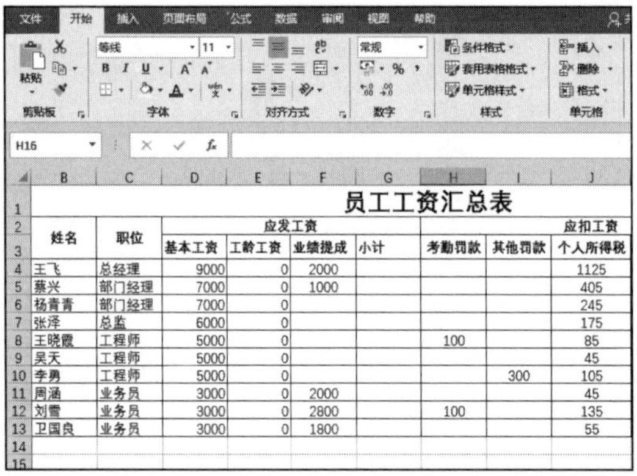

姓名	职位	基本工资	工龄工资	业绩提成	小计	考勤罚款	其他罚款	个人所得税
王飞	总经理	9000	0	2000				1125
蔡兴	部门经理	7000	0	1000				405
杨青青	部门经理	7000	0					245
张泽	总监	6000	0					175
王晓霞	工程师	5000	0			100		85
吴天	工程师	5000	0					45
李勇	工程师	5000	0				300	105
周涵	业务员	3000	0	2000				45
刘雪	业务员	3000	0	2800		100		135
卫国良	业务员	3000	0	1800				55

图 9-18 输入其他信息

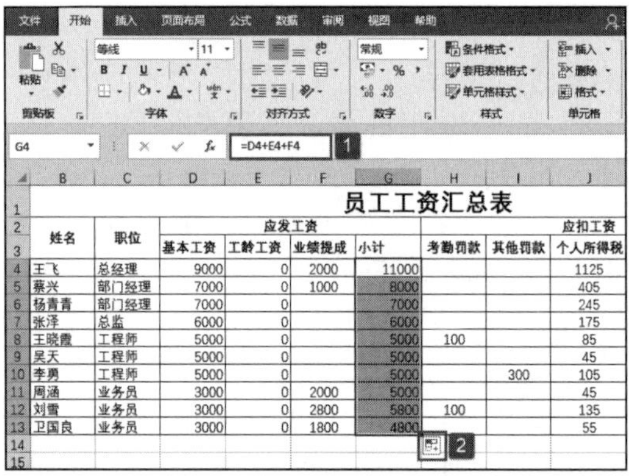

姓名	职位	基本工资	工龄工资	业绩提成	小计	考勤罚款	其他罚款	个人所得税
王飞	总经理	9000	0	2000	11000			1125
蔡兴	部门经理	7000	0	1000	8000			405
杨青青	部门经理	7000	0		7000			245
张泽	总监	6000	0		6000			175
王晓霞	工程师	5000	0		5000	100		85
吴天	工程师	5000	0		5000			45
李勇	工程师	5000	0		5000		300	105
周涵	业务员	3000	0	2000	5000			45
刘雪	业务员	3000	0	2800	5800	100		135
卫国良	业务员	3000	0	1800	4800			55

图 9-19 计算应发工资

步骤 5：选中 L4 单元格，在公式编辑栏里输入公式“=H4+I4+J4+K4”，按“Enter”键返回即可计算出第一位员工的应扣工资小计。再次选中 L4 单元格，将光标定位到该单元格右下角，使用填充柄工具向下复制公式至 L13 单元格，可以一次性得到所有员工的应扣工资小计，如图 9-20 所示。

步骤 6：选中 M4 单元格，在公式编辑栏里输入公式“=G4-L4”，按“Enter”键返回即可计算出第一位员工的实发工资，再次选中 M4 单元格，将光标定位到该单元格右下角，使用填充柄工具向下复制公式至 M13 单元格，可以一次性得到所有员工的实发工资，如图 9-21 所示。

图 9-20 计算应扣工资　　　　　　图 9-21 计算实发工资

9.3.2 制作银行转账表

做完工资表后，我们就可以根据其数据制作银行转账表，银行转账表一般包括人员姓名、工资卡账号、实发工资三项。只要将工资表的数据复制过来就可以了。可以利用 VLOOK UP 函数，也可以利用选择性粘贴数值，具体操作步骤如下所示。

步骤 1：新建 Sheet 工作表并将其重命名为"银行转账表"。

步骤 2：在表格中添加员工姓名、工资卡账号、实发工资相关内容，并在表格中设置合适的文字格式、边框底纹格式等，设置完毕后，效果如图 9-22 所示。

步骤 3：打开员工工资汇总表，选择人员姓名单元格区域，即"B4:B13"单元格区域，按"Ctrl+C"组合键进行复制。然后切换到银行转账工作表，选择 B3 单元格，单击鼠标右键，在弹出的快捷菜单中选择粘贴项为"值"，如图 9-23 所示。

图 9-22 建立"银行转账表"　　　　图 9-23 选择性粘贴数据

步骤 4：利用如上操作，分别建立人员姓名、实发工资等信息，同时，输入员工工资卡账号信息，完成银行转账表的制作。

9.3.3 制作工资条

工资条是员工所在单位定期给员工反映工资的纸条，一个简单的工资表，通常包括九个管理项目：工号、职工姓名、基本工资、职务工资、福利费、住房基金、应发工资、个人所得税和实发工资。利用 Excel 2019 制作工资条的步骤如下所示。

步骤 1：新建 Sheet 工作表并将其重命名为"工资条"。将第二行作为空白列，方便工资条信息排列时清晰显示。将员工信息、工资数据等标志项从"员工工资汇总表"中复制过来，并在表格中设置合适的文字格式、边框底纹格式等，设置完毕后，效果如图 9-24 所示。

步骤 2：在 A5 单元格里输入员工编号 101，选中 B5 单元格，在公式编辑栏中输入公式"=VLOOKUP($A5,员工工资汇总表!$A$2:$N$13,COLUMN(员工工资汇总表!B4:N4))"，按"Enter"键返回结果即可计算出第一位员工的姓名。再次选中 B5 单元格，将光标定位到单元格右下角，使用填充柄工具复制公式至 N5 单元格，释放鼠标即可一次性返回第一位员工的应发工资、应扣工资等，如图 9-25 所示。

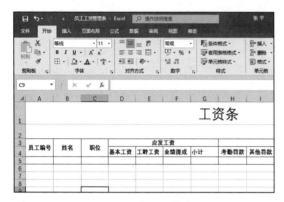

图 9-24　建立工资条

图 9-25　生成第一位员工的工资条信息

步骤 3：选中 A2:N5 区域，将光标定位到单元格右下角，出现黑色十字形状按住鼠标向下拖动单元格，释放鼠标直到得到所有员工的工资条信息，如图 9-26 所示。

步骤 4：得到所有员工的工资条后，接下来我们要完成对工资条的打印设置，切换至"文件"选项卡，选择"打印"命令，可以看到页面右面显示打印预览的效果，如图 9-27 所示。

图 9-26　生成所有员工的工资条信息

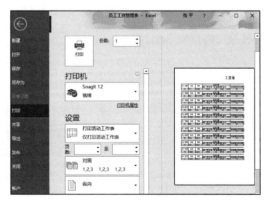

图 9-27　工资条打印效果预览

步骤 5：在"打印"预览状态下，单击"页面设置"超链接，打开"页面设置"对话框，切换至"页面"选项卡，在"方向"栏中勾选"横向"复选框，如图 9-28 所示。

步骤 3：切换到"页边距"选项，在"居中方式"栏中，同时选中"水平"对齐方式和"垂直"对齐方式的复选框。如图 9-29 所示。然后单击"确定"按钮，这时可以看到设置完毕后的打印预览效果，如图 9-30 所示。

图 9-28　打印页面设置

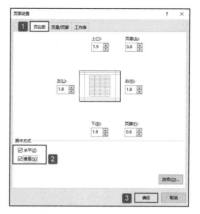
图 9-29　设置页边距

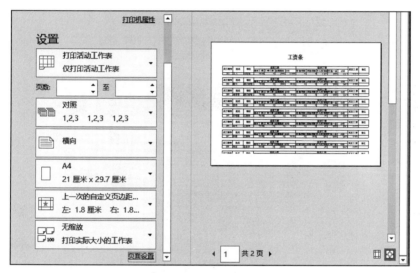
图 9-30　打印预览效果图

9.3.4　制作工资查询系统

在工资管理的实际过程中，面对大量的员工工资资料，有时需要用户快速查询员工工资，在这里，可以利用 VLOOKUP 函数，建立一个工资查询系统。具体操作步骤如下所示。

步骤 1：新建 Sheet 工作表并将其重命名为"工资查询系统"。

步骤 2：制作自选图形的标题。切换至"插入"选项卡，单击"插图"按钮，在展开的下拉列表中单击"形状"按钮，在展开的下拉列表中选择矩形，如图 9-31 所示。在图中的适当位置绘制矩形框。

步骤 3：根据要求设置合适的矩形颜色大小以及阴影效果，这里修改了填充颜色，为"橙色，个性色 2"，如图 9-32 所示。

步骤 4：如图 9-33 所示，选中矩形，单击鼠标右键，在打开的快捷菜单中选择"编辑文字"选项。然后在矩形中添加"工资查询系统"文字，同时输入其他文本内容并对其格式进行调整，添加合适的边框，最终效果如图 9-34 所示。

步骤 5：在 B7 单元格中输入要查询的员工编号，例如输入 101。选中 B9 单元格，在公式编辑栏里输入公式"=VLOOKUP(B7,员工工资汇总表!$A$3:$N$13,2,0)",按"Enter"键即可返回计算结果,如图9-35所示。

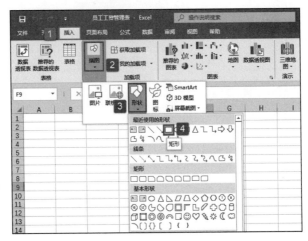

图9-31 添加矩形

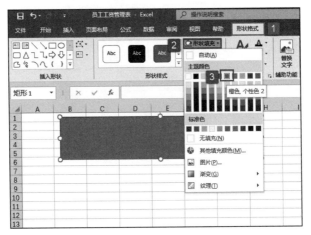

图9-32 设置填充颜色

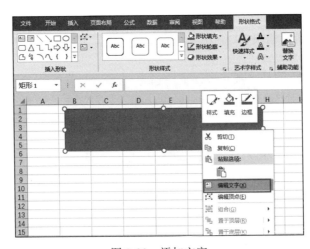

图9-33 添加文字

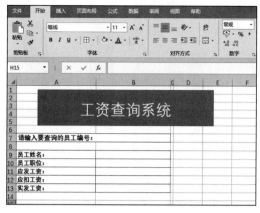

图 9-34　完善表格信息

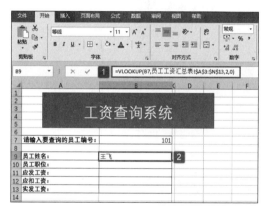

图 9-35　输入 VLOOKUP 公式

步骤 6：接着选中 B10 单元格，在公式编辑栏里输入公式"=VLOOKUP(B7,员工工资汇总表!$A$3:$N$13,3,0)"，同理在其他单元格输入相关的 VLOOKUP 查询公式，最终效果如图 9-36 所示。

注：工资条与工资查询系统的教学过程中均没有涉及"工龄工资"一项的金额进行计算，即默认工龄工资都为 0 的情况。如果大家学会了怎么设置工资条与查询系统，请按上述教学方法填写工龄工资，然后加入"工龄工资"金额项进行实际计算操作。作为习题这里就不再赘述具体操作步骤。

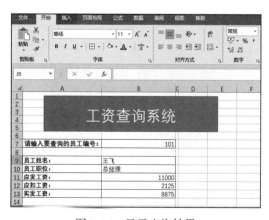

图 9-36　显示查询结果

第10章
公司部门费用管理

公司部门管理费用是企业为管理和组织生产经营提供各项支援性服务而发生的费用，公司部门费用管理表格是财务管理不可缺少的部分，通过部门费用管理表格可以了解该部门的费用情况，从而加强公司费用管理、控制不合理费用开支，提高经济效益，在日后的财务管理时进行合理的分配。

本章将介绍如何进行部门费用管理，对于不同的部门来说费用科目不同，但管理方法大同小异。通过 Excel 2019 可以简便快捷地建立符合企业实际需求的费用管理体系，梳理各种费用管理流程，实现对公司部门费用的合理管理。

- 部门费用管理表
- 部门费用统计
- 实战：部门费用管理

10.1 部门费用管理表

部门费用管理表，是对公司某个部门的各类费用项目数据进行统计。本章节将以某公司内部的销售部门为例，创建该部门费用管理表，将其中的各项费用进行分类，如将印制名片、广告单等活动产生的费用统一为"宣传费"，购买打印纸、中性笔等产生的费用统一为"办公费"，方便对这几种科目费用管理。

■ 10.1.1 创建费用管理表

以1月份为例，对公司销售部门的各类费用项目进行统计分类创建费用管理表。具体创建操作步骤如下所示。

步骤1：启动 Excel 2019，选择新建"空白工作簿"，将工作簿的名称命名为"部门费用管理表"，然后将 Sheet1 表命名为"销售部门费用管理"。

步骤2：输入相应的标题题目，输入月份与部门名称，然后在该工作表中输入通信费、办公费等各类费用的项目名称。

步骤3：选择标志项内容，将表格底色设置为灰色底色，并将其添加边框。调整合适的行高列宽，调整合适的字体，最终效果如图10-1所示。

■ 10.1.2 创建费用明细表

部门费用来源于各类项目费用事件，在费用管理的基础上添加费用明细，可以更好地了解费用产生的来源。具体操作步骤如下所示。

步骤1：将 SHEET2 表命名为"销售部门费用明细表"，根据实际产生的数据，如实统计并录入部门中已发生的费用的日期、费用项目、说明、备注。

步骤2：将标志项设置成灰色底色，设置合适的字体，调整合适的行高与列宽，最终效果如图10-2所示。

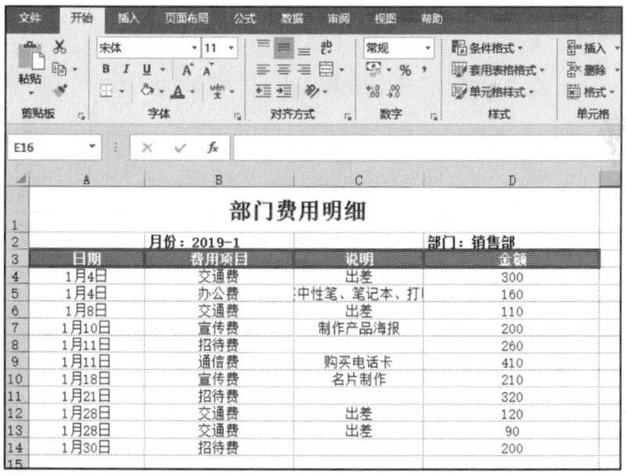

图 10-1 创建部门费用管理表

图 10-2 建立部门费用明细表

■ 10.1.3 设置单元格文本自动换行

一般情况下，在 Excel 某列的单元格中，列宽都不大，在编辑数据的时候需要输入大量的文字信息，表格则无法全部显示所有的文字内容，然后会使表格显得凌乱，影响整体的数据预览效果。这个时候可以通过对单元格文本的相关设置，使表格中的文体自动换行，从而让 Excel 表格文字数据看起来简洁明了。具体操作方法如下所示。

选择需要设置为自动换行的单元格区域，在这里以"销售部门费用明细表"为例，选择 C4:C13 元格区域，切换到"开始"菜单选项卡，然后在"对齐方式"栏里选择"自动对齐"按钮，如图 10-3 所示。此时文本较长的单元格就自动换行了，效果如图 10-4 所示。

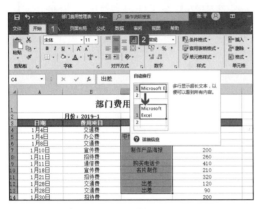

图 10-3　选择"自动换行"按钮

图 10-4　设置文本自动换行后的效果

当然，也可以利用快捷键进行文本自动换行操作，选中需要设置文本自动换行的区域，然后按"Alt+Enter"组合键就可以完成文本自动换行的功能设置。

10.2 部门费用统计

随着时间的推移，公司各部门的各项费用数据会愈来愈多，利用 Excel 2019 的 SUMIF 等计算函数工具可以轻松解决烦琐的各项数据统计。

10.2.1　引用本月实用支出

在计算每月费用前，需要对部门费用明细表里的单元格进行引用，在这里，用户需要对相对引用与绝对引用有一定的了解。

引用分为相对引用、绝对引用和混合引用。而引用的作用在于标志工作表中的单元格或单元格区域，并指明公式中使用数据的地址。

相对引用是指相对于公式单元格位于某一位置处的单元格的引用，在相对引用中，当生成公式时，对单元格或单元格的区域的引用通常是根据它们与公式单元格的相对位置来进行的。在复制相对引用的公式时，被粘贴对公式中的引用将被更新，并指向与当前公式位置相对应的其他单元格。

如果不希望再复制公式时，引用发生变化，则应当使用绝对引用。绝对引用是指把公式复制或填入到新位置后，公式中的单元格地址保持不变。在引用单元格的列标和行号之前分别加入符号"$"便为绝对引用。

混合引用则指的是在一个单元格地址引用中，既有绝对引用又有相对引用，如果公式所在的单元格的位置改变，则相对引用改变，而绝对引用不变。

下面开始用 SUMIF 函数引用并统计出一月份销售部门各项费用的总支出。具体操作步骤如下。

步骤1：打开"销售部门费用管理"工作表，选择要输入 SUMIF 函数的单元格，在这里选择 B5 单元格，然后点击"插入公式"按钮打开"插入函数"对话框，随后在"选择函数"列表框里选择"SUMIF"函数，然后单击"确定"按钮，如图 10-5 所示

图 10-5　插入 SUMIF 函数

步骤2：打开"函数参数"对话框。单击"Range"栏后的按钮，然后在"函数参数"框里输入"销售部门费用明细表!B4:$B$14"，如图 10-6 所示。输入完毕后，单击公式后的还原按钮再次跳转到"函数参数"对话框。

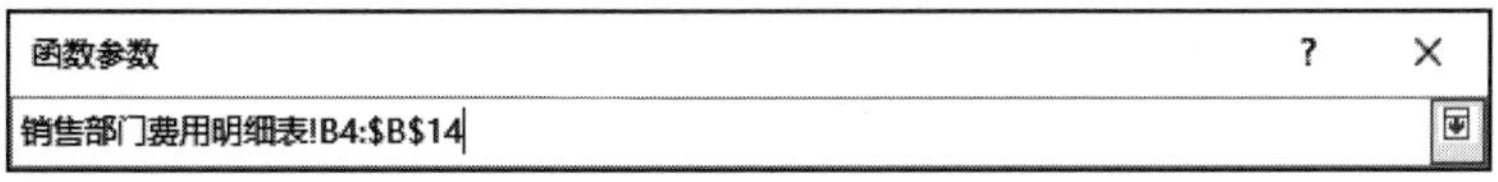

图 10-6　输入 Range 后的函数参数

步骤3：紧接着，单击在"函数参数"对话框中的"Criteria"后的按钮，然后在函数参数框里输入"A5"，如图 10-7 所示。输入完毕后，单击公式后的还原按钮再次跳转到"函数参数"对话框中。

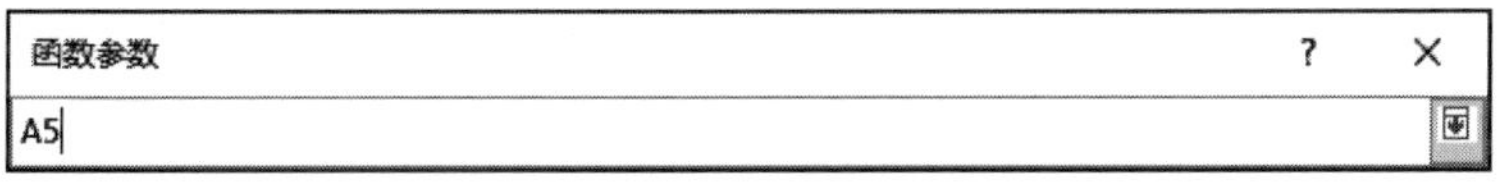

图 10-7　输入 Criteria 后的函数参数

步骤4：最后，单击在"函数参数"对话框中的"SUM_RANGE"后的按钮，然后在函数参数框里输入"销售部门费用明细表!$D$4:$D$14"，如图 10-8 所示。单击公式后的还原按钮再次跳转到"函数参数"对话框。此时函数参数具体内容如图 10-9 所示。单击"确定"按钮，得到本月实用通信费。

步骤5：选中 B5 单元格，将光标定位到该单元格的右下角，使用填充柄工具向下复制公式可一次性得出所有项目的本月实用费用，如图 10-10 所示。

图 10-8　输入 SUM_RANGE 后的函数参数

图 10-9　SUMIF 函数参数内容

图 10-10　计算各项本月实用费用

10.2.2　计算预算余额

预算余额指的是本月预算减去本月实用得到的费用，可以通过公司分配的部门预算金额来得到本月预算费用数据，减去引用的本月实用数据得到预算余额数据。具体操作步骤如下所示。

步骤 1：切换到"销售部门费用管理"工作表，根据公司财务的相关数据，如实输入本月预算实际费用。

步骤 2：选择要计算的预算余额单元格，在这里选择 D5 单元格，在公式编辑栏里输入公式"＝C5−B5"，按"Enter"键即可计算出通讯费的预算余额，再次选中 D5 单元格，将光标定位到该单元格的右下角，使用填充柄工具向下复制公式即可一次性得出所有项目的本月预算余额，如图 10-11 所示。

10.2.3　合计费用项目

在得到各项数据之后就可以对各项费用项目进行合计计算，具体操作步骤如下所示。

步骤 1：选择在合计一栏中的 B11 单元格，在公式编辑栏里输入公式"＝SUM（B5:B10）"，按"Enter"键即可得到本月实用合计费用。

步骤 2：再次选中 B11 单元格，将光标定位到该单元格的右下角，使用填充柄工具向右复制公式即可一次性得出费用项目的合计数据，如图 10-12 所示。

图 10-11　计算各项预算余额

图 10-12　计算费用项目合计数据

10.2.4　季度费用结算

一个季度结束后，各个部门需要根据之前的每月的费用管理表来制作一份季度费用总表，统计这一个季度以来的所有花费，从而进行下一次季度预算。

仍然以销售部门为例，根据上述操作方法已经在"销售部门费用管理"工作表中制作了1～4月份部门费用统计，接下来将利用这些数据进行一个季度的部门费用结算。具体操作步骤如下所示。

步骤1：在部门费用管理工作表里，新建工作表并命名为"季度部门费用结算"。

步骤2：输入相应的标题题目，输入季度与部门名称，然后在该工作表中输入各类费用的项目名称。选择标志项内容，设置为灰色底色并添加边框。调整合适的行高列宽，调整合适的字体，最终效果如图10-13所示。

步骤3：选中B3单元格，单击"插入函数"按钮，在弹出的"插入函数"对话框中的"或选择类别"里选择常用函数，然后在"选择函数"列表框中选择"SUM函数"，单击"确定"按钮即可完成函数的插入，如图10-14所示。

图10-13　创建季度部门费用结算表

图10-14　插入求和函数

步骤4：在弹出的函数参数栏里的Number1后面引用"销售部门费用管理！B5"，在Number2后面引用"销售部门管理费用！B15"，在Number3后面引用"销售部门费用管理！B25"，在Number4后面引用"销售部门管理费用B35"，此时对话框会自动计算出函数结果，然后单击"确定"按钮，完成相关函数计算。如图10-15所示。

步骤5：在得到季度通信费总计后，接着计算其他项目的费用总计，具体参照上述求和方式进行计算，在这里不再一一赘述。

步骤6：单击B9单元格，在公式编辑栏里输入公式"=SUM(B3:B8)"，得到季度费用的全部总计，如图10-16所示。

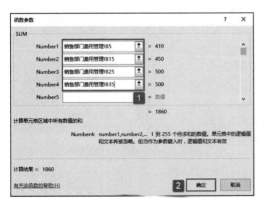

图10-15　引用相关函数参数

图10-16　计算全部项目费用总计

10.2.5 冻结窗口查看数据

在 Excel 2019 制作表格时，如果列数、行数较多时，一旦向下滚屏，则上方的标题行也会跟着滚动，或者向右滚动时，标志列也会跟着滚动。导致在处理数据时难以分清各列数据对应的标题或标志列，影响对数据的核对，这时就可以使用工作表窗口的冻结功能将列标志或行标志冻结起来，以保持工作表的某一部分在其他部分滚动时也可以看见。

Excel 2019 的冻结窗口分三种情况，即冻结首行、冻结首列、冻结窗格。下面以"销售部门费用明细表"工作表为例，分别介绍这几种功能。

冻结首行：打开"销售部门费用明细表"，在工作表单击任意单元格，切换至"视图"选项卡，单击"冻结窗口"按钮右侧的下三角按钮，在展开的下拉列表中选择"冻结首行"选项，如图10-17 所示。这样在上下滚动数据时，首行始终保持可见状态。如果取消冻结窗格，再次单击"冻结窗口"选项中的"取消冻结窗口"即可。

图 10-17　选择"冻结首行"

冻结首列：同样，打开"销售部门费用明细表"，在工作表单击任意单元格，切换至"视图"选项卡，单击"冻结窗口"按钮右侧的下三角按钮，在展开的下拉列表中选择"冻结首列"选项，如图10-18 所示。这样在左右滚动数据时，首列始终保持可见状态。如果取消冻结首列，再次单击"冻结窗口"选项中的"取消冻结窗口"即可。

冻结拆分窗格：此方法可以固定行与列的单元格，上下和左右拖拉时，固定的行列不动。打开"销售部门费用明细表"，在工作表单击任意单元格，切换至"视图"选项卡，单击"冻结窗口"按钮右侧的下三角按钮，在展开的下拉列表中选择"冻结窗格"选项，如图10-19 所示。这样在上下、左右滚动数据时，所固定的行列始终保持可见状态。如果取消冻结拆分窗格，再次单击"冻结窗口"选项中的"取消冻结窗口"即可。

图 10-18　选择"冻结首列"

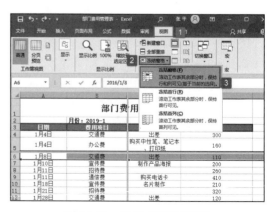

图 10-19　选择"冻结窗格"

10.3 实战：部门费用管理

前面已经将部分费用管理表格的基本数据计算得出，但是并没有达到一个费用管理的功能。下面我们通过计算使用比率与创建混合图表完成对所建表格进行费用分析管理。

10.3.1 计算使用比率

使用比率是各个项目实际消费占预算的比率。具体计算步骤如下所示。

步骤1：打开"销售部门费用管理"工作表，选中E5单元格，在公式编辑栏里输入公式"=B5/C5"，按"Enter"键即可得到交通费用的使用比率数据。再次选中E5单元格，将光标定位到该单元格的右下角至E11单元格，使用填充柄工具向下复制公式即可一次性得出所有项目的本月使用比率，如图10-20所示。

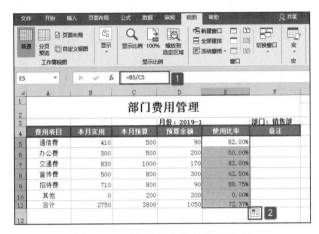

图10-20　计算所有项目使用比率

步骤2：选中已经计算出的使用比率数据区域，切换"开始"选项卡，单击"数字格式对话框启动器"钮，如图10-21所示。随后打开"设置单元格格式"对话框，切换至"数字"选项卡，选择"分类"列表框中的"百分比"选项，并将小数位数设置0位，单击"确定"按钮，如图10-22所示。完成对数据的百分比格式设置。

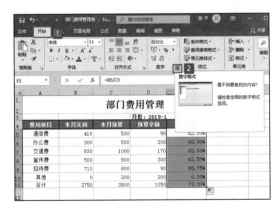

图10-21　设置百分比"数字格式"

图10-22　设置百分比小数位数

步骤 3：利用步骤 1 的方法，分别计算得出其他月份的各个项目的使用比率。

10.3.2 柱状图分析部门费用

计算完使用比率之后，便可以对费用数据进行图表分析，具体操作步骤如下所示。

步骤 1：以 1 月份销售部门费用管理表为例，选择 A4:E10 单元格区域，切换"插入"选项卡，单击"图表"中的"推荐的图表"按钮，如图 10-23 所示。

步骤 2：在弹出的"插入图表"对话框中，切换"所有图表"页面，选择"组合"选项中"自定义组合"选项，将本月预算与本月实用设置成"簇状柱形图"，将预算余额设置成"折线图"，将"使用比率"设置成"折线图"，并勾选使用比率右侧的"次坐标轴"复选框，然后单击"确定"按钮，如图 10-24 所示。完成组合图表的插入，效果如图 10-25 所示。

步骤 3：单击"图表标题"，将标题名称改为"销售部门费用管理"，调整图表合适的位置与大小，最终效果如图 10-26 所示。

设置完图表后，用户可以对图表中的数据进行分析。左侧坐标轴为各项目的费用数据，右侧的坐标轴代表使用比率情况。可以得知，这个月交通费花费相比其他项目较多，而宣传费使用比率相比其他较低，其他费用没有花费记录，在下个月的费用分配中，可以根据这个数据重新合理分配，达到财务合理应用。

图 10-23 单击"推荐的图表"按钮

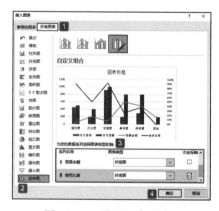

图 10-24 设置组合图表

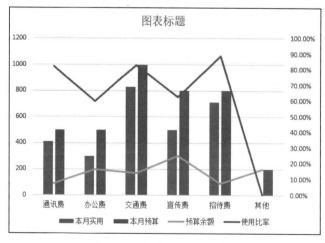

图 10-25 初步插入图表效果

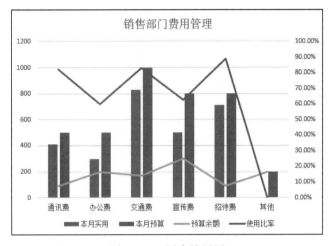

图 10-26　图表效果图

10.3.3　快速定位单元格区域

在一些大型的工作表中，选择某个区域会非常困难，拖动滚动条来寻找该区域会浪费大量的时间，此时用户可以利用 Excel 2019 中的快速定位功能，来实现对所需要的区域定位。具体操作步骤如下所示。

步骤 1：打开"销售部门费用管理"工作表，切换到"开始"选项卡，单击"编辑"组中的"查找和选择"按钮，然后在展开的下拉列表中选择"转到"选项，如图 10-27 所示。

步骤 2：在弹出的"定位"对话框中，输入我们所要定位的区域位置，如输入"E30"单元格，然后单击"确定"按钮完成对目标区域位置的快速定位，如图 10-28 所示。

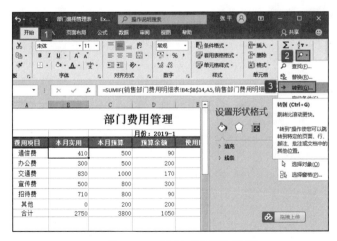

图 10-27　选择"转到"选项

图 10-28　输入快速定位区域

第11章
公司损益表管理

损益表又称利润表、损益平衡表,是用以反映公司在一定期间利润实现(或发生亏损)的财务报表。损益表是一段时间内公司经营业绩的财务记录,反映了这段时间的销售收入、销售成本、经营费用及税收状况,报表结果为公司实现的利润或形成的亏损。在使用Excel管理公司损益表时,用户可以根据造成数据利润增减变化的原因预估公司所需的经营成本,做出投资价值评价等,为将来工资经济管理做出合理的经济决策。

- 制作损益表
- 损益表计算
- 批注添加管理
- 实战:损益表管理

11.1 制作损益表

损益表按利润构成和分配分为两部分。其利润构成部分先列示销售收入，然后减去销售成本得出销售利润；再减去各种费用后得出营业利润（或亏损）；再加减去营业外收入和支出后，即为利润（亏损）总额。利润分配部分先将利润总额减去应交所得税后得出税后利润；其下即为按分配方案提取的公积金和应付利润；如有余额，即为未分配利润。下面我们制作损益表。

■ 11.1.1 创建损益表

损益表是一张动态报表，创建损益表的过程如下所示。

步骤 1：启动 Excel 2019，新建空白工作簿，将工作簿命名为"公司损益表管理"，然后将"Sheet1"表命名为"损益表"。

步骤 2：设置"销售收入"栏、"销售成本"栏、"营业费用"栏等，并根据公司现有的数据如实输入相应的数据内容。

步骤 3：将标题文本内容设置为"损益表"。为"销售收入净额""销售成本净额""销售毛利""营业费用""营业费用总额""费用总额""本期损益"设置合适的底色，并对文本字体大小与对齐方式进行设置，最后设置边框，效果如图 11-1 所示。

步骤 4：单击 C2 单元格，在单元格里输入相关的时间"2017/4/1-2018/6/30"，并保存工作表，方便日后操作管理。

图 11-1 创建损益表

■ 11.1.2 设置货币格式

对于财务报表中的数字，建议用户将表中的数字设置成货币格式，以便进行财务管理。具体操作步骤如下所示。

步骤 1：选择要设置成货币格式的单元格区域，这里选中"A2:D18"单元格区域。

步骤 2：切换到"开始"选项卡，在"数字"组中单击"数字格式对话框启动器"按钮，选择"数字格式"选项，如图 11-2 所示。

图 11-2 选择"数字格式"选项

步骤 3：随后弹出"设置单元格格式"对话框，切换到"数字"选项卡，在"分类"列表框中选择"货币"选项，同时将小数位数设置成 0 位，货币符号选择"￥"，在负数列表框中选择"￥-1234"选项，然后单击"确定"按钮，完成货币符号的设置，如

图 11-3 所示。此时，表格中的数据就变成了以货币符号开头的数据了，如图 11-4 所示。

图 11-3　设置货币格式

图 11-4　货币格式效果

货币格式一般表示成货币数值，会计格式可以对一列数值进行小数点对齐。对于其他货币，设置成对应选项即可。

11.2　损益表计算

损益表创建完成后，需要输入公式计算"销售收入净额""销售成本净额""销售毛利""营业费用总额""费用总额"和"本期损益"，从而完善损益表数据，进行更进一步的财务管理。

11.2.1　销售数据计算

销售数据里有"销售收入净额"与"销售成本净额"，其中销售收入净额 = 销售收入 – 销售退货，销售成本净额由销售中产生的成本相加得出。具体计算步骤如下所示。

步骤 1：选中 B6 单元格，然后在公式编辑栏里输入公式"= B4–B5"，按"Enter"键即可得到销售收入净额数据，如图 11-5 所示。

步骤 2：选中 D6 单元格，然后在公式编辑栏里输入公式"= D4+D5"，按"Enter"键即可得到销售成本净额，如图 11-6 所示。

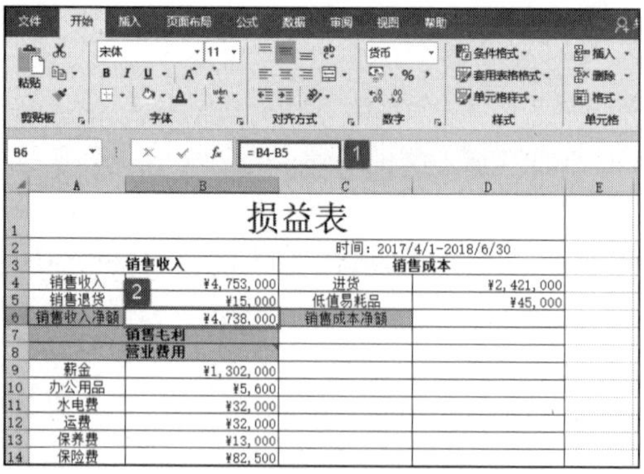

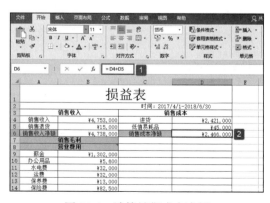

图 11-5　计算销售收入净额

图 11-6　计算销售成本净额

11.2.2 计算销售毛利

毛利又称毛利润，是指销售收入减去生产成本（或进货成本）后的差额，尚没有加上其他业务收入、营业外收入等，没有扣除管理费用、营业费用、财务费用、营业外支出等。具体计算步骤为选中 C7 单元格，在公式编辑栏里输入公式"=B6-D6"，按"Enter"键即可得到销售毛利数据，如图 11-7 所示。

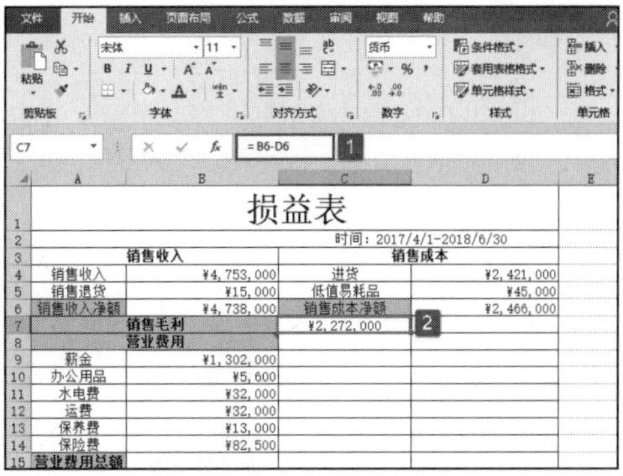

11.2.3 计算营业费用总额

营业费用总额包括职工所发薪金、水电费、保养费、保险费等各类数据。由于公司支出费用只有营业费用一种，所以"费用总额"等于"营业费用总额"。营业费用可以用自动求和计算，具体操作步骤如下所示。

步骤 1：选中 B15 单元格，切换到"公式"选项卡，在"函数库"组中单击"自动求和"按钮，此时单元格会自动弹出公式"=SUM(B9:B14)"，按"Enter"键即可计算出营业费用总额数据，如图 11-8 所示。

图 11-7　计算销售毛利

步骤 2：计算出营业费用总额之后，可与 B17 单元格中的数据进行核对。B17 单元格中的数据是建立表格的时候通过插入 SUM 函数公式的方法提前得出的，方便核实校对。经核对，数据一致，即已经完成费用总额数据的统计。如果数据不一致，则需要确认两者所选计算区域是否一致。

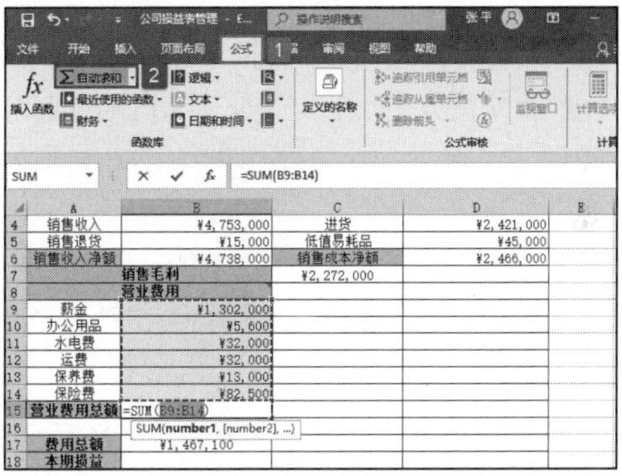

11.2.4 计算本期损益

图 11-8　计算营业费用总额

本期损益即企业在一定时期进行生产经营活动所取得的财务成果，表现为利润或亏损。通常把收入与费用的差额作为当期损益，即把企业营业收入、投资收益和营业外收入等计入当期损益的加项，而将营业成本、期间费用和营业外支出等从当期损益中抵减出来，其余额就是当期损益。通过当期损益的核算，不仅可以反映出企业生产经营活动和管理工作的质量，而且可以评价企业的盈利能力，是广大投资者做出正确判断和决策的重要依据。具体计算与分析步骤如下所示。

选中 B18 单元格，在公式编辑栏里输入公式"=C7-B17"，然后按"Enter"键即可计算得到本期损益的数据，如图 11-9 所示。

从本期损益值可以得到，公司为净盈利，财务状况良好。

图 11-9　计算本期损益值

每个公司都有独特并且适合自己的会计系统，但是财务报表的内容大同小异，建立损益表，是财务管理的必要内容。

11.3 批注添加管理

批注是阅读 Excel 财务报表时对数据进行的文字辅助说明，批注不会使文字直接显示在损益表上，更不会破坏表格完整性，从而帮助我们更好地理解与分析数据。

11.3.1 添加批注

在之前做的损益表中，费用部分只有营业费用这一项，为避免被误认为是会计部门漏算其他费用，所以要在费用的单元格上添加批注，具体操作步骤如下。

步骤 1：选择要添加批注的单元格，如"损益表"中的 A8 单元格，切换到"审阅"选项卡，在"批注"组中单击"新建批注"按钮，完成对批注的添加，如图 11-10 所示。此时弹出批注编辑框，如图 11-11 所示。

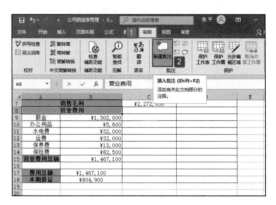

图 11-10　新建批注

步骤 2：在批注编辑框里输入文字，如输入"此损益表只计算了营业的费用"。输入完文本后，在批注编辑框之外单击即可完成批注的添加。此时，添加了批注的单元格右上角有一个明显的三角形标志，如图 11-12 所示。

图 11-11　新建批注效果

图 11-12　编辑批注内容

步骤 3：当用户需要查看批注内容时，只需将鼠标光标移动到批注标注上，就会显示批注编辑框及其具体内容。

11.3.2 显隐批注

有时，用户需要将添加的批注直接显示在工作表上，方便查阅数据，具体操作步骤如下所示。

步骤1：打开"损益表"，选择添加了批注的单元格A8，切换至"审阅"选项卡，在"批注"组中单击"显示/隐藏批注"按钮，如图11-13所示。此时无须再次单击A8单元格，批注将始终显示在损益表中。

步骤2：同理，当用户想取消显示批注时，只需在"批注"组中再次单击"显示/隐藏批注"按钮即可。隐藏后，只有当鼠标光标移动到该批注单元格时才会显示批注的内容。在这里，用户可以通过快捷键"Ctrl+6"快速完成相应的显隐操作。

11.3.3 删改批注

如果批注的内容不完善，用户可以通过编辑批注进行修改，或者直接选择删除，具体操作步骤如下所示。

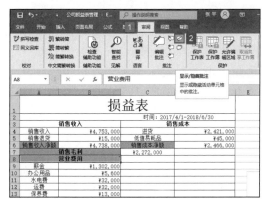

图11-13 显示批注

步骤1：对于要修改的批注，切换至"审阅"选项卡，在"批注"组中单击"编辑批注"按钮，然后在批注编辑框里根据所要修改的批注内容进行相应的修改，编辑完后在批注编辑框之外单击即可。

步骤2：如果需要删除批注，需要切换至"审阅"选项卡，在"批注"组中单击"删除批注"按钮，即可完成对批注的删除，如图11-14所示。

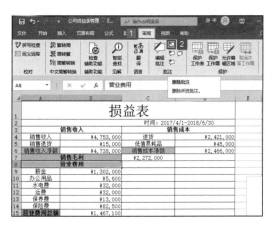

图11-14 删除批注

11.3.4 修改批注框

对于添加的批注内容，有时我们需要调整它的大小和位置，进一步方便查看数据，具体操作步骤如下所示。

步骤1：打开"损益表"，选择添加了批注的单元格A8，显示出批注后，单击批注框，然后将鼠标光标放到批注编辑框控点上，当鼠标光标变成斜箭头时，按住鼠标拖动即可改变批注框的大小，如图11-15所示。

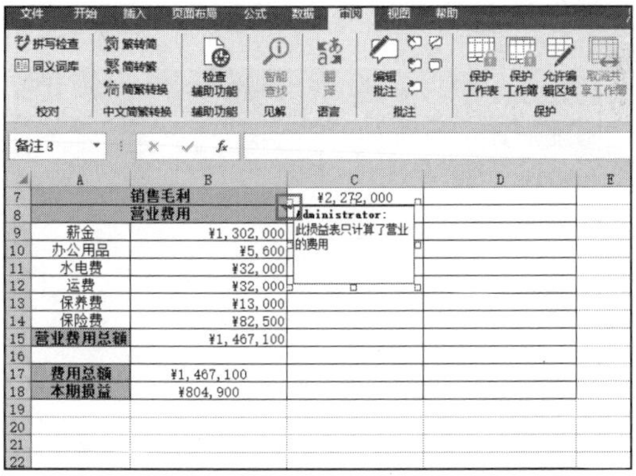

步骤2：同样，如果要修改批注框的位置，用户只需将鼠标光标再次移动到批注编辑框上，当鼠标光标变成十字箭头符号时，按住鼠标左键拖动即可改变批注框的位置。

图11-15 修改批注框大小

在之前创建的表格中，按照上述操作方法即可为其他数据进行批注的添加管理。

11.4 实战：损益表管理

创建完损益表后，需要对损益表中的数据进行分析。损益表揭示了经营利润、投资净收益和营业外的收支净额的详细信息，从中用户可以分析企业的获利能力、预测企业未来的现金流量。同时，报表使用者所关注的各种预期的现金来源、金额、时间和不确定性，如股利或利息、出售证券的所得及借款的清偿，都与企业的获利能力密切相关，所以，收益水平在预测未来现金流量方面具有重要作用。

■ 11.4.1 创建销售费用图表

利用柱形图建立销售费用图表，便于对销售数据的直观情况进行分析，具体的操作步骤如下所示。

步骤1：打开"损益表"，然后选择A4:B6区域，切换至"插入"选项卡，在"图表"组中，单击"插入条形图或柱形图"按钮，在展开的下拉列表中选择"二维柱形图"中的"簇状柱形图"，完成对柱形图表的添加，如图11-16所示。

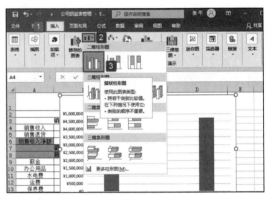

图11-16 添加簇状柱形图

步骤2：单击图表标题，在图表标题编辑框里输入文字"销售收入，"设置合适的字体大小。

步骤3：切换至"图表设计"选项卡，在"图表布局"组中单击"添加图表元素"下三角按钮，在展开的下拉列表中选择"坐标轴标题"选项，在打开的级联列表中选择"主要纵坐标轴"，如图11-17所示，然后在纵坐标轴编辑框里输入"销售额（单位：元）"。

步骤4：切换至"图表设计"选项卡，在"图表布局"组中，单击"添加图表元素"下三角按钮，在展开的下拉列表中选择"数据标签"选项，在展开的级联列表中选择"数据标签外"选项，如图11-18所示，完成数据标签的添加。

图11-17 添加主要纵坐标轴

图11-18 添加数据标签

步骤5：继续添加销售成本的簇状柱形图。选择C4:D6区域，同样，切换至"插入"选项卡，在"图表"组中，单击"插入条形图或柱形图"按钮，在展开的下拉列表中选择"二维柱形图"中的"簇状柱形图"，完成对柱形图表的添加。

步骤6：单击图表标题，在图表标题编辑框里输入文字"销售成本"，并设置合适的字体大小。

步骤7：切换至"图表设计"选项卡，在"图表布局"组中单击"添加图表元素"下三角按钮，在展开的下拉列表中选择"坐标轴标题"，在打开的级联列表中选择"主要纵坐标轴"，然后在纵坐标轴编辑框里输入"销售额（单位：元）"。

再次切换至"图表设计"选项卡，在"图表布局"组中，单击"添加图表元素"下三角按钮，在展开的下拉列表中选择"数据标签"选项，在展开的级联列表中选择"数据标签外"选项，完成数据标签的添加。

步骤8：调整两个图表至合适的大小与位置，如图11-19所示，进行图表的对比。

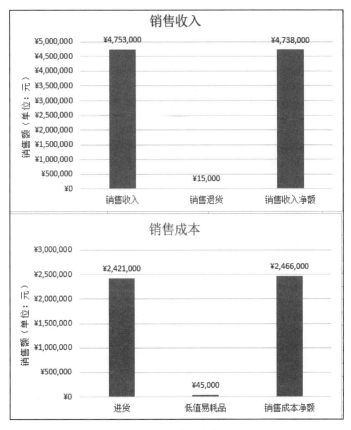

图11-19　插入图表

由"销售收入"图表可以明显看到，销售退货数额相比销售收入少很多，销售收入额明显高于进货与低值消耗品额，因此，该公司盈利明显。

11.4.2　创建费用支出图表

建立费用支出图表，可便于查看营业费用在何处以及各项费用所占的比例是多少，方便进行公司财务的支出统计与管理。具体操作步骤如下所示。

步骤1：打开"损益表"，选择A9:B14单元格区域，切换至"插入"选项卡，在"图表"组中单击"图表"按钮，在展开的下拉列表中选择"二维饼图"列表中的"饼图"，完成对饼状图表的添加，如图11-20所示。

步骤2：单击图表标题，在图表标题编辑框里输入文字"费用支出"，并设置合适的字体与字号。

步骤3：切换至"图表设计"选项卡，在"图表布局"组中单击"快速布局"下三角按钮，在展开的下拉列表中选择"布局6"完成图表的基本布局设置，如图11-21所示。

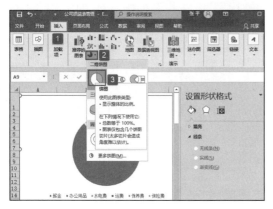

图11-20　添加饼图

图11-21　快速布局费用支出饼状图

步骤4：切换至"图表设计"选项卡，在"图表样式"组中单击"其他"下三角按钮，在展开的下拉列表中选择"样式5"选项，如图11-22所示。调整图表的位置、大小，完成饼状图表的设置，效果如图11-23所示。

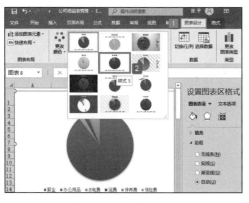

图11-22　选择图表样式

图11-23　饼状图效果图

从图11-23可以看出，薪金与保险费占据公司费用支出的大部分，以后可以在这些方面进行资金调整。

如果想将饼状图切换成柱状图查看数据，只需切换到"图表设计"选项，单击"类型"组中的"更改图表类型"按钮，然后在弹出的"更改图表类型"对话框中选择所需的图表类型即可。

11.4.3　按比例更改数据

在编辑的Excel数据里，用户有时需要对某些数据进行比例增加或减少，例如用户想将某些单元格的所有值的数据均减少10%，这时，就可以利用Excel中的选择性粘贴功能来实现。具体操作步骤如下所示。

步骤1：选择要更改的数值单元格区域，仍以"损益表"中的B9:B14单元格区域为例。选择一个空白的单元格，如C10单元格，然后在单元格里输入数字0.9，由于11.1节中将单元格区域的所有数字格式设置为"货币"格式，单元格中会显示"¥1"，切换至"开始"选项卡,在"数字"组中的格式选择框中直接选择"常规"选项即可显示数值 0.9,如图 11-24 所示。

步骤 2:切换到"开始"选项卡,单击"剪贴板"组中的"复制"按钮,在展开的下拉列表中选择"复制"选项,完成对目标数据的复制,如图 11-25 所示。

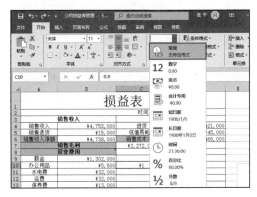

图 11-24　设置数字格式

图 11-25　选择复制选项

步骤 3:选择 B9:B14 单元格区域,切换至"开始"选项卡,单击"粘贴"下三角按钮,在展开的下拉列表中选择"选择性粘贴"选项,如图 11-26 所示。

步骤 4:在弹出的"选择性粘贴"对话框中,选择"乘"运算,然后单击"确定"按钮,如图 11-27 所示。此时所有的数据值就都减少了 10%,如图 11-28 所示。

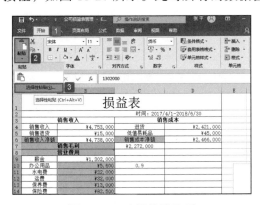

图 11-26　选择粘贴选项

图 11-27　选择性粘贴设置

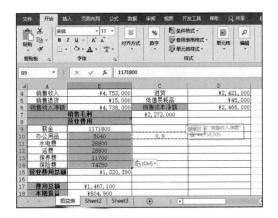

图 11-28　按比例更改数据效果

第12章
现金流量表管理

现金流量表是反映一定时期内（如月度、季度或年度）企业经营活动、投资活动和筹资活动对其现金及现金等价物所产生影响的财务报表。现金流量表是原先财务状况变动表或者资金流动状况表的替代物。它详细描述了由公司的经营、投资与筹资活动所产生的现金流量。利用 Excel 2019 编制分析现金流量表，可以得出企业现金流入与流动的动态情况，评价企业在未来产生现金净流量的能力、企业偿还债务的能力及支付投资利润的能力，从而更合理地管理企业的资金。

- 现金流量表
- 现金流量表结构分析
- 实战：现金流量比率计算

12.1 现金流量表

现金流量表是财务报表的三个基本报告之一，所表达的是在某一固定期间（通常是每月或每季）内，一家机构的现金（包含银行存款）的增减变动情形。现金流量表的出现，主要是要反映出资产负债表中各个项目对现金流量的影响，并根据其用途划分为经营、投资及融资三个活动分类。

■ 12.1.1 创建现金流量表

创建现金流量表，需要根据企业相关现金流量状况数据进行编制。编制过程中，为了给会计报表使用者提供有关现金流量的信息，并结合现金流量表和其他财务信息对企业做出正确的评价，现金流量表应当提供企业经营活动、投资活动和筹资活动对现金流量的影响，即现金流量表应当分别反映经营活动产生的现金流量、投资活动产生的现金流量和筹资活动产生的现金流量的总额以及它们相抵后的结果。

具体创建过程如下所示。

步骤 1：启动 Excel 2019，选择新建"空白工作簿"，将工作簿的名称命名为"现金流量管理表"，然后将 Sheet1 表的名称命名为"现金流量表"。

步骤 2：设置标题文本为"现金流量表"。并将流量表分为：经营活动产生的现金流量、投资活动产生的现金流量、筹资活动产生的现金流量、现金及现金等价物增加净额四个区域。

步骤 3：输入相应的现金流量列项，根据现有数据输入相应的数据内容，对文本字体大小，对齐方式及文本填充底色进行调整，最终效果如图 12-1 所示。

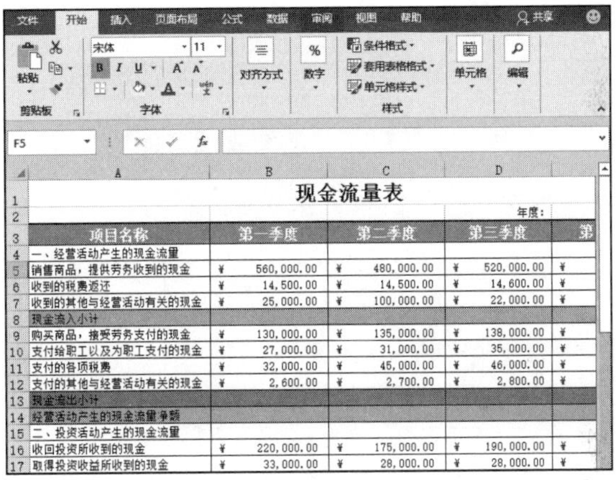

图 12-1 创建现金流量表

■ 12.1.2 填制现金流量表数据

现金流量表创建完毕后，可以利用相关公式进行计算，完成对现金流量表数据的填制。

具体操作步骤如下所示。

步骤 1：在表中显示当前年份，可以利用 NOW 函数。先选中 E2 单元格，然后在公式编辑栏中输入公式："=TEXT(NOW(),"e 年")"，按"Enter"键即可得到当前年份，如图 12-2 所示。

步骤 2：计算"现金流入小计"，可以利用"SUM"函数实现，选中 B8 单元格，在公式编辑栏中输入公式"=SUM(B5:B7)"，按"Enter"键即可显示第一季度现金流入小计。再次选择 B8 单元格，使用填充柄工具向右复制公式至 E8 单元格，可以得到全部的现金流入小计。如图 12-3 所示。

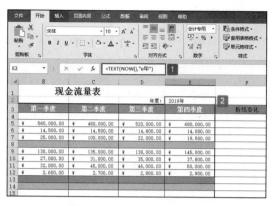

图 12-2　显示当前年份

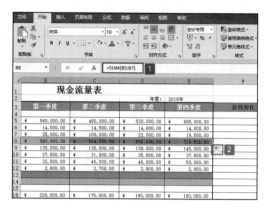

图 12-3　"现金流入小计"计算

步骤 3：计算"现金流出小计",可以利用"SUM"函数,选中 B13 单元格,在公式编辑栏中输入公式"=SUM(B9:B12)",按"Enter"键即可显示第一季度现金流出小计。再次选择 B13 单元格,使用填充柄工具向右复制公式至 E13 单元格即可得到全部的现金流出小计,如图 12-4 所示。

步骤 4：选中 B14 单元格,在公式编辑栏中输入公式"=B8-B13",按"Enter"键即可显示第一季度经营活动产生的现金流量净额。再次选择 B14 单元格,使用填充柄工具向右复制公式至 E14 单元格,松开鼠标可以得到全部的经营活动产生的现金流量净额,如图 12-5 所示。

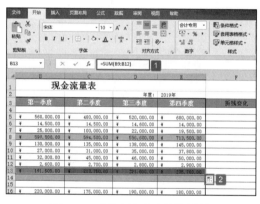

图 12-4　"现金流出小计"计算

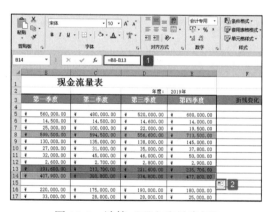

图 12-5　计算"现金流量净额"

步骤 5：利用如上的方法,分别选中 B20 单元格和 B24 单元格,在公式编辑栏里分别输入公式"=SUM(B16:B19)"和"=SUM(B21:B23)",按"Enter"键分别计算出第一季度中投资活动的流入和流出小计。然后选中 B25 单元格,在公式编辑栏里输入公式"=B20-B24",计算出投资活动产生的净现金流量。然后分别选中 B20、B24、B25 单元格,使用填充柄工具向右复制公式,松开鼠标得到全部的数据。

步骤 6：利用相同方法,选中 B30 单元格和 B34 单元格,在公式编辑栏里分别输入公式"=SUM(B27:B29)"和"=SUM(B31:B33)",按"Enter"键分别计算出第一季度中筹资活动的流入和流出小计。然后选中 B35 单元格,在公式编辑栏里输入公式"=B30-B34",计算出筹资活动产生的净现金流量。然后分别选中 B30、B34、B35 单元格,使用填充柄工具向右复制公式,松开鼠标得到全部的数据。

步骤 7：选中 B36 单元格,在公式编辑栏里输入公式"=B14+B25+B35",按"Enter"

键便可计算得出现金增加额，使用填充柄工具向右复制公式，然后松开鼠标得到全部的现金增加额数据，完善后的效果图如图12-6所示。

A	B	C	D	E
收到的其他与投资活动有关的现金	¥ 2,000.00	¥ 1,600.00	¥ 1,500.00	¥ 1,800.00
现金流入小计	¥ 259,800.00	¥ 208,600.00	¥ 223,700.00	¥ 211,300.00
购建固定资产无形资产其他资产支付的现金	¥ 32,500.00	¥ 29,600.00	¥ 30,500.00	¥ 32,000.00
投资所支付的现金	¥ 3,000.00	¥ 4,300.00	¥ 5,200.00	¥ 4,000.00
支付的其他与投资活动有关的现金	¥ 600.00	¥ 880.00	¥ 850.00	¥ 950.00
现金流出小计	¥ 36,100.00	¥ 34,780.00	¥ 36,550.00	¥ 36,950.00
投资活动产生的现金流量净额	¥ 223,700.00	¥ 173,820.00	¥ 187,150.00	¥ 174,350.00
三、筹资活动产生的现金流量				
吸收投资收到的现金	¥ 140,000.00	¥ 105,000.00	¥ 183,000.00	¥ 65,000.00
借款所收到的现金	¥ 305,000.00	¥ 250,000.00	¥ 120,000.00	¥ 130,000.00
收到的其他与筹资活动有关的现金	¥ 5,000.00	¥ 3,000.00	¥ 2,500.00	¥ 2,000.00
现金流入小计	¥ 450,000.00	¥ 358,000.00	¥ 305,500.00	¥ 197,000.00
偿还债务所支付的现金	¥ 71,000.00	¥ 133,000.00	¥ 159,000.00	¥ 33,000.00
分配股利利润或偿付利息支付的现金	¥ 5,000.00	¥ 12,000.00	¥ 13,200.00	¥ 20,500.00
支付的其他与筹资活动有关的现金	¥ 23,000.00	¥ 24,000.00	¥ 21,000.00	¥ 22,800.00
现金流出小计	¥ 99,000.00	¥ 169,000.00	¥ 193,200.00	¥ 76,300.00
筹资活动产生的现金流量净额	¥ 351,000.00	¥ 189,000.00	¥ 112,300.00	¥ 120,700.00
四、现金及现金等价物增加净额	¥ 982,600.00	¥ 743,620.00	¥ 634,250.00	¥ 772,850.00

图 12-6 填制数据效果图

12.1.3 冻结窗口查看数据

在使用 Excel 2019 制作表格时，如果列数较多，行数也较多时，一旦向下滚屏，则上方的标题行也会跟着滚动，在处理数据时往往难以分清各列数据对应的标题，影响数据的核对，这时我们就可以使用工作表窗口的冻结功能将列标志或行标志冻结起来，以保持工作表的某一部分在其他部分滚动时可以看见。

以"现金流量表"为例，其具体操作步骤如下所示。

步骤1：打开要冻结的工作表，选中要进行冻结的位置，这里选择的是工作表中的A8单元格，切换至"视图"选项卡，在"窗口"组中单击"冻结窗格"下三角按钮，在展开的下拉列表中选择"冻结窗格"选项，如图12-7所示。如只需冻结首行窗口或首列窗口，也可直接选择"冻结首行"或"冻结首列"。

步骤2：返回到工作表中，向下滑动鼠标查看数据时，冻结的部分可始终保持可见状态，如图12-8所示。

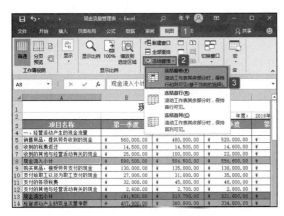

图 12-7 选择冻结窗格

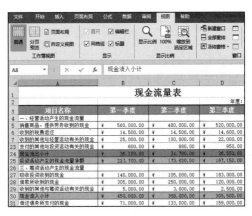

图 12-8 冻结效果

步骤 3：如需取消冻结现有表格中的窗格，切换至"视图"选项卡，在"窗口"组中单击"冻结窗格"下三角按钮，在展开的下拉列表中选择"取消冻结窗格"选项即可。

12.2 现金流量表结构分析

现金流量结构分析是指通过对某一时期现金流量中不同项目间的比较，分析企业现金流入的主要来源和现金流出的方向，从而评价现金流入流出对净资金流量的影响。现金流量的结构分析可以在创建流量表分析的表格的基础上，利用饼状图和折线图来进行分析。

12.2.1 创建现金流量表分析表格

现金流量表分析表是在现今流量表相关数据的基础上进一步明确现金收入结构、现金支出结构和现金余额而形成的。现金流量分析表可以分为现金收入结构分析、现金支出分析和现金净额结构分析等方面。下面创建现金流量分析表格。

步骤 1：在"现金流量管理表"工作簿中双击 Sheet2 工作表，并将其命名为"现金流量分析表"，建立相关的数据信息，文本字体大小，对齐方式及文本填充底色进行调整，最终效果如图 12-9 所示。

步骤 2：根据现金流量表，选中 B4 单元格，在公式编辑栏中输入公式"=SUM(现金流量表!B8:E8)"，按"Enter"键即可计算出经营活动的现金流入数据。利用相同的方法，分别计算出其他的"现金流入"与"现金流出"数据，如图 12-10 所示。

图 12-9　建立"现金流量分析表"　　图 12-10　计算"现金流入流出"数据

步骤 3：选中 B6 单元格，在公式编辑栏中输入公式"=B4-B5"，按"Enter"键即可计算出经营活动的现金净额。再次选择 B6 单元格，使用填充柄工具向右复制公式至 D6 单元格，然后松开鼠标得到全部的现金净额，如图 12-11 所示。

步骤 4：利用 SUM 函数，可以进行数据的合计。选中 E4 单元格，在公式编辑栏中输入公式"=SUM(B4:D4)"，按"Enter"键即可计算出现金流入的合计数据。再次选择 E4 单元格，使用填充柄工具向下复制公式至 E6 单元格，松开鼠标得到全部的现金流入的合计数据，如图 12-12 所示。

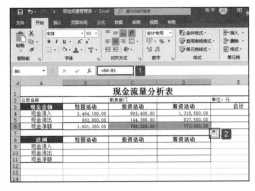

图 12-11　计算"现金净额"

图 12-12　合计数据

步骤 5：选中 B9 单元格，在公式编辑栏中输入公式"=B4/$E4"，按"Enter"键即可计算出经营活动中现金流入占合计的比例数据。再次选择 B9 单元格，使用填充柄工具先向右复制公式至 D9 单元格，再选中 B9:D9 单元格区域向下复制公式至 D11 单元格，然后松开鼠标得到全部的比例数据，如图 12-13 所示。

步骤 6：选中 A13 单元格，输入"1"，然后在公式编辑栏中输入公式"=INDEX(B9:B10,$A$13)"，按"Enter"键返回结果后使用填充柄工具向右复制公式至 D13 单元格，松开鼠标得到如图 12-14 所示的数据。

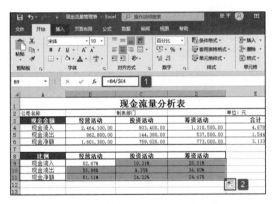

图 12-13　计算现金流量比例百分比

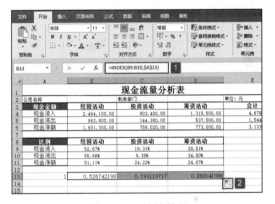

图 12-14　计算数据

12.2.2　利用饼状图分析现金流量表

饼状图显示一个数据系列中各项的大小与各项总和的比例。数据系列是指在图表中绘制的相关数据点，这些数据源自数据表的行或列。图表中的每个数据系列具有唯一的颜色或图案并且在图表的图例中表示。可以在图表中绘制一个或多个数据系列。饼状图只有一个数据系列。饼状图中的数据点显示为整个饼状图的百分比。利用饼状图，可以直观地展示财务数据的比例情况。

具体分析操作步骤如下所示。

步骤 1：在"现金流量分析表"中，按住 Ctrl 键，选择 B8:D8 区域以及 B13:D13 单元格区域，然后切换至"插入"选项卡，在"图表"组中单击"饼图"按钮，在展开的下拉列表中选择"三维饼图"选项，如图 12-15 所示。插入后的饼图效果如图 12-16 所示。

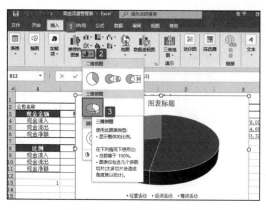

图 12-15　选择插入饼图

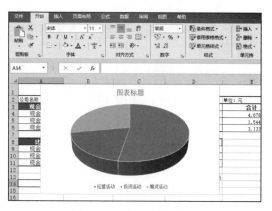

图 12-16　插入饼图效果

步骤 2：单击"图表标题"，在标题文本框里输入"现金流量分析"饼状图，然后调整图表合适的位置与大小。

步骤 3：选中图表，切换至"图表设计"选项卡，在"图表布局"组中单击"添加图表元素"下三角按钮，在展开的下拉列表中选择"数据标签"选项，在展开的级联列表中选择"数据标注"选项，如图 12-17 所示。饼状图效果如图 12-18 所示。

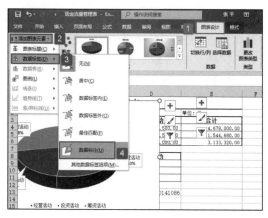

图 12-17　图表元素设置

步骤 4：为了使饼状图能够显示三个项目的比例，可以添加下拉框控件。切换至"开发工具"选项卡，在"控件"选项组中单击"插入"下三角按钮，在展开的下拉列表里选择"组合框"窗体控件，如图 12-19 所示。

图 12-18　插入"图表标注"

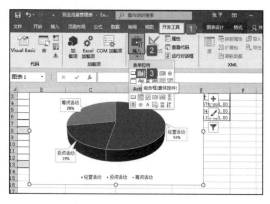

图 12-19　选择"表单控件"

步骤 5：返回到工作表中，拖动鼠标在图表左上角合适的位置绘制一个组合框，将光标置于控点上，当变为箭头时，则可以调整其控件窗体的大小，如图 12-20 所示。

步骤 6：选中控件窗体，单击鼠标右键，在弹出的快捷菜单选择"设置控件格式"选项，如图 12-21 所示。随后弹出"设置对象格式"对话框，切换至"控制"选项卡，设置"数据源区域"为"\$A\$9:\$A\$11"区域，单元格链接区域设置为"\$A\$13"区域,在下拉显示选项中填写"3",然后单击"确定"按钮,完成控件格式的设置,如图 12-22 所示。

步骤 7:返回图表中,这时当我们再次单击下拉按钮时,会展开"现金流入""现金流出""现金净额"三个选项,并且当选择不同的选项时,图表则会根据表格内容发生相应的数据变化,如图 12-23 所示。

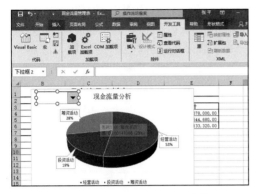

图 12-20 插入"组合框"窗体

图 12-21 选择"设置控件格式"选项

图 12-22 控件格式设置

图 12-23 下拉列表选择选项

步骤 8:选中图表,切换"格式"选项卡,在"形状样式"组中单击"形状填充"下三角按钮,在展开的下拉列表中选择"渐变"选项,然后单击"浅色变体"选项列表下的"线性向下"按钮,如图 12-24 所示,设置后的图表如图 12-25 所示。

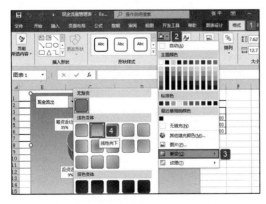

图 12-24 单击"线性向下"按钮

图 12-25 渐变色效果

167

在创建完直观形象的饼状图后，可以从中进行现金流量分析。例如在"现金流出分析饼状图"中，可以直接看到经营活动占据了现金流量的大部分比例，而投资活动占据了很少的一部分。

■ 12.2.3　利用折线图分析季度流量变化

排列在工作表的列或行中的数据可以绘制到折线图中。折线图可以显示随时间（根据常用比例设置）而变化的连续数据，因此非常适用于显示在相等时间间隔下财务数据的趋势。在折线图中，类别数据沿水平轴均匀分布，所有值数据沿垂直轴均匀分布。

以分析经营活动中流量变化情况为例，其具体操作步骤如下所示。

步骤1：切换至"现金流量表"工作表，按住"Ctrl"键选中B3:E3单元格区域、B8:E8单元格区域以及B13:E13单元格区域。切换至"插入"选项卡，单击"图表"组中的"折线图"下三角按钮，在展开的下拉列表中选择"二维折线图"为"带有数据标记的折线图"，如图12-26所示。添加的折线图效果如图12-27所示。

图12-26　插入"带数据标记的折线图"

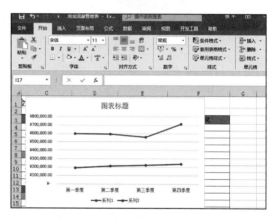

图12-27　插入折线图初步效果

步骤2：双击标题框，在标题框里输入文本标题内容"经营活动现金流量折线图"。选中图表，切换至"图表设计"选项卡，在"数据"组中单击"选择数据"按钮，如图12-28所示。随后打开"选择数据源"对话框，在"图例项"列表框中选择"系列1"选项，然后单击"编辑"按钮，修改系列名称为"现金流入"。如图12-29所示。利用相同的操作，将"系列2"改为"现金流出"，最后单击"确定"按钮返回，如图12-30所示。

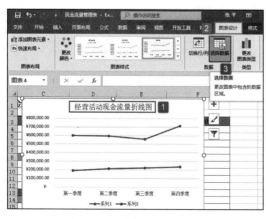

图12-28　单击"选择数据"

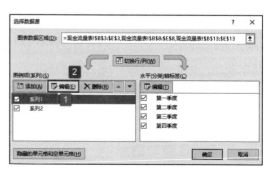

图12-29　设置图例名称

步骤3：选中图表，切换至"图表设计"选项卡，在"图表布局"组中单击"添加图表元素"下三角按钮，在展开的下拉列表中选择"数据表"选项，在展开的级联列表中选择"显示图例项标示"可以完成插入表格，如图12-31所示。

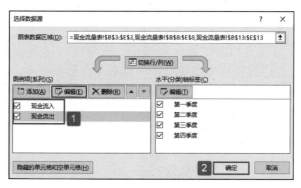

图12-30 完成设置图例项

图12-31 插入"显示图例项标志"

步骤4：再次选中图表，切换"格式"选项卡，在"形状样式"组中单击"形状填充"下三角按钮，在展开的下拉列表中选择"渐变"选项，然后单击"浅色变体"选项列表下的"线性向下"按钮，如图12-32所示，最终设置后的图表效果如图12-33所示。

图12-32 "线性向上"渐变色效果图

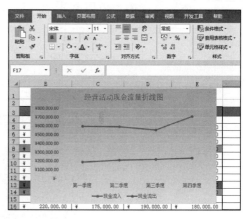

图12-33 折线图效果图

在创建完直观形象的折线图后可以直观地看出经营活动中现金流入过程中的上下起伏，而现金流出变化过程则趋于稳定。利用相同的方法，用户可以创建并分析其他项目的折线图。

12.2.4 插入迷你折线图

分析数据时常常用图表的形式来直观展示，有时图线过多，容易出现重叠，或者有时我们想第一时间看到数据的变化情况，可以利用迷你图来实现。与 Excel 工作表上的图表不同，迷你图并非对象，它实际上是在单元格背景中显示的微型图表。在 Excel 2019 中可以在单元格中插入迷你图来进行更清楚的展示。

以"现金流量表"为例，具体操作步骤如下所示。

步骤 1：切换至"插入"选项卡，单击"迷你图"下拉按钮，在展开的下拉列表中选择"折线"，如图 12-34 所示。

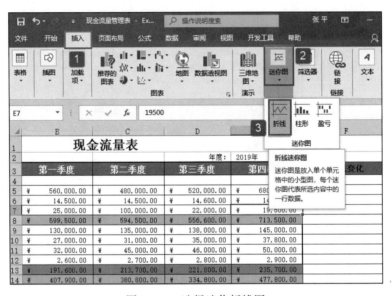

图 12-34　选择迷你折线图

步骤 2：随后弹出"创建迷你图"对话框，在数据范围里填写"B8:E8"单元格区域，在位置范围里填写"$F$8"区域。然后单击确定按钮，如图 12-35 所示，此时生成了一个迷你折线图，可以利用同样的方法，添加多个迷你折线图，如图 12-36 所示。

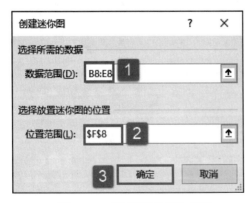

图 12-35　"创建迷你图"设置

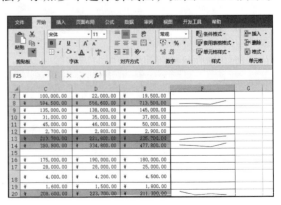

图 12-36　多个迷你折线图效果

12.3 实战：现金流量比率计算

现金流量比率是企业现金类资产与流动负债的比率。现金类资产包括企业所拥有的货币资金和持有的有价证券（即资产负债表中的短期投资）。它是速动资产扣除应收账款后的余额。速动资产扣除应收账款后计算出来的金额，最能反映企业直接偿付流动负债的能力，利用 Excel 分析现金比率，可以得知企业资产流动的状况。一般认为现金比率在 20% 以上为好。但这一比率过高，就意味着企业流动负债未能得到合理运用，而现金类资产获利能力低，这类资产金额太高会导致企业机会成本增加。

12.3.1 创建现金比率分析表

在分析现金比率之前，需要创建一个现金比率分析表，具体操作步骤如下。

步骤 1：在"现金流量管理表"工作簿中双击 Sheet3 工作表，并将其命名为"现金比率表"，建立相关的数据信息，对文本字体大小、对齐方式及文本填充底色进行调整，最终效果如图 12-37 所示。

步骤 2：将企业中的相应资产负债数据复制到表中，也可以根据企业数据输入相应的流动负债信息。

步骤 3：利用 SUM 函数可求出流动负债年度合计。选中 F3 单元格，在公式编辑栏中输入公式"=SUM(B3:E3)"，按"Enter"键返回即可计算出流动负债年度总计，如图 12-38 所示。

图 12-37　建立现金流量比率表　　　　图 12-38　计算年度"流动负债"

12.3.2 计算现金比率

现金比率表示企业资产的即时流动性，它将现金等价物与流动负债相联系。
其计算公式为现金比率 = 现金余额 / 流动负债 ×100%
具体计算操作步骤如下所示。

步骤 1：选中 B4 单元格，在公式编辑栏中输入公式"= 现金流量表 !B36/ 现金流量比率表 !E3"，按"Enter"键返回即可计算出第一季度现金比率，如图 12-39 所示。

步骤 2：选中 C4 单元格，在公式编辑栏中输入公式"= 现金流量表 !C36/ 现金流量比率表 !C3"，按"Enter"键返回即可计算出第二季度现金比率。

步骤 3：利用相同的方法，分别计算得出第三季度和第四季度的现金比率。

步骤4：选中F4单元格，在公式编辑栏中输入公式"=SUM(现金流量表!B14:E14)/现金流量比率表!F3"，按"Enter"键返回即可计算出总计现金比率项，如图12-40所示。

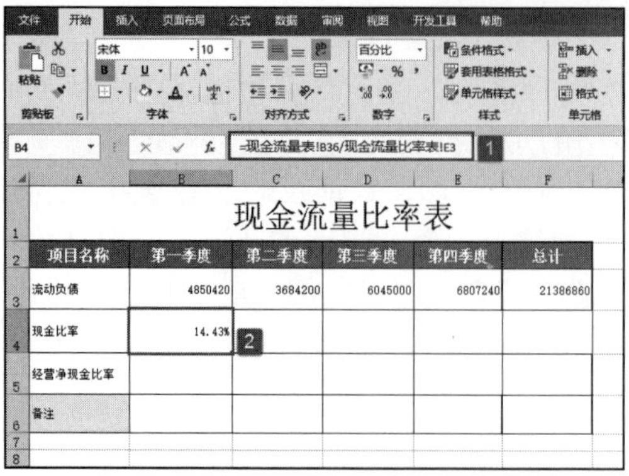

图12-39　计算第一季度现金比率

图12-40　计算总计"现金比率"

12.3.3　计算经营现金比率

经营活动净现金比率是一个以本期经营活动净现金流量偿还债务能力的比率，既可以衡量企业偿还短期债务的能力，也可衡量企业偿还全部债务的能力。

其计算公式为：经营活动净现金比率＝经营活动净现金流量/流动负债×100%

经营活动净现金比率＝经营活动净现金流量/负债总额×100%

前者可以衡量短期偿债能力，后者可以衡量长期偿债能力。

通过经营比率分析，可了解维持公司运行、支撑公司发展所需要的大部分现金的来源，从而判别企业财务状况是否良好、公司运行是否健康。一般而言，公司现金流入以经营活动为主，以收回投资、分得股利取得的现金以及银行借款、发行债券、接受外部投资等取得的现金为辅，是一种比较合理的结构。预警信号：与主营业务收入利润率指标相类似，当经营现金流量比率低于50%时，预警信号产生。

步骤1：选中B5单元格，在公式编辑栏中输入公式"=现金流量表!B14/现金流量比率表!B3"，按"Enter"键返回即可计算出第一季度现金比率，如图12-41所示。

图12-41　计算第一季度经营净现金比率

步骤2：选中C5单元格，在公式编辑栏中输入公式"=现金流量表!C14/现金流量比率表!C3"，按"Enter"键返回即可计算出第二季度现金比率。

步骤3：利用相同的方法，分别计算得出第三季度和第四季度的经营净现金比率。

步骤4：选中F5单元格，在公式编辑栏中输入公式"=SUM(现金流量表!B14:E14)/现金流量比率表!F3"，按"Enter"键返回即可计算出总经营净现金比率，如图12-42所示。

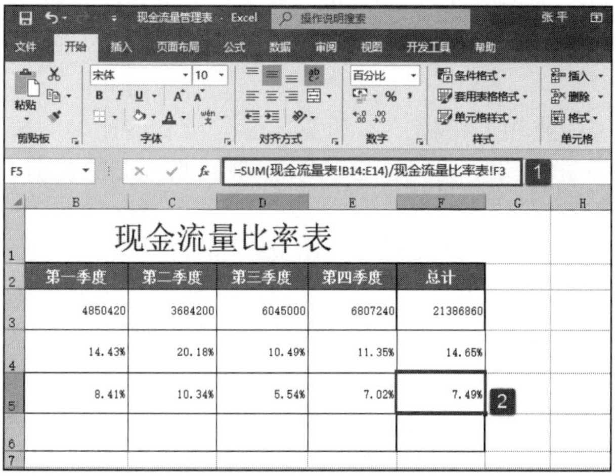

图12-42 计算经营净现金比率

12.3.4 现金比率分析

利用现金比率对企业的短期偿债能力进行分析时，应结合企业的经营。在以下几种情况下，用户是很有必要计算分析企业的现金比率的：
- 企业处于财务困境之中；
- 企业的存货和应收账款周转速度很慢；
- 处于投机性较强行业中的企业，如房地产开发企业；
- 对一个新建企业进行贷款决策而对其经营成功的可能性没有把握时。

在给企业下结论之前，应先对企业有一个细致的了解，因为企业的管理者对其货币资金的运用可能有某些计划。现金比率很低则说明企业不能即时支付应付款项。但是，如果企业的现金比率很高则说明企业的现金没有发挥最大效益。因此，在评价企业的短期偿债能力时，这个指标只具有一定的参考价值。因为如果要求企业有足够的现金等价物、有价证券来偿还其流动负债是不现实的。如果企业短期债务的偿还不得不依赖现金和有价证券，那么其短期偿债能力很可能不是加强，而是削弱了。

对现金比率分析时必须考虑现金方面的限制，现金比率不应过高。现金比率过高，表明企业通过负债方式所筹集的流动资金没有得到充分的利用，企业失去投资获利的机会越大，所以并不鼓励企业保留更多的现金类资产。

（1）同业比较

同业比较，指将企业反映短期偿债能力的指标、数据和财务报表在同行业之间进行比较。企业在选择比较对象时，可以选择同行业先进水平、同行业平均水平或主要竞争对手的相应项目进行比较。这种比较可以反映企业在同行业的相对水平和竞争能力。如果本企业的许多指标都在同行业中处于领先地位，就说明企业有较强的竞争能力。企业在进行同行业比较分析时应注意两点：一是确定同类企业，二是确定行业标准。同类企业一般情况下可以按以下两个标准：一是看最终产品是否相同，相同则为同类企业。同类企业具有相似的经营特点，其生产设备、加工工艺、资产构成、资本结构、价格水平等都具有可比性。二是看生产结构是否相同。这里的生产结构主要是指企业的原材料、生产技术或生产方式。生产结构相同的企业，即使最终产品不同，也可认为是同类企业。另外，如果本企业为多元化经营的企业、企业生产多种产品，存在多种生产结构，为了进行同业分析，可以将企业内各个组成部分按最终产品或生产结构划分，分别与同行业企业相比较。

（2）历史比较

历史比较，是对企业相关指标的本期实际值与历史各期实际值所进行的比较。对企业的短期偿债能力进行历史比较，有利于企业吸取历史的经验和教训，发现问题，及时改善企业的偿债能力。

短期偿债能力的历史比较分析采用的比较标准，是过去某一野战的短期偿债能力的实际指标值，这种比较分析对评价企业自身偿债能力是很有益的。历史比较分析最突出的优点是具有较强的可比性，还可以观察企业偿债能力的变动趋势。其缺点是历史指标只能代表过去的实际水平，不能代表未来的合理水平，而且在经营环境变动后，也会减弱历史比较的可比性。

预算比较分析指对企业指标的历史实际值与预算值所进行的比较分析。预算比较分析采用的比较标准是反映企业偿债能力的预算标准。预算标准是企业根据自身经营条件和经营状况而制定的目标。可见，历史比较倾向于与过去的比较，而预算则比较倾向于与未来目标的比较，并且这种比较对评价企业自身偿债能力是很有益的。由于预算标准根据企业自身经营条件、经营状况和经营目标制定，符合企业的实际情况；同时，预算标准在制定时，全面考虑了企业的历史水平和行业标准，具有较强的可比性。

12.3.5 隐藏表格公式

我们在用 Excel 2019 处理数据时候，有些数据是通过公式来生成的，单元格中会有相应的公式。如果不想让其他用户看到并编辑已有公式，以"现金流量比率表"为例，可以通过以下操作步骤来实现。

步骤1：选定要隐藏的公式所在的 B3:F5 单元格区域，单击鼠标右键，在弹出的快捷菜单中选择"设置单元格格式"选项，如图 12-43 所示。

步骤2：在弹出的"设置单元格格式"对话框中切换至"保护"选项卡，勾选"锁定"和"隐藏"前面的复选框，然后单击"确定"按钮完成单元格格式设置，如图 12-44 所示。

步骤2：切换至"审阅"选项卡，在"保护"组中单击"保护工作表"按钮，如图 12-45 所示。

步骤3：随后打开"保护工作表"对话框，在"取消工作表保护时使用的密码"文本框中设置密码，这里设置为"12345"，其他选项默认初始设置，然后单击"确定"按钮，如图 12-46 所示。随后会打开"确认密码"对话框，在"重新输入密码"文本框中再次输入"12345"，最后单击"确定"按钮，如图 12-47 所示。

步骤4：将"现金流量比率表"设置成保护工作表之后，再次单击有公式的单元格时，将不再显示具体的公式，其效果如图 12-48 所示。

图 12-43 选择"设置单元格格式"选项

图 12-44 设置单元格格式

图 12-45 单击"保护工作表"按钮

图 12-46 设置密码

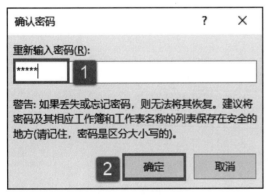

图 12-47 确认密码

图 12-48 公式隐藏效果

第13章
会计报表制作

会计报表是综合反映企业某一特定日期财务状况，以及某一会计期间经营成果、现金流量的总结性书面文件，是根据日常会计核算资料定期编制的。通过财务报表可以了解财政情况、预算与执行工作，是单位财务收支计划的基础。利用Excel可以轻松编制各类财务报表，实现各科目根据更新数据自动计算的功能，极大程度上提高了个人的工作效率。

- 制作参数设置表
- 制作凭证输入表
- 制作资金平衡表
- 制作资产负债表
- 实战：制作收入支出表

13.1 制作参数设置表

参数设置表是制作其他财物报表引用的数据基础,主要包括科目名称、明细科目、凭证类别等项目,也可以根据表格设计需要增减的相关参数。

13.1.1 创建参数设置表

创建参数设置表需要对表格格式、单元格格式进行相关设置,具体操作步骤如下所示。

步骤1:启动 Excel 2019,新建"空白工作簿"。并将其命名为"会计报表",重命名 Sheet1 工作表为"参数设置表"。

步骤2:输入标题"参数设置表"。输入相应的"编号""科目明细""凭证类别"等标志项,并将标志栏颜色填充为蓝色。将单元格设置合适的粗、细边框,最终效果如图 13-1 所示。

图 13-1 建立参数设置表

13.1.2 定义参数名称

将参数设置表中的列进行名称的定义,方便在其他工作表中处理数据时引用,具体操作步骤如下所示。

步骤1:打开"参数设置表",切换到"公式"选项卡,在"定义的名称"组中单击"定义名称"下三角按钮,在展开的下拉列表中选择"定义名称"选项,如图 13-2 所示。

步骤2:随后便会弹出"新建名称"对话框,将名称定义为"科目明细",范围选择"工作簿",引用位置选择"=参数设置表!$B$3:$B$15"区域,然后单击"确定"按钮,如图 13-3 所示。

图 13-2 选择"定义名称"选项

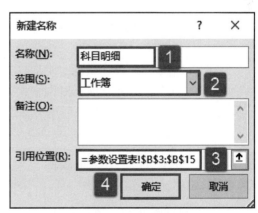

图 13-3 名称参数设置

步骤3:使用"定义名称功能",继续在当前的表格中添加"明细科目""凭证类别"

名称，"明细科目"引用位置选择"=参数设置表!$D$3:$B$15"，"凭证类别"引用位置选择"=参数设置表!$F$3:$F$5"。已添加的名称，可以直接单击"定义中的名称"组中的"名称管理器"按钮打开"名称管理器"对话框即可查看，如图13-4所示。

图13-4 查看"名称管理器"

13.2 制作凭证输入表

凭证输入表示将实际发生的业务数据输入存储的表格，在输入过程中利用数据有效性和查找函数实现快速输入。

13.2.1 创建凭证输入表

凭证输入表包含凭证类别、凭证编号等，具体创建步骤如下所示。

步骤1：打开"财务报表"，将Sheet 2表命名为"凭证输入表"，输入标题，并在第二行输入月份与货币单位。

步骤2：输入"凭证类别""凭证编号""日期""摘要""总账科目""明细科目""借方""贷方"等标志项，对文本大小及表格边框进行设置，设置后的效果如图13-5所示。

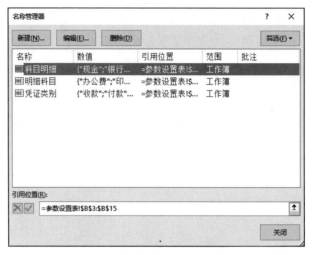

图13-5 创建"凭证输入表"

13.2.2 数据有效性填充数据

凭证输入表创建完毕后，我们可以设置数据有效性进行填充数据，从而大大节省我们输入数据的时间，提高办公效率，具体操作步骤如下。

步骤1：打开"凭证输入表"，选取A4:A18单元格区域。切换到"数据"选项卡，在"数据工具"组中单击"数据验证"下三角按钮，在展开的下拉列表中选择"数据验证"选项，如图13-6所示。

步骤2：随后弹出"数据验证"对话框，切换至"设置"选项卡，在"验证条件"设置选项中在"允许"选项条件下选择"序列"选项，然后在"来源"文本框中输入"=凭证类别"，然后单击"确定"按钮，完成设置，如图13-7所示。

图13-6 选择"数据验证"

图13-7 数据验证参数设置

步骤3：完成数据有效性设置后，选中单元格之后会显示选择列表，选择列表里的内容即为定义名称"凭证类别"所引用的单元格区域，直接选择输入即可，如图13-8所示。

步骤4：接着输入凭证编号、日期、摘要等数据。选中F4单元格，在公式编辑栏里输入公式"=VLOOKUP($E4,参数设置表!A:B,2,0)"，按"Enter"键即可得到编号为102的总账科目名称，再次选中F4单元格，将鼠标光标定位到该单元格右下角，使用填充柄工具向下复制公式便可以一次性得到所有总账科目名称，如图13-9所示。

图13-8 数据有效性效果图

图13-9 输入"总账科目"名称

步骤5：选取G4:G18单元格，切换到"数据"选项卡，在"数据工具"组中单击"数据验证"下三角按钮，在展开的下拉列表中选择"数据验证"选项，打开"数据验证"对话框。然后切换至"设置"选项卡，在"验证条件"设置选项中选择"允许"的选项条件为"序列"选项，然后在"来源"文本框中输入"=明细科目"，然后单击"确定"按钮完成设置，最后利用数据有效性下拉框填充相关数据。

步骤6：继续输入借方、贷方等数据，完成凭证输入表，如图13-10所示。

图 13-10 制作"凭证输入表"

13.3 制作资金平衡表

资金平衡表,反映工业企业某一日期(月末、季末、年末)全部资金来源和资金占用情况以及资金变动情况的资金类报表。工业企业的主要会计报表。它可以为企业经营管理提供有关的资金信息;了解企业资金占用结构及其合理程度;各项资金计划的执行结果;为企业主管部门和其他经济管理机关提供有关资金指标,便于国家进行宏观调控和对企业进行监督管理;为企业债权人、股东等提供有关资产偿债能力等信息,结合其他报表,从一个侧面检查企业账务处理正确与否,保证会计报表体系的完整性、正确性。

资金平行表主要分为两部分:资产类与负债类。通过 Excel 函数根据借方发生额与贷方发生额,并通过上月结余计算本月结余,实现资金平衡表制作。

13.3.1 创建资金平衡表

资产平衡表包括"科目名称""上月结余""借款发生额"等信息,具体创建过程如下所示。

步骤 1:打开"员工工资管理表",将 Sheet 3 工作表命名为"资金平衡表",输入标题,输入日期与单位,并输入"编号""科目名称""借或贷""上月结余"等标志项,对文本大小及表格边框进行设置,设置后的效果如图 13-11 所示。

步骤 2:输入科目编号、科目名称,输入上月结余,输入上月结余数据,注意控制表格宽度,居中字体。

步骤 3:选中 E4 单元格,在公式编辑栏里输入公式"=SUMIF(凭证输入表 !F:F,$B4,凭证输入表 !H:H)",按

图 13-11 建立"资金平衡表"

"Enter"键返回计算结果。再次选中E4单元格,将鼠标光标定位到该单元格右下角,使用填充柄工具向下复制公式至E16单元格,如图13-12所示。

步骤4:同样,选中F4单元格,在公式编辑栏里输入公式"=SUMIF(凭证输入表!F:F,$B4,凭证输入表!I:I)",按"Enter"键返回计算结果。再次选中F4单元格,将鼠标光标定位到该单元格右下角,使用填充柄工具向下复制公式至F16单元格。

步骤5:然后选中H4单元格,在公式编辑栏里输入公式"=ROUND(D4+E4-F4)",按"Enter"键返回即可计算出本月结余。再次选择H4单元格,将鼠标光标定位到该单元格右下角将鼠标光标定位到该单元格右下角,使用填充柄工具向下复制公式至H16单元格,如图13-13所示。

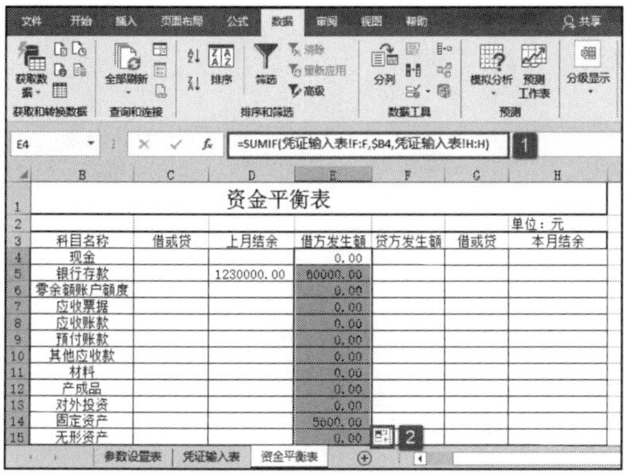

图13-12 统计"借方发生额" 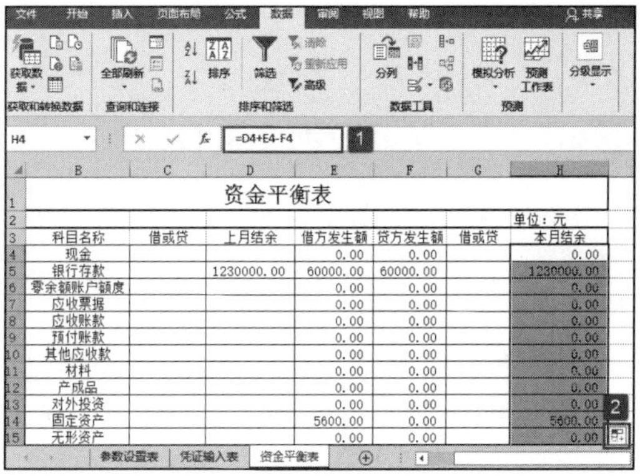　　图13-13 计算"本月结余"

步骤6:选择C4单元格,在公式编辑栏里输入公式"=IF(D4<0,"贷",IF(D4>0,"借",""))",按"Enter"键返回计算结果。然后再次选择C4单元格,将鼠标光标定位到该单元格右下角,使用填充柄工具向下复制公式至C17单元格,如图13-14所示。

步骤7:选择G4单元格,在公式编辑栏里输入公式"=IF(H4<0,"贷",IF(H4>0,"借",""))",按"Enter"键返回计算结果。然后再次选择G4单元格,将鼠标光标定位到该单元格右下角,使用填充柄工具向下复制公式至G16单元格,如图13-15所示。

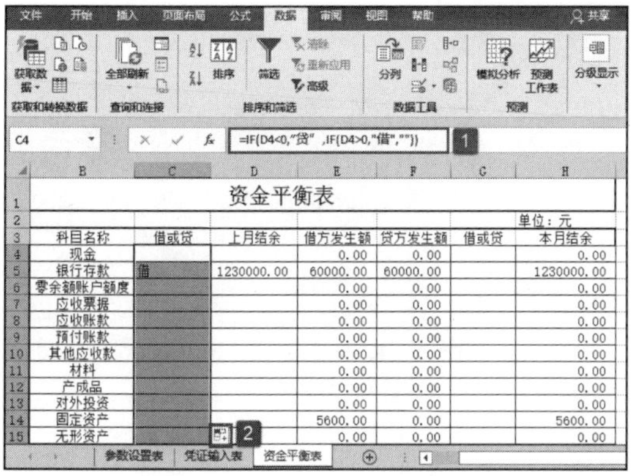

图13-14 计算借贷方向 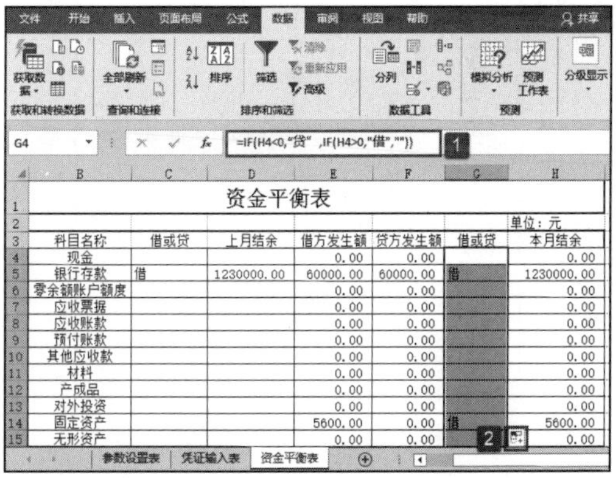　　图13-15 计算借贷方向

步骤8:选择D17单元格,在公式编辑栏里输入公式"=SUM(D4:D16)",按"Enter"键即可计算出资产合计类上月结余数据,如图13-16所示。

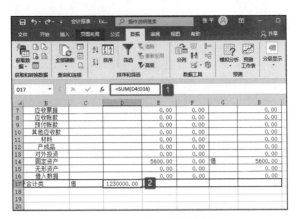

图 13-16 计算资产合计

13.3.2 修改数据小数位

在创建的数据中，有时需要添加小数位数，方便更准确地去统计数据并进行分析。其具体操作步骤如下所示。

步骤 1：打开资产平衡表，选择要添加小数位数的 C4:H17 单元格区域，切换至"开始"选项卡，单击"数字"组中的"数字格式对话框启动器"按钮，如图 13-17 所示。

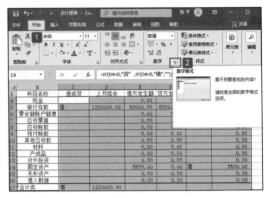

图 13-17 选择"数字"选项

步骤 2：随后会弹出"设置单元格格式"对话框，切换至"数字"选项卡，在"分类"列表下选择"数值"选项，设置"小数位数"为"0"，然后单击"确定"按钮，如图 13-18 所示。设置数值格式后的效果如图 13-19 所示。

图 13-18 设置数值格式

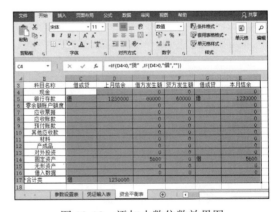

图 13-19 添加小数位数效果图

步骤 3：如果想增加小数位数或者减少小数位数，只需切换到"开始"菜单，单击"数字"选项里的"增加小数位数"或"减少小数位数"即可。

13.3.3 设置负债类科目

在资金平衡表里，设置负债类科目，并进行汇总计算。具体操作步骤如下所示。

步骤1：打开"资金平衡表"，继续输入负债类科目的数据，并复制借方发生额、贷方发生额、本月结余的公式到负债类科目的相对应的单元格中。

步骤2：因借贷方向不同，需重新设置借贷公式，选择C18单元格，在公式编辑栏里输入公式"=IF(D18<0,"借",IF(D18>0,"贷",""))"，按"Enter"键返回计算结果，然后再次选择C18单元格，将鼠标光标定位到该单元格右下角，使用填充柄工具向下复制公式至C35单元格，如图13-20所示。

步骤3：选择H18单元格，在公式编辑栏里输入公式"=D18+E18–F18"，按"Enter"键即可计算出负债类上月结余数据，如图13-21所示。

图13-20　统计借贷方向

图13-21　计算负债类上月结余数据

步骤4：选择D35单元格，然后在公式编辑栏里输入公式"=SUM(D18:D34)"，按"Enter"键即可计算出合计数据，如图13-22所示。

步骤5：单击H35单元格，然后在公式编辑栏里输入公式"=SUM(H18:H34)"，按"Enter"键即可返回结果。完成后，将数据设置成0位小数，方便统计，最终效果如图13-23所示。

图13-22　计算负债类合计数据

图13-23　负债类效果图

13.4　制作资产负债表

资产负债表通常有月报和年报两种格式。月末资产负债表反映企业或单位月末资产、负债、净资产、收入、支出的状况,而年末资产负债表反映企业或单位年末全部资产、负债和净资产的状况。资产负债表主要包括资产类、负债类、净资产类、收入类、支出类等部分。通过函数取得资金平行表中的相关数据,并对资产、负债两个大项进行平衡分析。

13.4.1 建立资产负债表

设置资产负债表中资产类的科目,并进行汇总计算,其具体操作步骤如下所示。

步骤1:打开"财务报表",将 Sheet4 表命名为"资产负债表",输入标题,输入资产与负债类信息,输入"科目编号""期初数""期末数"等项目,调整文本格式并添加边框,效果如图 13-24 所示。

步骤2:输入资产类科目编号与名称,完善资产负债表,效果如图 13-25 所示。

图 13-24 建立资产负债表项目标题

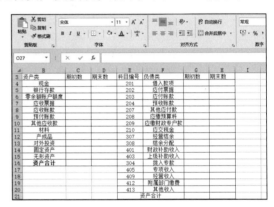

图 13-25 建立"资产负债表"

13.4.2 计算期初期末数

期初数是指期初已存在的账户余额,期末数为报告期的期末余额。期初余额以上期期末余额为基础,反映了以前期间的交易和上期采用的会计政策的结果。期初已存在的账户余额是由上期结转至本期的金额,或是上期期末余额调整后的金额。

在这里资产负债表中的期初期末数据,我们可以从资金平衡表里获取。具体计算期初数期末数如下所示。

步骤1:选择 C4 单元格,在公式编辑栏里输入公式"=VLOOKUP(B4,资金平衡表!B:H,3,0)",按"Enter"键即可返回计算结果,然后再次选择 C4 单元格,将鼠标光标定位到该单元格右下角,使用填充柄工具向下复制公式至 C15 单元格,即可计算出资产类的全部期初数,如图 13-26 所示。

步骤2:选择 D4 单元格,在公式编辑栏里输入公式"=VLOOKUP(B4,资金平衡表!B:H,7,0)",按"Enter"键即可返回计算结果,然后再次选择 D4 单元格,将鼠标光标定位到该单元格右下角,使用填充柄工具向下复制公式至 D15 单元格,即可计算出资产类的全部期末数,如图 13-27 所示。

步骤3:选择 C16 单元格,在公式编辑栏里输入公式"=SUM(C4:C15)",然后按"Enter"键即可计算出资产类期初数据合计,如图 13-28 所示。

步骤4:选择 D16 单元格,在公式编辑栏里输入公式"=SUM(D4:D15)",按"Enter"键即可计算出资产类期末数据合计,如图 13-29 所示。

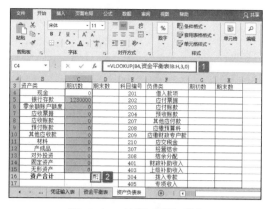

图 13-26 计算"期初数"

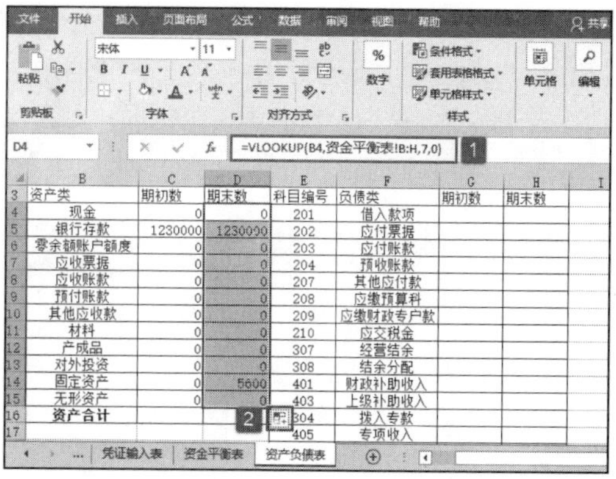

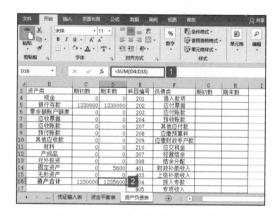

图 13-27 计算"期末数"

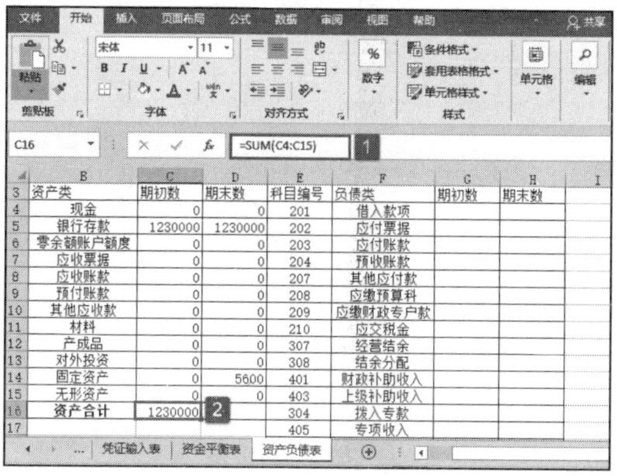

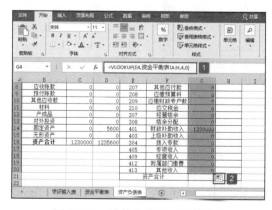

图 13-28 期初数据合计

图 13-29 统计"资产合计"数据

步骤 5：选择 G4 单元格，在公式编辑栏里输入公式"=VLOOKUP(E4,资金平衡表!A:H,4,0)"，按"Enter"键返回计算结果，然后再次选择 G4 单元格，将鼠标光标定位到该单元格右下角，使用填充柄工具向下复制公式至 G20 单元格，即可计算出负债类科目的期初数，如图 13-30 所示。

步骤 6：单击 H4 单元格，在公式编辑栏里输入公式"=VLOOKUP(E4,资金平衡表!A:H,8,0)"，按"Enter"键返回计算结果，然后再次选择 H4 单元格，将鼠标光标定位到该单元格右下角，使用填充柄工具向下复制公式至 H20 单元格，即可计算出负债类全部的期末数，如图 13-31 所示。

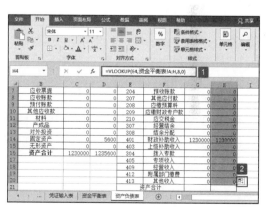

图 13-30 计算负债类"期初数"

图 13-31 计算负债类"期末数"

步骤 7：选择 G21 单元格，在公式编辑栏里输入公式"=SUM(G4:G20)"，然后按"Enter"键返回即可计算出资产类期初数据合计，如图 13-32 所示。

步骤 8：选择 H21 单元格，在公式编辑栏里输入公式"=SUM(H4:H20)"，然后按"Enter"键返回即可计算出资产类期末数据合计，如图 13-33 所示。

图 13-32　计算负债资产合计

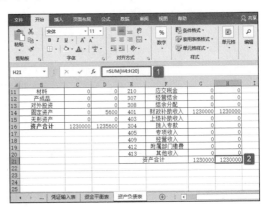

图 13-33　计算资产合计类数据

13.5　实战：制作收入支出表

收入支出表是反映企业单位在一定期间内的收入、支出、结余以及分配情况的会计报表，在一定程度上反映了企业单位资金流动情况，制作收入支出表应包含在财务报表里面。

13.5.1　创建收入支出表

收入支出表包含收入、支出、结余等项目，其具体创建过程如下所示。

步骤 1：打开"财务报表"，新建 Sheet 表并将表名称命名为"收入支出表"，输入标题"收入支出表"，输入日期与单位。

步骤 2：将表格规划成"收入""支出""结余"三个大项，在"收入"里设置"经营收入""拨入专款"等项目，在"支出"里设置"拨出经费""经营支出"等项目，在"结余"里设置"专项结余""经营结余""结余分配"等项目。对字体格式及边框进行调整。

步骤 3：输入相关的具体项目。选择 F5 单元格，然后在公式编辑栏里输入公式"=B5-D5"，然后按"Enter"键返回计算结果，如图 13-34 所示。

图 13-34　建立"收入支出表"

13.5.2　计算收支数据

在建立完基本的表格后，我们要对其数据进行简单的计算，并完善收入支出表，具体操作步骤如下所示。

步骤1：选择B10单元格，在公式编辑栏里输入公式"=SUM(B5:B9)"，然后按"Enter"键即可计算出收入小计，如图13-35所示。

步骤2：选择D10单元格，在公式编辑栏里输入公式"=SUM(D5:D9)"，然后按"Enter"键即可计算出支出小计，最终效果如图13-36所示。

图13-35　计算出收入小计

图13-36　统计支出小计

13.5.3　创建支出明细表

支出明细表是反映企业单位等各项支出项目构成明细情况的报表，是收入支出表的附表，各项目的合计数应当与"收入支出表"中的相应支出项目的各项数字一致。其具体的创建过程如下步骤所示。

步骤1：打开"财务报表"，新建Sheet表并将表名称命名为"支出明细表"，输入标题"支出明细表"，输入月份以及货币单位。在标志栏里输入文字"明细科目""本期数"，对字体格式与居中方式进行调整，并添加合适的边框。

步骤2：输入相关的明细条目，也可以从"收入支出表"相关的数据复制过来。

步骤3：输入表头，其中包含"项目""人员支出""设备购置费""业务费""招待费"以及其他项目等。在项目里输入"专项支出""经营支出""补助费"等。最终效果如图13-37所示。

图13-37　建立"支出明细表"

至此，会计报表就制作完成了，建立此类模板后每个月就可以对其输入数据了。

完成的会计报表，是企业财务报告的主要部分，是企业向外传递会计信息的主要手段，它是企业财务报告的主要部分，是企业向外传递会计信息的主要手段。

现在的会计报表是企业的会计人员根据一定时期（例如月、季、年）的会计记录，按照既定的格式和种类编制的系统的报告文件。随着企业经营活动的扩展，以及会计报表的使用者对会计信息的需求的不断增加，仅仅依靠几张会计报表提供的信息已经不能满足或不能直接满足他们的需求，因此需要通过报表以外的附注和说明提供更多的信息。

第14章
账务分析与处理

账务分析与处理，是对会计凭证、账簿、会计报表和账务相结合综合分析与处理的过程。掌握基本的 Excel 财务分析与处理的方式与步骤，并通过 Excel 2019 依据凭证进行数据录入，建立明确的会计科目表，是保证用户对财务数据进行客观分析处理的基础。

- 制作会计科目表
- 制作记账数据库
- 实战：创建杜邦分析图
- 财务分析处理基本过程

14.1 制作会计科目表

会计科目是按照经济业务的内容和经济管理的要求，对会计要素的具体内容进行分类核算的科目。会计科目按其所提供信息的详细程度及其统驭关系不同，又分为总分类科目和明细分类科目。前者是对会计要素具体内容进行总括分类，提供总括信息的会计科目，如"应收账款""原材料"等科目。后者是对总分类科目作进一步分类，以及提供更详细、更具体的会计信息科目，如"应收账款"科目按债务人名称设置明细科目，反映应收账款具体对象。

14.1.1 创建会计科目表

会计科目表作为 Excel 账务处理中的基本参数表，包括总账科目与明细科目两部分，具体创建操作步骤如下所示：

启动 Excel 2019，新建"空白工作簿"。并将其命名为"账务分析处理表"，重命名 Sheet1 工作表为"会计科目表"，在工作表标题中分别输入"编码""总账科目"，然后输入对应项目，并对文本格式及对齐方式进行调整，设置完成后的效果如图 14-1 所示。

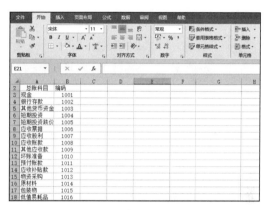

图 14-1 创建"会计科目表"

14.1.2 转置行列数据

在处理财务数据时，有时候需要将行的数据转置成列的数据或将列的数据转置成行的数据，这时，用户便可以利用 INDIRECT 公式来实现行列转置，具体操作步骤如下所示。

步骤 1：选择 C1 单元格，在公式编辑栏中输入公式"=INDIRECT("A"&COLUMN())"，按"Enter"键返回即可得到转置结果。再次选择 C1 单元格，将光标定位到该单元格右下角，使用填充柄工具向右复制公式至 R1 单元格，便可以一次性得到所有总账科目的转置数据，如图 14-2 所示。

步骤 2：单击 C2 单元格，在公式编辑栏中输入公式"=INDIRECT("B"&COLUMN())"，按"Enter"键返回即

图 14-2 转置"总账科目"数据

可得到转置结果。选中 C2 单元格，将光标定位到该单元格右下角，使用填充柄工具向右复制公式至 R2 单元格，便可以一次性得到所有编码的转置数据，如图 14-3 所示。

会计科目表建立完毕后，我们就可以根据财务数据进行输入相关的明细科目了。

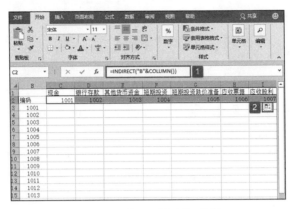

图 14-3 转置"编码"数据

14.2 制作记账数据库

记账数据库是指将汇总的记账凭证在工作表中进行登记、录入管理和操作，通过互联网直接进行记账的形式。制定记账数据库，可以作为财务分析处理的重要数据资料。

14.2.1 创建记账数据库

记账数据库包含"记账编号""凭证编号""凭证号"等项目，具体创建过程步骤如下所示。

步骤1：打开"财务分析处理表"，将Sheet 2表命名为"记账数据库"，输入"记账编号""凭证编号""凭证号""总账科目""明细科目"等标志项，并对文本格式及对齐方式进行调整，添加相应的表格边框，效果如图 14-4 所示。

步骤2：设置凭证类型有效性，选择E列，切换到"数据"选项卡，在"数据工具"组单击"数据验证"下三角按钮，在展开的下拉列表中选择"数据验证"选项，如图 14-5 所示。

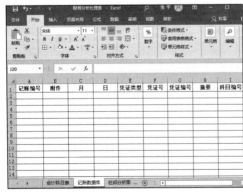

图 14-4 建立"记账数据库"

图 14-5 选择"数据验证"选项

步骤3：随后打开"数据验证"对话框，切换至"设置"选项卡，在"验证条件"选项中设置"序列"允许选项，然后在"来源"文本选择框出输入"现收，现付，银收，银付,转",最后单击"确定"按钮,完成数据验证设置,如图14-6所示。此时,单击单元格的右侧的按钮,在下拉框中即可看到设置的来源文字,如图14-7所示。

图14-6 设置数据验证

图14-7 "凭证类型"数据有效性

步骤4：利用数据有效性设置输入提示信息,选取F2:F3单元格区域,切换到"数据"选项卡,在"数据工具"组单击"数据验证"下三角按钮,在展开的下拉列表中选择"数据验证"选项打开"数据有效性"对话框。

步骤5：切换至"输入信息"选项卡,勾选"选定单元格时显示输入信息"复选框,在"输入信息"文本框里输入要显示的文本"输入凭证号",然后单击"确定"按钮,完成数据验证设置,如图14-8所示。当再次选择F2或F3单元格时,将显示提示信息"输入凭证号",如图14-9所示。

图14-8 设置输入提示信息

步骤6：在A2:F2单元格中输入对应的文本内容,然后选择G2单元格,在公式编辑栏里输入公式"=E2&F2",按"Enter"键返回设置凭证编号的计算公式,即将E2和F2单元格中的文本连在一起组合成凭证编号,如图14-10所示。如果需要整列都设置凭证编号公式,只需要再次选择G2单元格,将光标定位到该单元格右下角,使用填充柄工具直接进行复制就可以实现数据公式的填充。

图14-9 显示提示信息

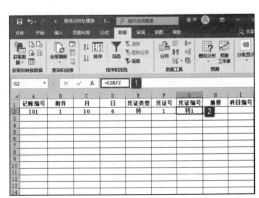

图14-10 设置"凭证编号"

14.2.2 设置二级数据有效性

二级数据有效性是使用定义名称和数据有效性的组合功能，第二级数据有效性根据第一级数据有效性的筛选结果生成数据列表。二级数据有效性可以先取目标区域，通过函数计算，在选项列表里显示相关信息数据，极大程度上简化了对于数目较多的一般数据有效性设置。具体设置操作步骤如下所示。

步骤1：打开"记账数据库"，切换至"公式"选项卡，在"定义的名称"组中单击"定义名称"下三角按钮，然后在展开的下拉列表中选择"定义名称"选项，如图14-11所示。

步骤2：随后会打开"新建名称"对话框，在"名称"文本框中输入"总账科目"，将范围设置为"工作簿"，引用位置设置为"会计科目表!$A$3:$A$18"，最后单击"确定"按钮，如图14-12所示。

图14-11 选择"定义名称"选项

步骤3：选择J列，切换到"数据"选项卡，在"数据工具"组单击"数据验证"下三角按钮，在展开的下拉列表中选择"数据验证"选项，如图14-13所示。

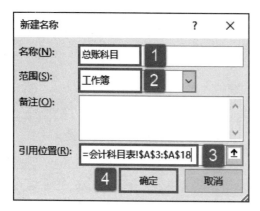

图14-12 设置"新建名称"

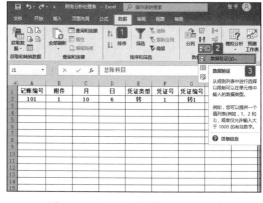

图14-13 选择"数据验证"选项

步骤4：打开至"设置"选项卡，在"验证条件"选项中设置为允许"序列"选项，然后在"来源"区域选择框中输入"=总账科目"，最后单击"确定"按钮，如图14-14所示。此时，J列单元格便有总账科目的数据内容了，如图14-15所示。

步骤5：根据用户实际需要输入其他文本内容，完成"记账数据库"。

对于部分单元格，可以利用格式刷进行操作，它可以复制某一单元格或区域的格式（字体、字号、行高、列宽等）应用于其他区域，可将上述单元格选中，单击"格式刷"按钮来取出所在位置或所选内容的文字格式，然后用这个刷子去刷别的单元格可实现文字格式的复制。但每次刷完后，格式刷就变成不可用了。如果希望重复复制格式，则需要不停地重复过程。也可以双击格式刷，将选定格式复制到多个位置。若要关闭格式刷，按ESC键或再次单击格式即可。

图 14-14　设置验证条件

图 14-15　二级数据有效性设置效果

14.3　实战：创建杜邦分析图

杜邦分析是利用几种主要的财务比率之间的关系来综合地分析企业的财务状况。具体来说，它是一种用来评价公司赢利能力和股东权益回报水平，从财务角度评价企业绩效的一种经典方法。其基本思想是将企业净资产收益率逐级分解为多项财务比率乘积，这样有助于深入分析比较企业经营业绩。由于这种分析方法最早由美国杜邦公司使用，故名杜邦分析法。创建杜邦分析图，可以将总体目标逐一细分为思维导图，能够快速、清晰地确定目标和方法。创建杜邦分析图的具体操作步骤如下所示。

步骤1：新建Sheet工作表，将工作表名称命名为"杜邦分析图"，选择A1:H1单元格区域，在"对齐方式"组中单击"合并后居中"按钮，输入标题内容"杜邦分析图"，然后设置字体为"宋体"，字号为"20"，然后选中D2:F2单元格区域，再次进行"合并后居中"操作，效果如图14-16所示。

图 14-16　输入表标题

步 骤 2：按住 CTRL 键，选 择 D2:F2、B5:C5、G5:H5、A8:B8、D8:E8、H8:I8、

A11、C11:D11、F11:G11、I11区域，切换至"开始"选项卡，在"字体"组单击"边框"下三角按钮，在展开的下拉列表里中选择"粗外侧框线"选项，如图14-17所示。设置后的效果如图14-18所示。

图14-17　选择边框线

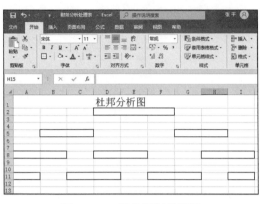

图14-18　粗外侧框线效果

14.3.1　绘制分析图流程线

创建完基本框架后，需要用流程线将各个框格连接起来，使图具有逻辑性，具体操作步骤如下所示。

步骤1：切换至"插入"选项，单击"插图"下三角按钮，在展开的下拉列表中单击"形状"按钮，然后在"线条"栏里选择"直线"选项，如图14-19所示。

步骤2：在工作表的合适位置绘制线条，绘制完所有直线后，按住CTRL键选择所有绘制的直线，切换至"格式"选项，单击"形状轮廓"下三角按钮，在展开的下拉列表中选择"深蓝色，文字2"主题颜色，然后单击"粗细"按钮，在展开的级联列表中选择"1.5磅"粗细，如图14-20所示。效果如图14-21所示。

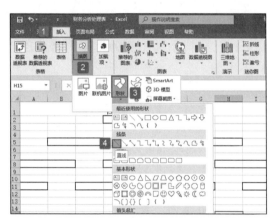

图14-19　选择直线线条

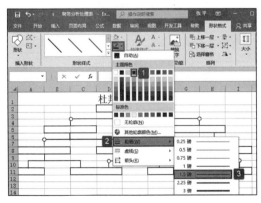

图14-20　更改线条格式

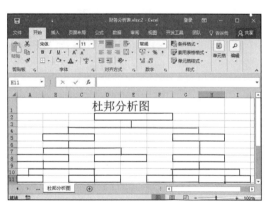

图14-21　绘制流程连接线

14.3.2 填制杜邦分析图数据

在创建完基础的杜邦分析图后,需要在相应的表格里填制数据,在各个框格里填制净资产收益率、总资产净利率等文本数据项,如图 14-22 所示。

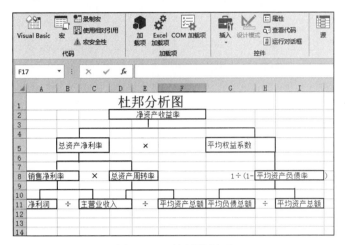

图 14-22 填制数据项

完成杜邦分析图后,用户就可以在图格里面填写之前计算的数据了,或者直接引用公司的原有的数据。

从企业绩效评价的角度来看,杜邦分析法只包括财务方面的信息,不能全面反映企业的实力,有很大的局限性,在实际运用中需要加以注意,必须结合企业的其他信息加以分析。

其局限性主要表现在:

(1)对短期财务结果过分重视,有可能助长公司管理层的短期行为,忽略企业长期的价值创造。

(2)财务指标反映的是企业过去的经营业绩,衡量工业时代的企业能够满足要求。但在目前的信息时代,顾客、供应商、雇员、技术创新等因素对企业经营业绩的影响越来越大,而杜邦分析法在这些方面是无能为力的。

(3)在目前的市场环境中,企业的无形知识资产对提高企业长期竞争力至关重要,杜邦分析法却不能解决无形资产的估值问题。

14.4 财务分析处理基本过程

对于财务分析与处理,还需要掌握一定的方式与技巧,对其做出合理的分析判断。

14.4.1 财务分析方式

财务分析的方法与分析工具众多,具体应用应根据分析者的目的而定。最经常用到的还是围绕财务指标进行单指标、多指标综合分析,再加上借用一些参照值(如预算、目标等),运用一些分析方法(比率、趋势、结构、因素等)进行分析,然后通过直观、人性化的格式（报表、图文报告等）展现给用户。具体方法如下所示：

（1）比较分析法

比较分析法，是通过对比两期或连续数期财务报告中的相同指标，确定其增减变动的方向、数额和幅度，来说明企业财务状况或经营成果变动趋势的一种方法。

（2）比率分析法

比率分析法是通过计算各种比率指标来确定财务活动变动程度的方法。比率指标的类型主要有构成比率、效率比率和相关比率三类。

（3）因素分析法

因素分析法是依据分析指标与其影响因素的关系，从数量上确定各因素对分析指标影响方向和影响程度的一种方法。

因素分析法具体有两种：连环替代法和差额分析法。

14.4.2　Excel 财务分析的步骤

财务分析是一个循环渐进的过程，在 Excel 2019 中，进行财务分析需要遵循一定的步骤阶段：

1. 设计报表格式

要以现行财务报表为基础，然后在项目上进行一些必要的调整，如增加变动成本、贡献毛益、固定成本、税息前利润、速动资产、长期资产等。需要注意：如果采用自动填列财务数据的方法，调整的项目必须列于会计软件或 Excel 模板提供的报表之下，以免自动填列财务数据时对不上行次。

2. 针对主栏，增设必要栏目

包括本期数栏、上期数或计划数栏、行业平均数栏、比较栏，比较栏可分绝对数与相对数，即差额和百分比。当然，为了清晰起见，栏目也不要设置过多，可以将不同的比较内容置于同一工作簿的不同工作表中。

3. 针对主栏，确定分析指标

一要注意指标的内容，可以根据企业具体需要确定。如经济效益综合指标体系、杜邦财务分析体系、破产测试比率体系，另外可以考虑增加利息保证倍数、现金比率、固定比率、固定长期适合率等指标。

二要注意指标的位置，必须在给定的报表格式之下。在确定分析指标时，要遵循以下原则：（1）要根据各种分析目的确定指标。（2）分析指标也有一个与国际接轨的问题。如美国邓氏公司的 14 种比率；美国《报表研究》年刊中登载的 11 种比率；再如国际著名评估机构的评估指标，都可纳入其中。（3）不仅要考虑目前需要，而且要考虑未来需要。科学技术的迅猛发展，知识经济的出现，在财务指标上必须有较大的创新。（4）为了避免未来损失，应该尽可能将可能需要的指标纳入其中，另一方面，指标不能太多太滥，以免喧宾夺主。

4. 录入计算公式

要迅速、及时地计算财务指标，就要事先将每个计算公式录入到某一个单元格中。这里需要注意的问题：一是公式的位置，必须与要计算的指标在同一行；二是公式的写法，如果引用其他单元格的资料要用该单元格的地址来表示，至于用绝对单元格还是用相对单元格则视需要而定。一般说来用相对单元格即可。

5. 填列财务数据

填列报表数据有两种方法：一是手工录入，二是自动生成。其中自动生成又分两种情况，一是利用电算会计报表，其基本做法是首先调出电算会计报表文件。然后另存为.Excel 文件，接着保存、关闭，最后再用 Excel 调出所另存的文件即可。H 是利用数据库，其基本做法是首先在 Excel 下调出数据库文件，然后输入分析内容，最后另存。具体过程为：Excel——打开文件——文件名（.dbf 后缀）——输入指标和公式——另存——文件名——保存。

需要说明，在 Excel 程序中，一般装有工业、商业、旅游业、运输业、金融业等几个行业财务报表模板，具体包括资产负债表、损益表、利润分配表、财务状况变动表。如果手工输入，应该先打开某报表模板，然后录入原始数据，生成报表后，再复制到分析文件中。这种方法的特点是无须计算流动资产、固定资产净值、资产总值、负债总额等合计栏，由系统自动生成。但是由于财务状况变动表已被现金流量表所取代，故现金流量表需自行编制或自制模板。如果是施工、房地产、股份制、外商投资等企业，由于系统未提供各种报表模板，企业也应自制。

6. 生成分析结果

当完成了上述步骤后，各分析指标的结果就自动生成了。如果为了直观，还可以将结构分析、趋势分析的结果在图表中反映出来。

7. 采取保护措施

为了防止已输入单元格中的公式被误删、误改，或人为篡改，同时为了防止报表数据的泄密和修改，以及工作表下次继续使用，可以将分析表的格式即各项目单元格和带有公式的单元格设定密码保护。

最后，需要注意，如果原来设计的栏次、指标不敷应用，则也可对财务报表进行调整，增加主栏或增加宾栏，追加分析项目。但设定保护后，必须撤销对工作表的保护，修改后还要对文件重新命名。

第15章

企业往来账务处理

企业的持续发展离不开财务工作的精细管理，往来账务处理是财务工作的重要组成部分。企业之间的往来账务是企业在生产经营过程中发生业务往来而产生的应收和应付款项。随着市场经济的繁荣和发展，企业开始注重资金管理和成本管理，往往忽略了对往来账务的管理。但是，在流动资产中往来账款的流动性仅次于货币资金，而因其发生频率高，针对性较强，在企业的管理中容易出错，因此，企业必须加强对往来账务的管理。

- 完善应收账款数据
- 使用"排序"功能分析应收账款
- 使用Excel中的筛选功能分析应收账款
- 分类汇总应收账款
- 实战：使用排序和汇总功能分析应收账款账龄

15.1 完善应收账款数据

在完善应收账款数据之前需要了解应收账款是怎么产生的，它具体指的又是什么？

应收账款是伴随企业的销售行为发生而形成的一项债权。具体说，应收账款是指企业在正常的经营过程中因销售商品、产品、提供劳务等业务，应向购买单位收取的款项，包括应由购买单位或接受劳务单位负担的税金、代购买方垫付的各种运杂费等。它表示的是企业在销售过程中被购买单位所占用的资金。

应收账款主要包括一级科目、二级科目、期初余额、本期发生额以及期末余额等内容。表格中的某些项目，可能从已有的数据表中引用或通过计算得到。在 Excel 2019 中，当公式中需要引用到其他工作表中的数据时，可以使用名称。本节将以文件"应收账款数据.xlsx"工作簿为例详细介绍名称的定义和使用。

15.1.1 定义名称

在 Excel 2019 中，对于某一个单元格区域，可以给它指定一个特定的名称，如果涉及需要在公式中引用该单元格区域，则可以直接引用该单元格区域的名称。在 Excel 2019 中，名称的创建通常有两种方法：第一种是使用对话框创建名称；第二种是直接使用名称框。此外，还可以根据选定内容创建常量名称，下面我们具体来介绍一下。

1. 使用对话框创建名称

Excel 2019 中的名称根据范围来划分有工作簿级和工作表级的名称，工作簿级的名称在整个工作簿中有效，如果是工作表级的名称则只在当前工作表中才有效，默认的名称为工作簿。使用"新建名称"对话框定义时可以指定名称的范围，具体操作方法如下。

步骤1：打开"应收账款数据.xlsx"工作簿，切换到"期初余额"工作表，在"公式"选项卡中的"定义的名称"组中单击"定义名称"下三角按钮，在展开的下拉列表中选择"定义名称"选项，如图 15-1 所示。

步骤2：在弹出的"新建名称"对话框中的"名称"框中输入名称"Data1"，然后单击"引用位置"右侧的单元格引用按钮，如图 15-2 所示。

图 15-1　单击"定义名称"按钮

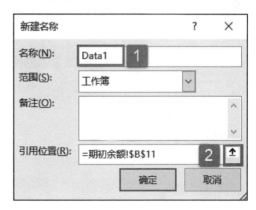

图 15-2　输入名称

步骤3：此时"新建名称"对话框会折叠显示，选择名称所包含的单元格区域，如

"期初余额"工作表中的 A2:G10,如图 15-3 所示。

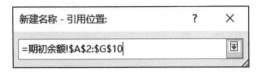

图 15-3 选择单元格区域

步骤 4:返回"新建名称"对话框,单击"确定"按钮,如图 15-4 所示。

步骤 5:当选定单元格区域 A2:G10 时,名称框中会显示已定义的名称 Data1,如图 15-5 所示。

图 15-4 单击"确定"按钮

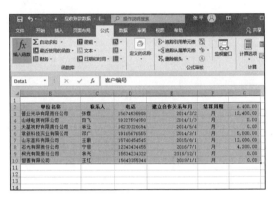

图 15-5 显示名称

2. 使用名称框定义名称

选定要定义名称的单元格区域,如 B2:B10 单元格区域,在编辑栏左侧的名称框中输入名称"客户名称",即可完成名称的定义,如图 15-6 所示。

3. 根据选定内容创建名称

除了前面介绍的两种定义名称的方法,Excel 2019 还支持根据用户选定的内容来创建名称。这种方法通常用于对表格的列区域或行区域创建名称,而且默认的名称可以显示在表格的首行或首列。根据选定内容创建名称的操作步骤如下所示。

步骤 1:打开"应收账款数据.xlsx"工作簿,切换到"应收账款数据清单"工作表,选择单元格区域,通常可以是表格的某一列,包含列标题,如选择 C1:C33 单元格区域,其中 C1 为列标题,如图 15-7 所示。

图 15-6 在名称框中输入名称

图 15-7 选择单元格区域

步骤2：在"公式"选项卡中的"定义的名称"组中单击"根据所选内容创建"按钮，如图15-8所示。

步骤3：在"以选定区域创建名称"对话框中勾选"首行"复选框，单击"确定"按钮，如图15-9所示。

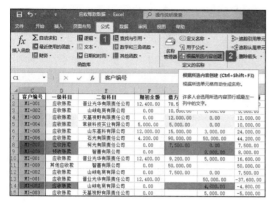

图15-8 单击"根据所选内容创建"按钮

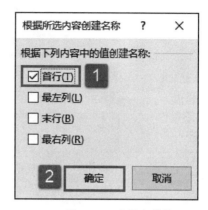

图15-9 选择名称值

步骤4：重新选择单元格区域C2:C33，此时名称框中会显示名称值为"客户编号"，如图15-10所示。

注意：在使用选定内容创建名称时，如果希望表格的首行或首列内容为名称，则在选择单元格区域时，需要包含标题，但是名称区域却不包含标题所在的单元格。例如图15-10中，"客户编辑"名称包含的单元格区域为C2:C33，不包含单元格C1。

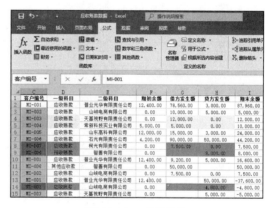

图15-10 查看名称

15.1.2 使用"名称管理器"管理名称

当工作簿中包含多个名称时，可以使用"名称管理器"来管理名称，在"名称管理器"对话框中，用户可以根据需要对工作表的名称进行新建、编辑和删除操作。

步骤1：打开"应收账款数据.xlsx"工作簿，切换到"期初余额"工作表，在"公式"选项卡中的"定义的名称"组中单击"名称管理器"按钮打开"名称管理器"对话框。此时该对话框中会显示当前工作簿中已定义的名称，如需新建名称，可直接单击"新建"按钮，如图15-11所示。

步骤2：此时会打开"新建名称"对话框，如图15-12所示。

步骤3：除此之外，我们也可以在"名称管理器"对话框中编辑名称，选定

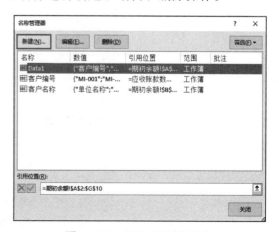

图15-11 选择"新建"按钮

要编辑的名称，如"客户编号"，然后单击"编辑"按钮，如图 15-13 所示。

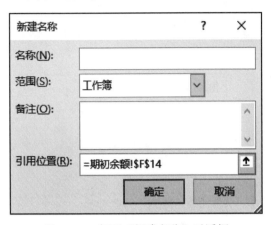

图 15-12 打开"新建名称"对话框

图 15-13 选择"编辑"命令

步骤 4：随后打开"编辑名称"对话框，用户可以重新修改该名称，如图 15-14 所示。

步骤 5：如果要删除名称，首先需要选择要删除的名称，如"客户编号"，单击"删除"按钮，如图 15-15 所示。

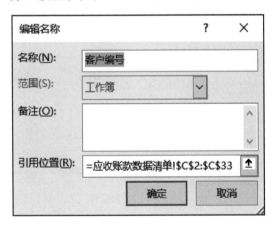

图 15-14 "编辑名称"对话框

图 15-15 单击"删除"按钮

步骤 6：随后屏幕上会弹出提示对话框提示用户是否删除，单击"确定"按钮，如图 15-16 所示。

步骤 7：此时"名称管理器"对话框中已删除"客户编号"名称，如图 15-17 所示。

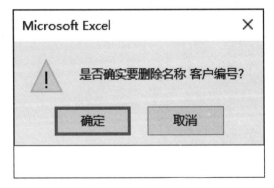

图 15-16 确定删除

图 15-17 已删除名称

15.1.3 在公式中使用名称

在公式中使用名称比直接引用单元格区域具有很多的优点，可以避免公式过于冗长，过于复杂，还可以增强公式的可读性，而且使公式的录入相对更加简便，具体操作步骤如下。

步骤1：打开"应收账款数据.xlsx"工作簿，切换到"应收账款数据清单"工作表，如果用户能够记清要引用的单元格区域的名称，在输入公式时可直接输入名称作为参数，如在单元格E2中输入公式"=VLOOKUP(C2,data1,2,FALSE)"，按下"Enter"后得到如图15-18所示的计算结果。

步骤2：使用自动填充功能将二级科目列表填充完整，如图15-19所示。

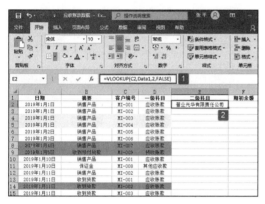

图 15-18　在公式中直接输入名称

图 15-19　填充 E 列

步骤3：在单元格F2中输入公式"=VLOOKUP(C2,data1,7,FALSE)"，按下"Enter"键后，使用填充柄工具向下复制公式得到如图15-20所示的结果。

步骤4：在单元格I2中输入公式"=IF(D2="预收账款",F2+H2-G2,F2+G2-H2)"，按下"Enter"键后，使用填充柄工具向下复制公式计算出期末余额数据，如图15-21所示。

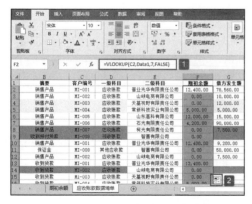

图 15-20　设置公式引用期初余额

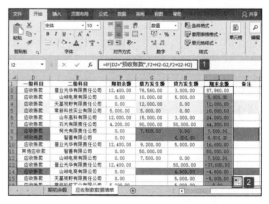

图 15-21　设置公式计算期末余额

15.1.4 定义和使用三维名称计算全年销量

在工作簿中定义三维名称，可以引用多个工作表中的相同区域。请打开实例文件"全年销量统计.xlsx"工作簿。例如，分别在"一季度""二季度""三季度"和"四季度"

的单元格区域 B2:B4 中存放了该年度各月的销量，现要在"全年合计"工作表的单元格 B2 中计算全年销量。

步骤 1：在"公式"选项卡中的"定义的名称"组中单击"定义名称"下三角按钮，在展开的下拉列表中选择"定义名称"选项打开"新建名称"对话框，在"名称"框中输入"全年销量"，清除"引用位置"区域默认的内容，只保留等号，单击"一季度"工作表标签，按住"Shift"，单击要选择的最后一个工作表标签"四季度"，然后再选择单元格区域 B2:B4，此时"引用位置"中的公式如图 15-22 所示，然后单击"确定"即可。

步骤 2：切换到"全年合计"工作表，在单元格 B2 中输入"=SUM(全年销量)"，结果如图 15-23 所示。

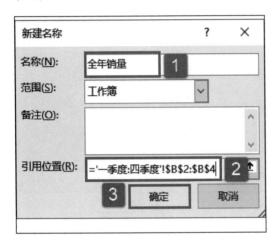

图 15-22　定义三维名称

图 15-23　应用三维名称

15.2　使用"排序"功能分析应收账款

在 Excel 2019 中，用户可以根据一定的规则对数据进行排序。排序的依据通常有单元格值、单元格颜色、文字颜色和单元格图标等，最常见的是对单元格内容（值）进行排序。根据排序的复杂程度又分为简单排序、多关键字排序和自定义排序。

15.2.1　简单排序

简单的排序就是指在排序的时候，设置单一的排序条件，将工作表中的数据按照指定的某一种数据类型进行重新排序，比如单一的升序或降序排序。请打开实例文件"企业排序数据 .xlsx"工作簿。

1. 升序排序

步骤 1：单击要排序的列的任意数据单元格使之成为当前单元格，如 I2 单元格，在"数据"选项卡中的"排序和筛选"组中单击"升序"按钮，如图 15-24 所示。

步骤 2：随后，表格按照"期末余额"由小到大的顺序排列，如图 15-25 所示。

2. 降序排序

如果要对"期末余额"数据按从大到小的顺序排列，则需要使用"降序排序"命令。

步骤1：选择"期末余额"列的任意数据单元格，如 I2 单元格，在"数据"选项卡中的"排序和筛选"组中单击"降序"按钮，如图 15-26 所示。

步骤2：随后，表格按照"期末余额"数据从大到小的顺序排列，如图 15-27 所示。

图 15-24　选择升序命令　　　　　　图 15-25　升序结果

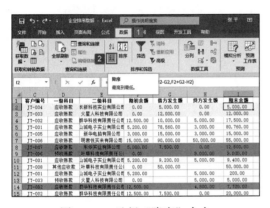　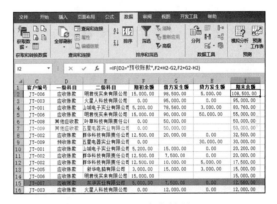

图 15-26　选择"降序"命令　　　　　　图 15-27　降序结果

如果用户在执行排序操作时，没有选择数据区域的单元格，屏幕上会弹出图 15-28 所示的提示对话框，这时我们需要单击"确定"按钮，重新选择当前单元格。

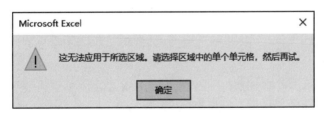

图 15-28　错误提示对话框

15.2.2　多关键字排序

多关键字排序，也可称为复杂的排序，也就是按多个关键字对数据进行排序。在"排序"对话框中，用户除了可以添加多个关键字外，还可以设置排序的依据和次序。请打开实例文件"企业排序数据.xlsx"工作簿。

1. 按值设置多关键字排序

在大多数情况下，用户都是按照单元格的值设置关键字进行排序，操作步骤如下：

步骤 1：选择数据表内任意一个数据单元格，在"数据"选项卡中单击"排序和筛选"组中的"排序"按钮，打开"排序"对话框，如图 15-29 所示。

步骤 2：在"排序"对话框中单击"主要关键字"右侧的下三角按钮，在展开的下拉列表中选择"期初余额"选项，如图 15-30 所示。

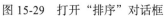

图 15-29　打开"排序"对话框　　　　　　　　图 15-30　选择主要关键字

步骤 3：设置好主要关键字后，单击"排序"对话框中的"添加条件"按钮，如图 15-31 所示。

步骤 4：单击"次要关键字"下三角按钮，在展开的下拉列表中选择"期末余额"选项，如图 15-32 所示。

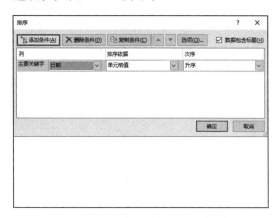

图 15-31　单击"添加条件"按钮　　　　　　　图 15-32　选择次要关键字

步骤 5：再次单击"添加条件"按钮，单击新增的"次要关键字"下三角按钮，在展开的下拉列表中选择"日期"，如图 15-33 所示。

步骤 6：此时各关键字排序的次序均为默认的"升序"，单击"确定"按钮，如图 15-34 所示。

步骤 7：单击"确定"按钮后，返回工作表，此时按"期初余额"为主关键字，"期末余额"为次关键字，"日期"为第二次关键字排序结果如图 15-35 所示。

步骤 8：还可以直接在"排序"对话框中更改关键字的次序，例如，单击选择次要关键字"期末余额"，然后单击"上移"按钮，如图 15-36 所示。

步骤 9：单击选中次要关键字"日期"，单击"删除条件"按钮，如图 15-37 所示。

步骤 10：此时"排序"对话框中只有两个关键字了，而且主要关键字更改为"期末余额",单击"确定"按钮,如图 15-38 所示。

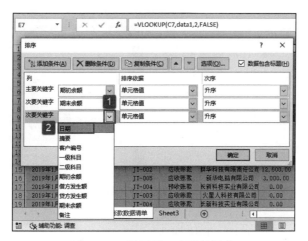

图 15-33 设置第二次要关键字

图 15-34 单击"确定"按钮

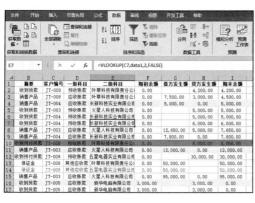

图 15-35 排序结果

图 15-36 更改关键字次序

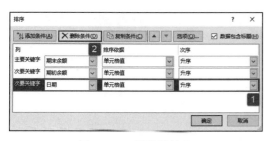

图 15-37 删除关键字

图 15-38 更改关键字后的"排序"对话框

步骤 11：排序结果。此时按"期末余额"为主关键字,"期初余额"为次关键字排序结果如图 15-39 所示。

2. 按单元格格式排序

在 Excel 2019 中,除了以"数值"为默认的排序依据外,还可以将"单元格颜色""字体颜色""单元格图标"等格式设置为排序依据。接下来以"单元格颜色"为排序依据,以"期末余额"为主要关键字进行排序。

步骤 1：打开"企业排序数据"工作簿,在"数据"选项卡中单击"排序和筛选"组中的"排序"按钮,打开"排序"对话框,从"主要关键字"下拉列

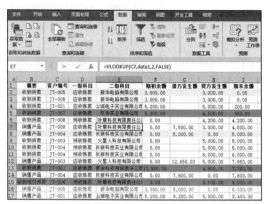

图 15-39 排序结果

表中选择"期末余额",单击"排序依据"下三角按钮,在展开的下拉列表中单击"单元格颜色"选项,如图 15-40 所示。

步骤 2：单击"次序"按钮右侧的下三角按钮,在展开的下拉列表中选择要显示在顶端的颜色,如"蓝色",如图 15-41 所示。

图 15-40 选择排序依据

图 15-41 设置顶端颜色

步骤 3：最后在"排序"对话框中单击"确定"按钮,如图 15-42 所示。

步骤 4：返回工作表中,此时按单元格颜色排序结果如图 15-43 所示,蓝色的单元格在顶端。

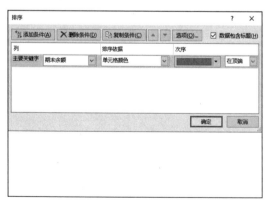

图 15-42 单击"确定"按钮

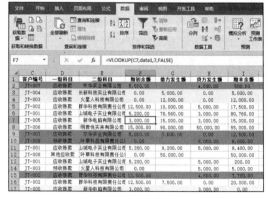

图 15-43 排序结果

15.2.3 自定义排序

除了按照升序、降序对数据进行排序外,Excel 还允许用户按自定义序列进行排序。

例如，对应收账款数据表可以对"一级科目"按照"应收账款、其他应收款、预收账款"的顺序排序，接下来请打开实例文件"企业排序数据.xlsx"工作簿，将详细讲解自定义排序的应用。

步骤1：切换至"应收账款数据清单"工作表，任意选择工作表中的一个数据单元格，在"数据"选项卡中单击"排序和筛选"组中的"排序"按钮打开"排序"对话框。单击"次序"按钮右侧的下三角按钮，在展开的下拉列表中选择"自定义序列"选项，如图15-44所示。

图15-44　选择"自定义序列"

步骤2：随后打开"自定义序列"对话框，在"输入序列"框中依次输入"应收账款""其他应收款"和"预收账款"，然后单击"添加"按钮，如图15-45所示。

步骤3：随后输入的序列被添加到"自定义序列"列表框底部，单击"确定"按钮，如图15-46所示。

图15-45　输入序列

图15-46　单击"确定"按钮

步骤4：返回"排序"对话框，此时"次序"框中显示之前输入的自定义序列，单击"主要关键字"按钮右侧的下三角按钮，在展开的下拉列表中选择"一级科目"选项，然后单击"确定"按钮，如图15-47所示。

图15-47　选择主要关键字

步骤5：返回工作表中，此时表格以"一级科目"为关键字，按照"应收账款、其他应收款、预收账款"的顺序排列，排序结果如图15-48所示。

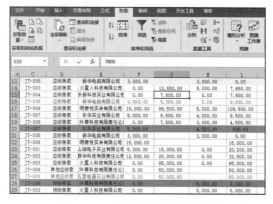

图15-48 自定义序列排序结果

15.3 使用Excel中的筛选功能分析应收账款

在上面的两个小节中，已经讲解了如何通过定义名称和使用排序功能对应收账款进行管理，接下来将具体讲解如何通过筛选功能来分析应收账款。Excel 2019的数据筛选通常包括：自动筛选、自定义筛选以及高级筛选3种方式。

15.3.1 自动筛选

自动筛选一般用于简单的条件筛选，筛选时将不满足条件的数据暂时隐藏起来，只显示符合条件的数据。请打开实例文件"企业筛选数据.xlsx"工作簿。

步骤1：在"企业筛选数据.xlsx"工作簿中切换到"应收账款数据清单"工作表，单击要筛选列的任意数据单元格，如单元格E2，在"数据"选项卡中单击"排序和筛选"组中的"筛选"按钮，如图15-49所示。

步骤2：随后表格的标题行单元格右侧会显示自动筛选下三角按钮，单击"二级科目"单元格右侧的筛选按钮，在展开的筛选列表中取消勾选"(全选)"复选框，如图15-50所示。

图15-49 单击"筛选"按钮

图15-50 取消勾选"全选"复选框

步骤3：在筛选下拉列表中勾选要显示的项目，如"三叶草科技有限责任公司"复选框，单击"确定"按钮，如图15-51所示。

步骤4：此时工作表中只显示"二级科目"为"三叶草科技有限责任公司"的行，而将其余的行隐藏，如图15-52所示。

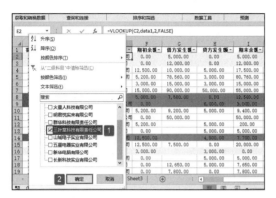

图15-51　勾选筛选项

图15-52　筛选结果

在对数据进行自动筛选后，如果要显示全部的数据，只需要再次单击"排序和筛选"组中的"筛选"按钮即可撤销筛选操作，取消显示筛选下三角按钮，并显示出全部的行。

15.3.2　自定义自动筛选方式

通过自定义筛选，能够设置比较复杂的筛选条件。要设置多个条件进行筛选，可以通过"自定义自动筛选方式"对话框进行设置，从而得到更为精确的筛选结果。常见的自定义筛选方式有：筛选文本、筛选数字、筛选日期或时间、筛选最大或最小数字、筛选平均数以上或以下的数字、筛选空值或非空值以及按单元格或字体颜色进行筛选。请打开实例文件"企业筛选数据.xlsx"工作簿，切换到"应收账款数据清单"工作表。

1. 筛选文本

对于文本值，通常的自定义筛选方式有："等于""不等于""开头是""结尾是""包含"和"不包含"等选项，用户可以根据实际需要选择最适合的筛选方式。以应收账款数据为例，假如要筛选出"火星人科技有限公司"和"山城电子实业有限公司"的数据行，操作步骤如下。

步骤1：：在"企业筛选数据.xlsx"工作簿中切换到"应收账款数据清单"工作表，选择E2单元格，在"数据"选项卡中单击"排序和筛选"组中的"筛选"按钮，随后在标题行的单元格中便会显示筛选下三角按钮，如图15-53所示。

步骤2：单击"二级科目"单元格右侧的筛选按钮，从筛选列表中选中"文本筛选"选项，然后在级联下拉列表中选择"等于"选项，如图15-54所示。

步骤3：随后会打开"自定义自动筛选方式"对话框，单击"二级科目"下方选择框右侧的下三角按钮，在展开的下拉列表中选择"等于"选项，然后在右侧的选择框中选择"火星人科技有限公司"选项，如图15-55所示。

步骤4：选中"或"单选按钮，在下方的关系选择框中选择"等于"选项，并设置筛选条件为"山城电子实业有限公司"选项，然后单击"确定"按钮，如图15-56所示。

图 15-53 显示筛选按钮

图 15-54 选择"等于"选项

图 15-55 设置第一筛选条件

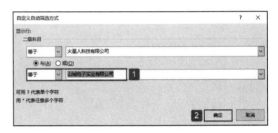

图 15-56 设置第二筛选条件

步骤 5：返回工作表中，此时筛选结果将显示"二级科目"为"火星人科技有限公司"或者是"山城电子实业有限公司"的行，如图 15-57 所示。

2. 使用运算符筛选数字

数字类型的数据，通常的筛选方式有"等于""不等于""大于""大于或等于""小于""小于或等于"和"介于"等。例如要筛选出"期初余额"在 5000～10000 之间的数据，具体操作步骤如下。

步骤 1：在"企业筛选数据.xlsx"工作簿中切换到"应收账款数据清单"工作表，在"数据"选项卡中单击"排序和筛选"组中的"筛选"按钮，在标题行的单元格中显示筛选下三角按钮。单击"期初余额"文本框右侧的筛选按钮，在筛选列表中选择"数字筛选"选项，然后在下级下拉列表中选择"介于"选项，如图 15-58 所示。

图 15-57 筛选结果

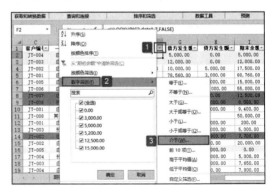

图 15-58 单击"介于"选项

步骤 2：设置筛选的数值"大于或等于"数值"5000"，并且"小于或等于"数值"10000"，然后单击"确定"按钮，如图 15-59 所示。

步骤3：返回工作表中，筛选结果如图15-60所示。

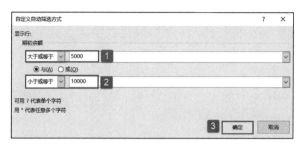

图15-59　设置筛选条件

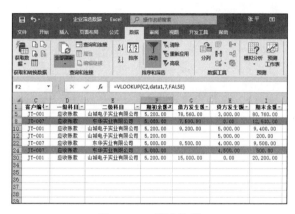

图15-60　筛选结果

步骤4：如果要撤销对期初余额的筛选，请再次单击"期初余额"单元格的筛选按钮，在筛选列表中选择"从'期初余额'中清除筛选"选项即可，如图15-61所示。

步骤5：此时工作表中又会显示所有的行，并且同样会显示筛选下三角按钮，如图15-62所示。

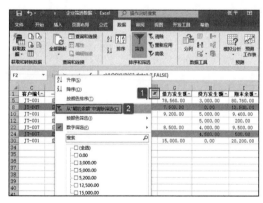

图15-61　从列中清除筛选

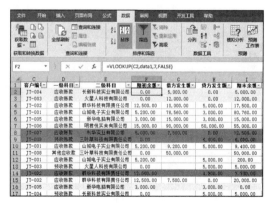

图15-62　显示全部行

3. 筛选前 N 个最值

对于数字，除了可以使用前面介绍的"大于""小于"等运算符来设置筛选条件外，还可以根据最值来筛选，如筛选前10项最大值，或筛选前5项最小值。

步骤1：在"企业筛选数据.xlsx"工作簿中切换到"应收账款数据清单"工作表，在"数据"选项卡中单击"排序和筛选"组中的"筛选"按钮，在标题行的单元格中显示筛选下三角按钮,单击"期初余额"筛选按钮,在筛选下拉列表中单击"数字筛选"选项,然后在下级下拉列表中单击"前10项"选项,如图15-63所示。

步骤2:在弹出的"自动筛选前10个"对话框中,设置筛选条件为"最大"选项,然后在中间的调节框中输入0以外的整数,如11,然后单击"确定"按钮,如图15-64所示。

步骤3:此时,表格中将显示"期初余额"最大的11项,同时在状态栏中也会显示筛选出的数量提示,如图15-65所示。

步骤4:单击"期初余额"筛选按钮,在筛选列表中选择"从'期初余额'中清除筛选"选项,如图15-66所示。

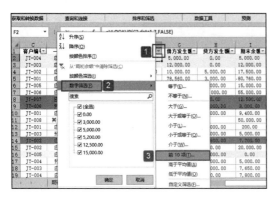

图15-63　选择筛选方式

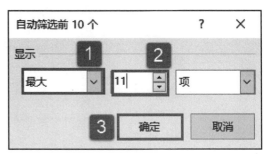

图15-64　设置筛选选项

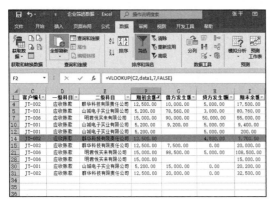

图15-65　筛选结果

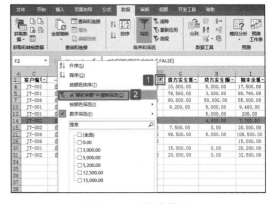

图15-66　清除筛选

步骤5:单击"期末余额"筛选按钮,在筛选下拉列表中选择"数字筛选"选项,然后在下级下拉列表中选择"前10项"选项,如图15-67所示。

步骤6:随后打开"自动筛选前10个"对话框,设置筛选条件为"最小"选项,然后在中间的调节框中输入"5",然后单击"确定"按钮,如图15-68所示。

步骤7:随后筛选出期末余额最小的5项数据,如图15-69所示。

4.筛选高于或低于平均值的数据

还可以以平均值作为数据的基准点,筛选出高于或低于平均值的数据。例如,要筛选出"期末余额"高于平均值的数据,具体操作方法如下。

步骤1:从"期末余额"中清除筛选显示所有行,单击"期末余额"筛选按钮,在筛选下拉列表中选择"数字筛选"选项,然后在下级下拉列表中选择"高于平均值"选项，如图 15-70 所示。

图 15-67　筛选"期末余额"

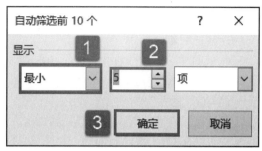

图 15-68　筛选设置

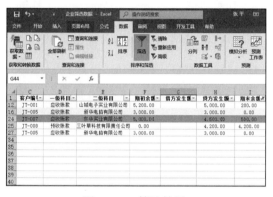

图 15-69　筛选结果

图 15-70　单击"高于平均值"选项

步骤 2：此时工作表中会显示"期末余额"大于平均值的 8 项，如图 15-71 所示。

5. 筛选空值或非空值

有时出于某种需要，可能需要筛选出空白单元格或非空白的单元格。例如，要筛选出"借方发生额"为空白的数据项，具体操作方法如下。

步骤 1：在"企业筛选数据.xlsx"工作簿中切换到"应收账款数据清单"工作表，在"数据"选项卡中单击"排序和筛选"组中的"筛选"按钮，在标题行的单元格中显示筛选下三角按钮，单击"借方发生额"筛选按钮，在筛选下拉列表中选择"数字筛选"选项，然后在下级下拉列表中选择"自定义筛选"选项，如图 15-72 所示。

图 15-71　筛选结果

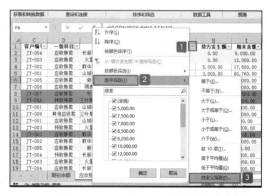

图 15-72　选择"自定义"筛选

步骤2：随后打开"自定义自动筛选方式"对话框，在"借方发生额"选择框中选择"等于"选项，右侧的下拉列表中默认为空，然后单击"确定"按钮，如图15-73所示。

步骤3：筛选结果如图15-74所示。

6. 筛选日期

对于日期类型的数据，Excel 提供了更多灵活的筛选方式。如可以是"等于""之前""之后"的某个日期范围；也

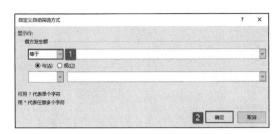

图15-73　设置筛选方式

可以直接是"今天""明天"等具体的某一天；还可以以"周""月""季度"和"年"作为筛选时间单位，如"上周""本月""下季度""去年"等。假如要筛选出"2019年1月4日"之前的数据，则可以如下操作。

步骤1：在"企业筛选数据.xlsx"工作簿中切换到"应收账款数据清单"工作表，在"数据"选项卡中单击"排序和筛选"组中的"筛选"按钮，在标题行的单元格中显示筛选下三角按钮，单击"日期"筛选按钮，在筛选列表中选择"日期筛选"选项，然后在下级下拉列表中选择"之前"选项，如图15-75所示。

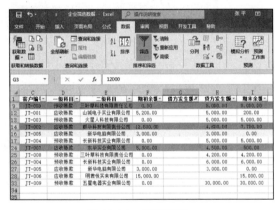

图15-74　筛选结果

图15-75　选择"之前"选项

步骤2：随后打开"自定义自动筛选方式"对话框，设置筛选条件为"在以下日期之前"，然后设置具体日期为"2019年1月4日"，单击"确定"按钮，如图15-76所示。

步骤3：返回工作表中，此时将筛选出"日期"在"2019年1月4日"之前的数据，如图15-77所示。

7. 按单元格或字体颜色筛选

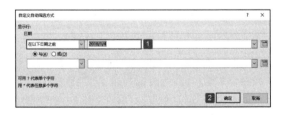

图15-76　设置筛选选项

在 Excel 2019 中，除了按照单元格内容进行筛选外，还可以按照单元格颜色或字体颜色进行筛选。

步骤1：在"企业筛选数据.xlsx"工作簿中切换到"应收账款数据清单"工作表，在"数据"选项卡中单击"排序和筛选"组中的"筛选"按钮，在标题行的单元格中显示筛选下三角按钮，单击"一级科目"筛选按钮，在筛选列表中选择"按颜色筛选"选项，然后选择"按单元格颜色筛选"列表框中的"黄色"选项，如图15-78所示。

图15-77　筛选结果　　　　　　　图15-78　选择单元格颜色

步骤2：返回工作表中，将筛选出"一级科目"列所有单元格颜色为黄色的行，筛选结果如图15-79所示。

同样，可以按照字体颜色进行筛选。

步骤1：单击"一级科目"筛选按钮，从筛选列表中选中"按颜色筛选"选项，然后选择"按字体颜色筛选"列表框中的"橙色"选项，如图15-80所示。

图15-79　筛选结果

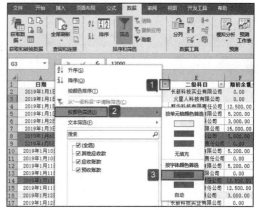

图15-80　选择字体颜色

步骤2：返回工作表中，将筛选出"一级科目"列字体颜色为橙色的行，如图15-81所示。

15.3.3　高级筛选

"高级筛选"一般用于条件较复杂的筛选操作，其筛选的结果可显示在原数据表格中，不符合条件的记录被隐藏起来。也可以在新的位置显示筛选结果，不符合条件的记录同时保留在数据表中而不会被隐藏起来，这样就更加便于进行数据的对比了。接下来我们就来讲解一下怎么进行高级筛选，请打开实例文件"高

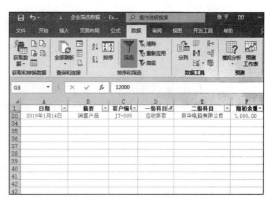

图15-81　筛选结果

级筛选数据.xlsx"工作簿。

1. 在原有区域显示筛选结果

在 Excel 2019 中，数据筛选的结果可以显示在原有区域上，也可以显示在用户指定的其他位置。如何设置在原有区域显示筛选结果，则 Excel 2019 会将不满足筛选条件的记录暂时隐藏起来，在原位置只显示筛选结果。

步骤1：在"高级筛选数据.xlsx"工作簿中切换到"应收账款数据清单"工作表，在"应收账款数据清单"最上方插入3个空白行，在单元格区域 C1:E2 中建立如图 15-82 所示的条件区域。在建立条件区域时，条件区域与原数据区域至少要间隔一个空行或空列。

步骤2：选择创建的条件区域，在"排序和筛选"组中单击"高级"按钮，如图 15-83 所示。

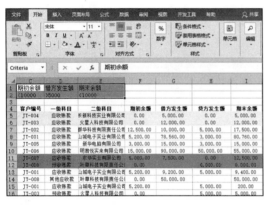

图 15-82　创建条件区域

图 15-83　单击"高级"按钮

步骤3：在打开的"高级筛选"对话框中单击"列表区域"，框中会显示系统自动检测的数据区域，如果需要修改请单击右侧的单元格引用按钮重新选择，如图 15-84 所示。

步骤4：单击"条件区域"框右侧的单元格引用按钮折叠对话框，拖动鼠标选择单元格区域 C1:E2，如图 15-85 所示。

步骤5：返回"高级筛选"对话框，单击"确定"按钮，如图 15-86 所示。

步骤6：返回工作表中，此时筛选结果如图 15-87 所示。

对于有重复数据的工作表，在进行筛选时，如果需要筛选不重复记录，只需要在"高级筛选"对话框中勾选"选择不重复记录"复选框即可。

2. 筛选结果复制到其他位置

使用高级筛选，还可以将筛选结果复制到其他区域。具体步骤如下。

步骤1：基于上述条件区域和列表区域，打开"高级筛选"对话框，在"方式"区域单击选中"将筛选结果复制到其他位置"单选按钮，此时"复制到"文本框

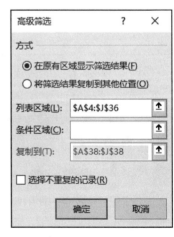

图 15-84　选择列表区域

图 15-85　选择条件区域

被激活,单击该文本框右侧的单元格引用按钮选择一个位置,如 A38 单元格,然后单击"确定"按钮,如图 15-88 所示。

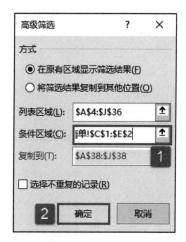

图 15-86 单击"确定"按钮

图 15-87 筛选结果

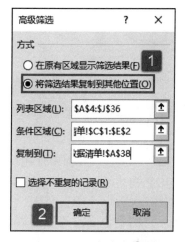

图 15-88 设置高级筛选

步骤 2:筛选结果如图 15-89 所示。

虽然 Excel 2019 中的高级筛选允许将筛选结果复制到其他位置,但也只能是活动工作表的其他位置,而不能将筛选结果复制到其他工作表的任意位置。

15.3.4 筛选中新增"搜索"功能

在 Excel 2019 中,在"筛选"下拉列表中新增了"搜索"功能,用户可以直接输入要筛选项目的关键字,通过"搜索"功能来筛选文本或数据。这种

图 15-89 筛选结果

情况,对于表格数据比较多的情况下比较实用。请打开实例文件"筛选示例数据.xlsx"工作簿,我们利用该工作簿为大家讲解一下"搜索"功能的使用。

步骤 1：在"筛选示例数据.xlsx"工作簿中切换到"应收账款数据清单"工作表，任意选择一个数据单元格，如 E2 单元格。在"数据"选项卡中单击"排序和筛选"组中的"筛选"按钮，在标题行的单元格中显示筛选下三角按钮，如图 15-90 所示。

步骤 2：单击"二级科目"筛选按钮，在展开的筛选下拉列表中的"搜索框"中输入要搜索项目的关键字，如"山城"，然后单击"确定"按钮，如图 15-91 所示。

步骤 3：搜索结果如图 15-92 所示。

图 15-90　单击"筛选"按钮

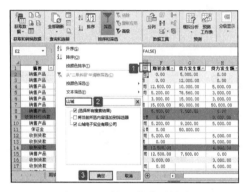

图 15-91　输入搜索关键字

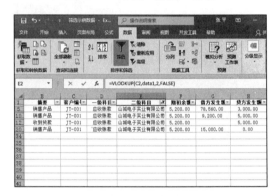

图 15-92　搜索结果

在"筛选器"界面中使用"搜索"功能搜索文本或数据时，可以只输入要筛选数据项的几个关键字，Excel 2019 会将与关键字匹配的所有项搜索到并显示在"搜索"列表框中，极大地缩小筛选范围，这样可以最大限度地减小人工劳动，提高工作效率。但需要注意的是，当前筛选器界面中只能在当前列中进行筛选，而不是在整个工作表范围内筛选。

15.4 分类汇总应收账款

分类汇总是对数据清单中的数据进行管理的重要工具，可以快速地汇总各项数据，汇总的方式通常有求和、计数、求平均值、最大值、最小值等方式。通常在分类汇总数据之前，需要先对数据进行排序。本节将以某企业在某月的应收账款数据为例，详细介绍分类汇总数据的方法。

15.4.1　创建简单分类汇总

简单分类汇总是指按照表格中的某一个字段，对表格中的数据项进行求和、计数等分类汇总。本节以应收账款相关数据为例，介绍如何使用简单分类汇总来分析本月应收账款数据。请打开实例文件"汇总应收账款数据.xlsx"工作簿。

步骤 1：要执行分类汇总前，需要先按分类汇总字段排序。选择 B2 单元格，切换至"数据"选项卡，在"排序和筛选"组中单击"排序"按钮打开"排序"对话框，如图 15-93 所示。

步骤 2：在"排序"对话框中，设置"一级科目"为主要关键字，"对方单位"为次要关键字，其余保留默认设置，单击"确定"按钮，如图 15-94 所示。

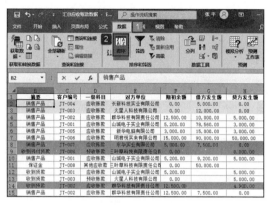

图 15-93　单击"排序"按钮

图 15-94　设置排序

步骤 3：在"数据"选项卡中的"分级显示"组单击"分类汇总"按钮打开"分类汇总"对话框。在"分类字段"下拉列表中选择"一级科目"，在"汇总方式"下拉列表中选择"求和"，在"选定汇总项"列表框中勾选"借方发生额"和"贷方发生额"复选框，然后单击"确定"按钮，如图 15-95 所示。

步骤 4：分类汇总结数据行会显示在原数据的下方，如图 15-96 所示。

图 15-95　设置分类汇总　　　　　　　图 15-96　分类汇总结果

15.4.2 创建嵌套分类汇总

嵌套分类汇总是指使用多个条件进行多层分类汇总。在上一节中的实例中,已对"一级科目"进行了分类汇总,如果希望在此基础上,再对"对方单位"进行嵌套分类汇总,则可以继续如下操作。

步骤1:切换到"数据"选项卡中,在"分级显示"组单击"分类汇总"按钮,如图15-97所示。

步骤2:在"分类汇总"对话框中的"分类字段"下拉列表中选择"对方单位",如图15-98所示。

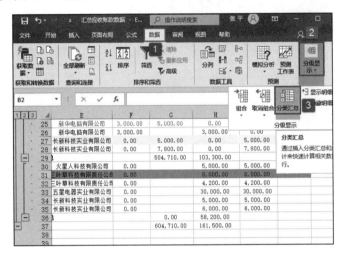

图15-97 单击"分类汇总"按钮

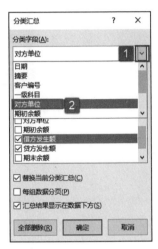

图15-98 选择分类字段

步骤3:其他设置。取消勾选"替换当前分类汇总"复选框,单击"确定"按钮,如图15-99所示。

步骤4:嵌套分类汇总结果。此时工作表中先按一级科目汇总借贷方发生额,然后再按对方单位汇总,汇总结果如图15-100所示。

图15-99 其他设置

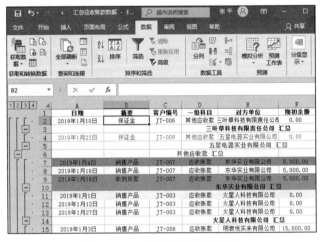

图15-100 嵌套分类汇总结果

注意:创建多级嵌套分类汇总

在Excel中可以创建多级分类汇总,但在进行分类汇总之前,一定要记得按照分类字段设置主要关键字和次要关键字先对表格进行排序操作。在"分类汇总"对话框中，记得取消勾选"替换当前分类汇总"复选框，否则新建的分类汇总会替换原来的分类汇总。

15.4.3 分级显示分类汇总数据

对数据进行分类汇总后，Excel会自动按汇总时的分类对数据进行分级显示，并且在数据清单的行号左侧出现了一些层次分级显示按钮"－"和"＋"，分级显示汇总结果有两种方法，具体介绍如下。

方法1 用户可以直接单击工作表列标签左侧的数字分级显示按钮来设置显示的级别，例如，单击数字"2"，只显示二级分类汇总，如图15-101所示。

方法2 还可以单击分级显示按钮，使它变为按钮即可显示下级分类汇总或明细数据，如图15-102所示。

图 15-101　单击数字"2"

图 15-102　显示嵌套分类汇总

15.4.4 删除分类汇总

当不需要再显示分类汇总信息时，可以将分类汇总从工作表中删除，删除分类汇总的方法非常简单，只需要单击一个按钮即可。

步骤1：在"数据"选项卡中单击"分级显示"组中的"分类汇总"按钮打开"分类汇总"对话框，在该对话框中单击"全部删除"按钮，如图15-103所示。

步骤2：返回工作表中，此时分类汇总全部被删除，如图15-104所示。

图 15-103　单击"全部删除"

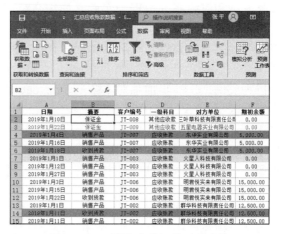
图 15-104　删除分类汇总后的表格

15.4.5 分页显示分类汇总数据

在实际工作中，完成了数据的分类汇总后，可能需要分页将汇总结果打印出来，这里就需要设置分页显示分类汇总数据，具体操作步骤如下所示。

步骤1：打开"分类汇总"对话框，从"分类字段"下拉列表中选择要分页显示的分类字段，这里选择"一级科目"，然后勾选"每组数据分页"复选框，单击"确定"按钮，如图15-105所示。

步骤2：返回工作表中，此时工作表在"一级科目"的每组分类数据分页显示，如图15-106所示。

图 15-105　勾选"每组数据分页"复选框　　　　图 15-106　分页显示数据

15.5 实战：使用排序和汇总功能分析应收账款账龄

数据的排序和筛选是日常办公中最为常见的数据处理方式之一，本章以财务工作中的应收账款和应收账款数据为实例，详细介绍了Excel中的名称的定义与应用、简单排序、多关键字排序、自定义排序、自动筛选、自定义筛选、高级筛选以及分类汇总等知识，无须复杂的编程，就可以实现对数据进行整理和分析。

在往来账款处理业务中，常见的还有账龄的分析。接下来，以某企业的应收账款账龄分析为实例，进一步加强对本章所学Excel知识的综合应用。请打开实例文件"汇总应收账款数据.xlsx"工作簿。

步骤1：切换到"账龄分析表"表，在"数据"选项卡中单击"排序和筛选"组中的"排序"按钮打开"排序"对话框，如图15-107所示。

步骤2：在"排序"对话框中单击"主要关键字"右侧的下三角按钮，在展开的下拉列表中选择"对方单位"选项，如图15-108所示。

步骤3：单击"添加条件"按钮，从"次要关键字"下拉列表中选择"到期日期"选项，设置"次序"为"降序"，单击"确定"按钮，如图15-109所示。

图 15-107　单击"排序"按钮

图 15-108　设置主要关键字　　　　　　　　图 15-109　设置次要关键字

步骤 4：排序结果如图 15-110 所示。

步骤 5：单击"数据"选项卡中的"分级显示"组中的"分类汇总"按钮打开"分类汇总"对话框。从"分类字段"下拉列表中选择"对方单位"，勾选"应收账款金额"复选框，单击"确定"按钮，如图 15-111 所示。

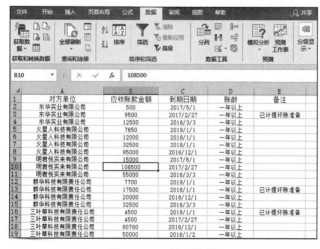 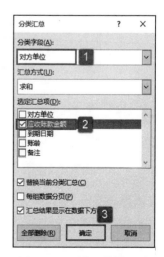

图 15-110　排序结果　　　　　　　　　　　图 15-111　设置分类汇总

步骤6：返回工作表中，按"对方单位"对"应收账款金额"汇总结果如图15-112所示。

步骤7：再次打开"分类汇总"对话框，从"分类字段"下拉列表中选择"账龄"选项，取消勾选"替换当前分类汇总"复选框，单击"确定"按钮，如图15-113所示。

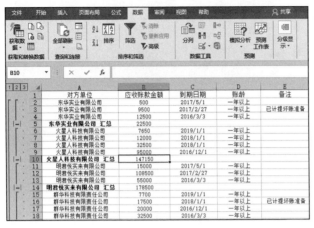

图15-112 分类汇总结果

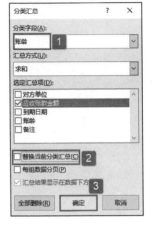

图15-113 设置嵌套分类汇总

步骤8：返回工作表中，显示分类汇总数据如图15-114所示。

图15-114 分类汇总结果

第16章
数据透视表与数据透视图的应用

在日常生活尤其是在处理与财务工作有关的事情的时候,总会或多或少地接触到数据透视表。学会使用数据透视表可以在处理数据统计时事半功倍。在实际工作中,用户常常会遇到各种各样的数据统计,例如:月销售量、销售月份、年销售额度等。当产品的类别型号等分类较少时,静态的 Excel 也许可以为用户解决问题,一旦出现多样性的产品统计,传统的 Excel 统计耗时耗力,工作效率会大打折扣,这样必将不能满足用户的需求。本章节就通过实例分析介绍一下 Excel 中数据透视表的用法,使大家在以后的生活工作中能够更加轻松地对数据进行统计处理。

- 数据透视表的概念
- 设置数据透视表的字段格式
- 编辑数据透视表
- 设置数据透视表的外观和格式
- 在数据透视表中分析与处理数据
- 创建数据透视图
- 实战:使用数据透视图分析企业费用

16.1 数据透视表的概念

数据透视表是一种交互式的表，这是它与普通表格相比最大的区别。数据透视表可以进行某些计算，如求和与计数等。所进行的计算与数据在数据透视表中的排列有关，用户可以动态地改变它们的版面布置，以便按照不同方式分析数据，也可以重新安排行号、列标和页字段。每一次改变版面布置时，数据透视表会立即按照新的布置重新计算数据。另外，如果原始数据发生更改，则可以更新数据透视表。

16.1.1 创建数据透视表

在 Excel 2019 中，用户可以根据数据源区域创建一个空白的数据透视表模板，然后再根据需要在模块中添加和更改字段位置来调整数据透视表的布局。请打开示例文件"第一季度销售数据.xlsx"工作簿，接下来，将基于已创建的 Excel 表格创建数据透视表，具体的操作步骤如下。

步骤 1：切换至"插入"选项卡，单击"表格"下三角按钮，在弹出的下拉列表中选择"数据透视表"选项，如图 16-1 所示。

步骤 2：随后打开"创建数据透视表"对话框，保留选中默认的"选择一个表或区域"单选按钮，单击"表/区域"框右侧的单元格引用按钮，如图 16-2 所示。

步骤 3：随后打开"创建数据透视表"对话框折叠显示，拖动鼠标选择工作表 Sheet1 中的单元格区域 A1:H42，然后单击"单元格引用按钮"展开对话框，如图 16-3 所示。

图 16-1 单击"数据透视表"选项

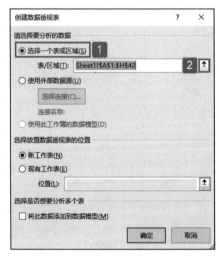

图 16-2 选择一个表或区域

图 16-3 选择数据区域

步骤4：在"选择放置数据透视表的位置"区域单击选中"现有工作表"单选按钮，选择"位置"为Sheet1工作表中的单元格K22，勾选"将此数据添加到数据模型"复选框，然后单击"确定"按钮，如图16-4所示。

步骤5：拖动"年月"字段到"报表筛选"区域，"销售部门"到"行标签"区域，"销售金额"到"Σ数值"区域，得到如图16-5所示的数据透视表。

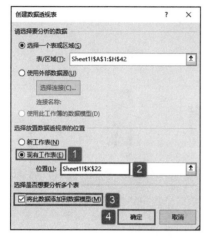

图16-4　选择放置数据透视表的位置　　　　图16-5　添加字段

16.1.2　创建数据透视表的同时创建数据透视图

如果用户希望在创建数据透视表的同时还要创建数据透视图，则还可以通过Excel 2019自带的同时创建数据透视表和数据透视图选项进行添加。

步骤1：打开实例文件"第一销售数据.xlsx"，切换至"插入"选项卡，在"图表"组中单击"数据透视图"下三角按钮，在展开的下拉列表中选择"数据透视图和数据透视表"选项，Excel会同时在工作表中创建数据透视表模板和数据透视图模板，如图16-6所示。

步骤2：随后打开"创建数据透视表"对话框折叠显示，拖动鼠标选择工作表Sheet1中的单元格区域A1:H42，选择放置数据透视表的位置为"新工作表"，点击"确定"按钮，创建图表，如图16-7所示。

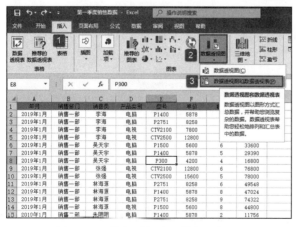
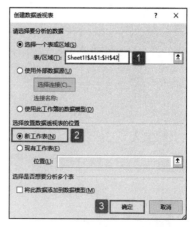

图16-6　数据透视表和数据透视图　　　　图16-7　创建数据透视表

步骤3：拖动"年月"字段到"报表筛选"区域，"销售部门"到"行标签"区域，"销售金额"到"Σ数值"区域，如图16-8所示，点击关闭符号按钮，得到如图16-9所示的数据透视表和数据透视图。

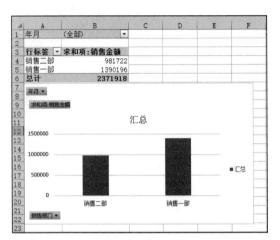

图16-8　数据透视图字段　　　　　　　图16-9　数据透视图和数据透视表

16.1.3　使用外部数据源创建数据透视表

在 Excel 2019 中，用户可以从 Windows 系统的数据源中导入外部数据创建数据透视表，常见的可用于创建数据透视表的外部数据格式有数据库文件。在创建数据透视表之前，用户需要将源文件保存在我的文档\我的数据源目录下。

步骤1：添加数据源。请将销售记录 .accdb 数据库文件另存到"我的文档"文件夹下的"我的数据源"文件夹中，如图16-10所示。

步骤2：在"第一季度销售工作簿 .xlsx"中新建一个工作表，切换至"插入"选项卡，单击"表格"组中的"数据透视表"按钮打开"创建数据透视表"对话框，在"请选择要分析的数据"区域选项中单击选中"使用外部数据"单选按钮，然后单击"选择连接"按钮，如图16-11示。

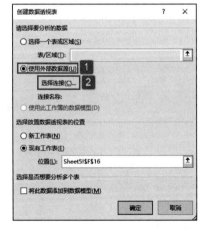

图16-10　将文件存入指定位置　　　　图16-11　"创建数据透视表"对话框

步骤3：随后打开"现有连接"对话框，"销售记录"文件会显示在该列表框中，选中文件后，单击"打开"按钮，如图16-12示。

步骤4：在"创建数据透视表"对话框中单击"确定"按钮，Excel会在工作簿中指定的位置创建数据透视表模板，如图16-13所示。

图 16-12 选择连接数据　　　　　　　　图 16-13 创建数据透视模板

步骤5：在"数据透视表字段"窗格中，拖动"产品类别"字段到"行标签"区域，拖动"销售金额1"字段到"数值"区域，如图16-14所示。

步骤6：最后得到的数据透视表效果如图16-15所示。

图 16-14 数据透视表字段　　　　　　　　图 16-15 数据透视表效果

16.2 设置数据透视表的字段格式

在创建好数据透视表后，用户还可以根据需要添加和设置数据透视表中的字段，以达到从不同角度使用数据透视表分析数据的目的。

16.2.1 更改数据透视表字段列表视图

在默认的方式下，Excel 2019中的"数据透视表字段列表"都会以"字段节和区域节层叠"的视图方式来显示数据透视表字段列表。用户也可以根据自己的习惯更改数据透视表字段列表的视图方式。

步骤1：在"数据透视表字段列表"窗格中单击"字段视图"下三角按钮，在展开的下拉列表中选择"字段节和区域节并排"选项，如图16-16所示。

步骤2：字段节和区域节并排的视图效果如图16-17所示。如果只想在"数据透视表字段列表"中显示字段节，可以在"字段视图"下拉列表中单击"仅字段节"选项，设置后视图中只显示字段节，不显示区域节。

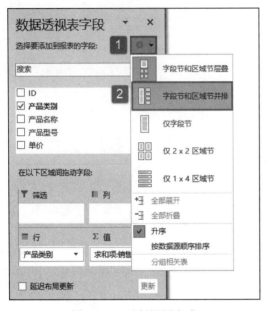
图16-16 选择视图方式

图16-17 字段节和区域节并排显示

温馨提示：用户也可以设置只显示区域节，不显示字段节，只显示区域节有两种视图方式，"仅2×2区域节"是指将区域节显示为2行2列的格式，"仅1×4区域节"是指将区域节显示为1列4行的格式。

16.2.2 向数据透视表添加字段

向数据透视表添加字段除了直接将字段拖动到区域中外，还有另外两种方法，一种是勾选字段前面的复选框，另一种是使用右键快捷菜单。现分别介绍如下。

1. 勾选复选框添加字段

打开实例文件"数据透视表1.xlsx"，在"数据透视表字段列表"窗格中的"选择要添加到报表的字段"区域勾选要添加的字段前面的复选框，如图16-18所示。

步骤：Excel 2019会根据该字段的特点自动将它添加到最适当的区域，这里将"数量"字段添加到"数值"区域，并自动按"求和"方式汇总，如图16-19所示。此时工作表中的数据透视表如图16-20所示。

2. 使用右键快捷菜单添加字段

在"数据透视表字段列表"窗格中的"选择要添加到报表的字段"区域在要添加的字段处单击鼠标右键，如"产品类别"。在弹出的快捷菜单中单击"添加到行标签"命令，如图16-21所示。随后，该字段添加到"行标签"区域中，如图16-22所示。此时的数据透视表如图6-23所示，行标签中有两个字段，按"销售部门"和"产品类别"分别对销售金额和数量进行求和。

图 16-18 勾选字段前的复选框

图 16-19 自动添加到"数值"区域

图 16-20 数据透视表效果

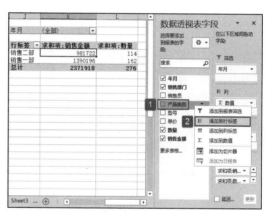

图 16-21 选择添加的标签

图 16-22 添加到"行标签"区域

图 16-23 透视图效果

16.2.3 报表区域间移动字段

用户还可以直接在"数据透视表字段列表"中的报表区域间移动字段，例如，将"年月"字段从"报表筛选"区域移动到"列标签"区域，可以直接将"年月"字段从

"报表筛选"区域拖动到"列标签"区域,也可以使用菜单来移动。使用菜单移动的方法如下。

步骤1:在"报表筛选"区域单击"年月"字段中的下三角按钮,在展开的下拉列表中选择"移动到行标签"选项,如图16-24所示。

步骤2:"年月"字段被移动到"行标签"区域的最下方,如图16-25所示。

图16-24 选择动到行标签选项　　　　图16-25 移动到"行标签"区域

步骤3:此时数据透视表的效果如图16-26所示。

图16-26 透视表效果

16.2.4 调整字段顺序

当同一个报表区域有多个字段时,Excel默认是按照用户添加字段的先后顺序排列的。例如,在上一节中,当将"年月"字段添加到"行标签"区域时,自动排列在该区域的最下方。区域中字段的顺序决定数据透视表的汇总顺序,如"销售部门"字段在"行标签"最前面,则对"销售部门"字段的汇总为一级汇总。如果用户想要更改汇总字段,则只需要调整字段的顺序即可。

步骤1:在"行标签"区域单击"年月"字段中的下三角按钮,在展开的下拉列表中选择"移至开头"选项,如图16-27所示。

步骤2:"年月"字段被移动到"行标签"区域的最上方,如图16-28所示。此时数据透视表的效果如图 16-29 所示。

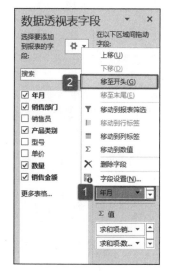

图 16-27　选择“移至开头”选项

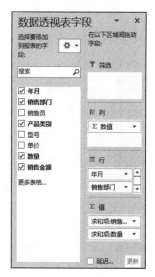

图 16-28　“年月”移至开头

行标签	求和项:销售金额	求和项:数量
⊟1月1日	947726	115
⊟销售二部	365878	42
电脑	142078	21
电视	223800	21
⊟销售一部	581848	73
电脑	304848	46
电视	277000	27
⊟2月1日	648832	74
⊟销售二部	279522	33
电脑	130322	19
电视	149200	14
⊟销售一部	369310	41
电脑	175510	25
电视	193800	16
⊟3月1日	775360	87
⊟销售二部	336322	39
电脑	130322	19
电视	206000	20
⊟销售一部	439038	48
电脑	227438	31
电视	211600	17
总计	2371918	276

图 16-29　数据透视表效果

16.2.5　删除字段

当不想在数据透视表中反映某个字段的数据时，可以将它删除。删除字段通常也有两种方法，一种是直接将字段拖到报表区域外，另一种是通过菜单项来删除。

在上节创建的数据透视表中，假如不需要反映数量，则可以将“数量”字段删除。如果使用拖动法则直接将“求和项：数量”字段拖到报表区域外，也可以使用菜单命令来删除。

步骤 1：单击“求和项”“数量”字段中的下三角按钮，在展开的下拉列表中选择

"删除字段"选项，如图 16-30 所示。

步骤 2：点击"删除字段"后，如图 16-31 所示。此时数据透视表的效果如图 16-32 所示。

图 16-30　选择"删除字段"选项

图 16-31　删除后的效果

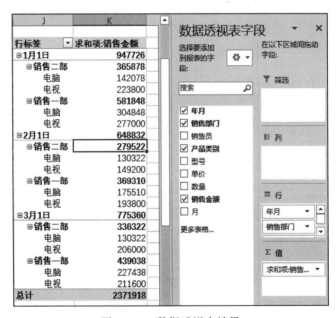
图 16-32　数据透视表效果

■ 16.2.6　字段设置

用户还可以设置数据透视表中的字段，比如更改字段的名称、设置分类汇总和筛选以及数据透视表的布局和打印选项等。对于数值字段，还可以设置字段的汇总方式以及值的显示方式等。

1. 通过字段中的下拉列表设置字段

步骤1：打开实例文件"移动字段.xlsx"，在"数据透视表字段列表"中的"行标签"区域单击"销售部门"字段中的下三角按钮，在展开的下拉列表中选择"字段设置"选项打开"字段设置"对话框，如图16-33所示。

步骤2：切换至"布局和打印"选项卡，在"布局"区域单击选中"以表格形式显示项目标签"单选按钮，然后单击"确定"按钮，如图16-34所示。

图16-33　选择"字段设置"选项

图16-34　"字段设置"对话框

步骤3：此时的数据透视表布局效果如图16-35所示。

行标签	产品类别	求和项:销售金额	求和项:数量
⊟销售二部	⊟电脑	402722	59
	1月1日	142078	21
	2月1日	130322	19
	3月1日	130322	19
	⊟电视	579000	55
	1月1日	223800	21
	2月1日	149200	14
	3月1日	206000	20
销售二部 汇总		981722	114
⊟销售一部	⊟电脑	707796	102
	1月1日	304848	46
	2月1日	175510	25
	3月1日	227438	31
	⊟电视	682400	60
	1月1日	277000	27
	2月1日	193800	16
	3月1日	211600	17
销售一部 汇总		1390196	162
总计		2371918	276

图16-35　数据透视表效果

2. 通过功能区中的命令设置字段

用户还可以通过功能区中的命令来设置字段格式。下面以设置"求和项:销售金额"字段的格式为例，具体操作步骤如下所示。

步骤1：切换至"数据透视表分析"选项卡，在"活动字段"组中单击"字段设置"按钮，如图 16-36 所示。

步骤2：随后打开"值字段设置"对话框中，在"自定义名称"文本框中输入"销售金额合计"，如图 16-37 所示。

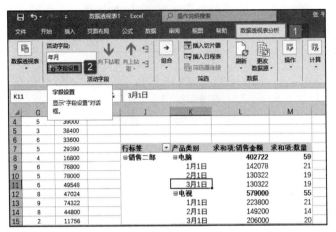

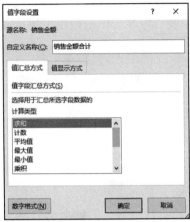

图 16-36　打开"字段设置"选项　　　　　　图 16-37　设置名称

步骤3：单击"数字格式"按钮打开"设置单元格格式"对话框，在"分类"列表框中选择"数值"选项，然后设置小数位数为 2 位，单击"确定"按钮，如图 16-38 所示。

步骤4：设置格式后的数据透视表效果如图 16-39 所示。

行标签	产品类别	销售金额合计	求和项:数量
⊟销售二部	⊟电脑	402722.00	59
	1月1日	142078.00	21
	2月1日	130322.00	19
	3月1日	130322.00	19
	⊟电视	579000.00	55
	1月1日	223800.00	21
	2月1日	149200.00	14
	3月1日	206000.00	20
销售二部 汇总		981722.00	114
⊟销售一部	⊟电脑	707796.00	102
	1月1日	304848.00	46
	2月1日	175510.00	25
	3月1日	227438.00	31
	⊟电视	682400.00	60
	1月1日	277000.00	27
	2月1日	193800.00	16
	3月1日	211600.00	17
销售一部 汇总		1390196.00	162
总计		2371918.00	276

图 16-38　设置小数位数　　　　　　图 16-39　设置格式后的效果

注意："字段设置"与"值字段设置"。对于被添加到报表的"值"区域的字段称为值字段，而其他三个区域的字段称为"字段"。因此，当对它们进行字段设置时，对话框会分别显示为"值字段设置"和"字段设置"。通常，字段设置除了可以更改字段的名称外，还可以设置字段的分类汇总和筛选、布局和打印等选项；而对于值字段，还可以设置值的汇总方式和显示方式。同时，还可以设置它们的数字格式。

16.3　编辑数据透视表

在完成了对数据透视表的字段设置后，用户还可以对数据透视表进行一系列的编辑操作，如选择和移动数据透视表、重命名数据透视表、更改数据透视表的数据源等操作。

16.3.1　选择数据透视表

和选择单元格、工作表类似，用户也可以选择数据透视表。数据透视表的选择操作包括选择整个数据透视表、选择数据透视表标签以及选择数据透视表中的值，现分别介绍如下。

1. 选择整个数据透视表

打开实例文件"数据透视表1.xlsx"工作簿中的Sheet2工作表，切换至"数据透视表分析"选项卡，点击"操作"下三角按钮，在展开的下拉列表中单击"选择"按钮，在展开的级联列表中选择"整个数据透视表"选项，如图16-40所示，随后整个数据透视表区域被选中，如图16-41所示。

图16-40　单击"整个数据透视表"选项

图16-41　选中的数据透视表

2. 选择数据透视表的值区域

再次切换至"数据透视表分析"选项卡，点击"操作"下三角按钮，在展开的下拉列表中单击"选择"按钮，在展开的级联列表中选择"值"选项，如图16-42所示。选择值区域的效果如图16-43所示。

图16-42　选择"值"

图16-43　选中"值"后的效果

3. 选择数据透视表的标签区域

再次切换至"数据透视表分析"选项卡,点击"操作"下三角按钮,在展开的下拉列表中单击"选择"按钮,在展开的级联列表中选择"标签"选项,如图 16-44 所示。选择标签的效果如图 16-45 所示。

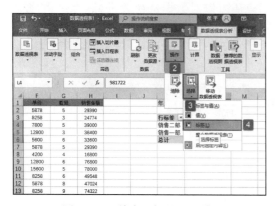

图 16-44　单击"标签"区域　　　　图 16-45　选中数据透视表中的标签区域

■ 16.3.2　移动数据透视表

对于已经创建好的数据透视表,用户也可以改变它的位置。可以将它移动到当前工作表的其他区域,也可以将它移到新工作表中。

步骤 1:选择整个数据透视表,切换至"数据透视表分析"选项卡,点击"操作"下三角按钮,在展开的下拉列表中单击"移动数据透视表"按钮打开"移动数据透视表"对话框,如图 16-46 所示。

图 16-46　单击"移动数据透视表"按钮

步骤 2:在"移动数据透视表"对话框中单击选中"新工作表"选项按钮,单击"确定"按钮,如图 16-47 所示。

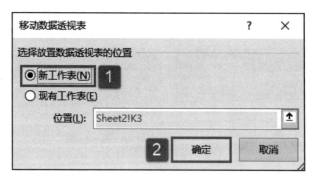

图 16-47　"移动数据透视表"对话框

步骤 3:随后 Excel 会自动在当前工作表中新插入一个工作表,并将数据透视表移到该工作表中,如图 16-48 所示。

图 16-48　将数据透视表移至新工作表

16.3.3　重命名数据透视表

系统默认的为数据透视表设置的名称为"数据透视表1""数据透视表2",用户也可以重新将数据透视表的名称更改为更直观的名称。对数据透视表重命名有两种方法,一种是直接在"数据透视表名称"中输入,另一种是在"数据透视表选项"对话框中设置。

步骤1:切换至"数据透视表分析"选项卡,单击"数据透视表"下三角按钮,在展开的下拉列表中会显示"数据透视表名称"文本框,在文本框中可直接输入数据透视表的新名称,如图16-49所示。

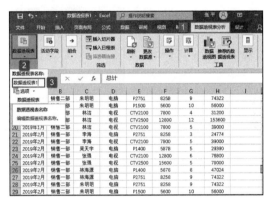

图 16-49　直接输入名称

步骤2:还可以在单击"数据透视表"下三角按钮,在展开的下拉列表中单击"选项"按钮,如图16-50所示。随后打开"数据透视表选项"对话框,在"名称"框中输入新的名称即可,如图16-51所示。

图 16-50　单击"选项"

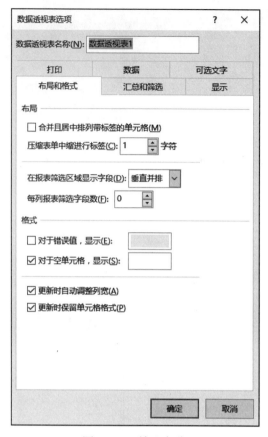

图 16-51　输入名称

16.3.4　更改数据透视表的数据源区域

对于已经创建好的数据透视表，还可以更改其数据源。例如，假设数据表中增加了新的行列，如果希望这些新增加的数据加入到数据透视表中，则可以通过更改数据源区域来实现。

切换至"数据透视表分析"选项卡，在"数据"组中单击"更改数据源"下三角按钮，在展开的下拉列表中选择"更改数据源"选项，如图 16-52 所示。随后打开"更改数据透视表数据源"对话框，如图 16-53 所示，用户可以重新选择新的区域。

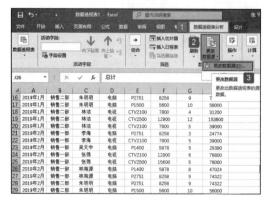

图 16-52　单击"更改数据源"选项

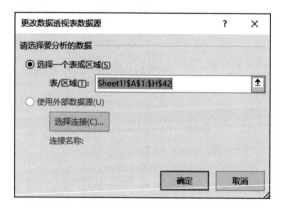

图 16-53　"更改数据透视表数据源"对话框

16.4 设置数据透视表的外观和格式

创建好数据透视表后,为了使数据透视表显得更加专业,用户还可以为数据透视表设置外观和格式,通常包括设置数据透视表的布局和样式。

16.4.1 设计数据透视表布局

数据透视表的布局设置包括的选项有分类汇总、总计、报表布局以及空行等选项的设置,用户可以决定是否在数据透视表中显示这些选项以及以何种特定的格式来显示这些选项。

步骤1:打开实例文件"销售员业绩透视表.xlsx",切换至"设计"选项卡,在"布局"组中单击"分类汇总"下三角按钮,在展开的下拉列表中选择"在组的底部显示所有分类汇总"选项,如图16-54所示。

步骤2:此时数据透视表中会在每组的底部显示分类汇总结果,如图16-55所示。

图16-54 选择分类汇总方式 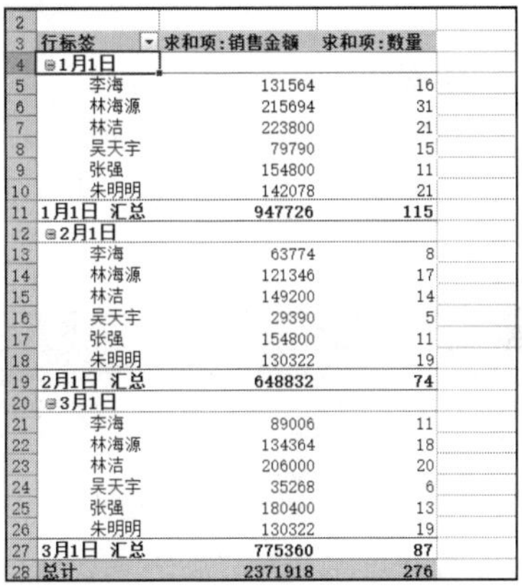　　　　图16-55 在组的底部显示分类汇总

步骤3:切换至"设计"选项卡,在"布局"组中单击"总计"下三角按钮,在展开的下拉列表中选择"仅对列启用"选项,如图16-56所示。

步骤4:此时在数据透视表的底部会显示对列数据的总计行,如图16-57所示。

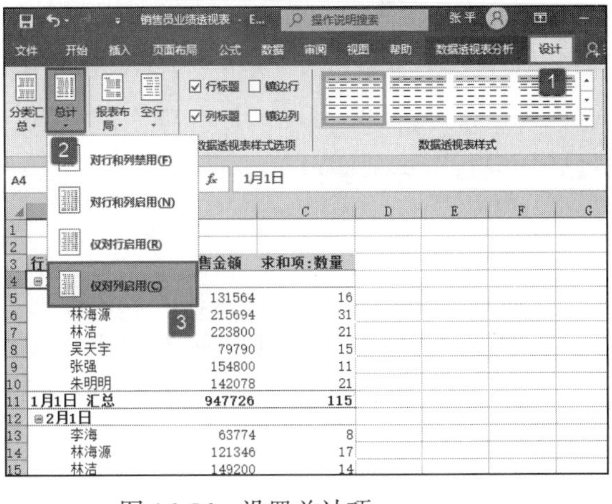

图16-56 设置总计项 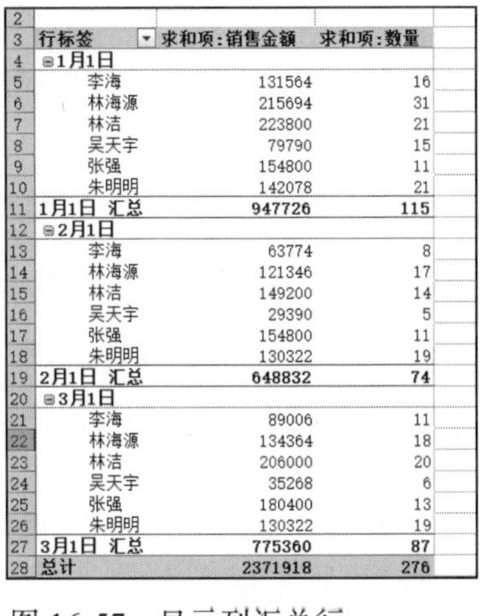　　　　图16-57 显示列汇总行

步骤 5：切换至"设计"选项卡，在"布局"组中单击"报表布局"下三角按钮，在展开的下拉列表中选择"以表格形式显示"选项，如图 16-58 所示。

步骤 6：以表格形式显示的数据透视表效果如图 16-59 所示。

图 16-58　选择报表布局

图 16-59　以表格形式显示数据透视表

步骤 7：切换至"设计"选项卡，在"布局"组中单击"空行"下三角按钮，在展开的下拉列表中选择"在每个项目后插入空行"选项，如图 16-60 所示。

步骤 8：此时，数据透视表中，每一个汇总行之后会插入一个空行，如图 16-61 所示。

图 16-60　单击"在每个项目后插入空行"选项 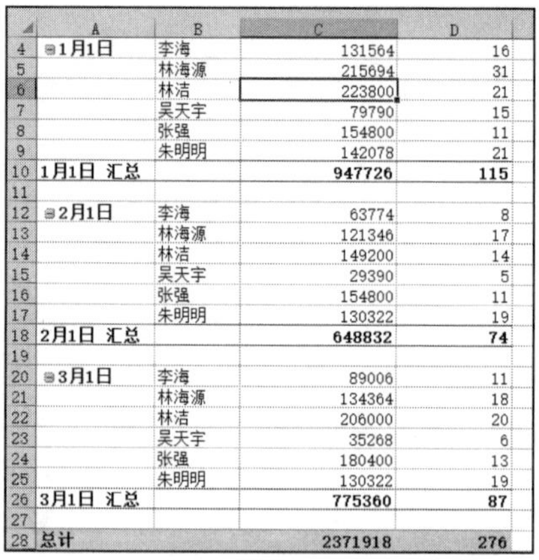　　图 16-61　自动在每个项目后插入空行

要删除数据透视表中的空行，只需要再次单击"布局"组中的"空行"下三角按钮，在展开的下拉列表中选择"删除每个项目后的空行"选项即可。

16.4.2　为数据透视表应用样式

设计好了数据透视表布局后，为了使数据透视表看上去更加美观，最快捷的方法就是为数据透视表应用样式。例如，为上节中更改好布局的数据透视表应用样式，应进行如下操作。

步骤 1：切换至"设计"选项卡，在"数据透视表样式"组中的单击"其他"按钮，如图 16-62 所示的样式。

步骤 2：选择“中等色”列表区域中的“浅蓝，数据透视表样式中等深浅 2”样式，将其应用到数据透视表中去，如图 16-63 所示。

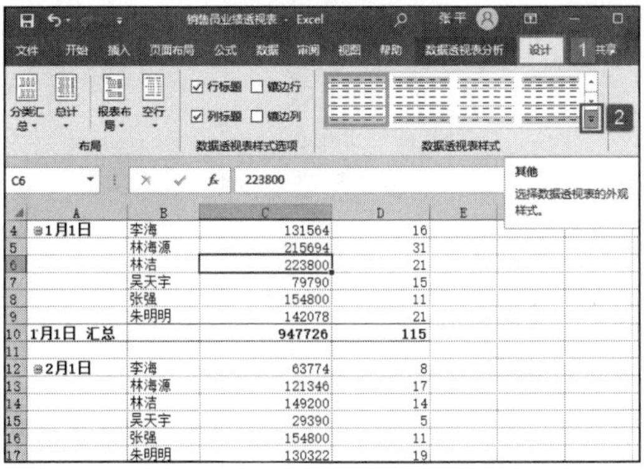

图 16-62　点击“其他”按钮

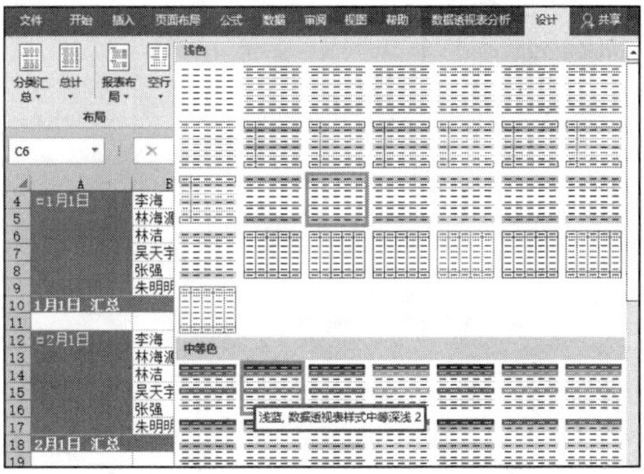

图 16-63　选择样式

步骤 3：应用指定样式后的数据透视表效果如图 16-64 所示。

2				
3	年月	销售员	求和项:销售金额	求和项:数量
4	⊟1月1日	李海	131564	16
5		林海源	215694	31
6		林洁	223800	21
7		吴天宇	79790	15
8		张强	154800	11
9		朱明明	142078	21
10	1月1日 汇总		947726	115
11				
12	⊟2月1日	李海	63774	8
13		林海源	121346	17
14		林洁	149200	14
15		吴天宇	29390	5
16		张强	154800	11
17		朱明明	130322	19
18	2月1日 汇总		648832	74
19				
20	⊟3月1日	李海	89006	11
21		林海源	134364	18
22		林洁	206000	20
23		吴天宇	35268	6
24		张强	180400	13
25		朱明明	130322	19
26	3月1日 汇总		775360	87
27				
28	总计		2371918	276

图 16-64　数据透视表效果

16.5 在数据透视表中分析与处理数据

数据透视表是 Excel 的精髓之一，它是一个动态的报表，可以动态地对数据进行汇总等分析。在 Excel 2019 中，改进的数据透视表功能还允许在数据透视表中进行排序、筛选、使用切片器分段数据等分析方法，使得数据透视表的功能更加强大。

16.5.1 对数据透视表进行排序操作

在数据透视表中，除了可以对数据透视表中的数值进行排序外，还可以对“报表筛选”“行标签”或“列标签”字段进行排序。请打开“数据透视表 2.xlsx”工作簿。

1. 对标签进行排序

步骤1：单击数据透视表中的"2019年1月"和"2019年2月"前面的按钮"－"使之变成按钮"＋",隐藏1月和2月的明细数据,如图16-65所示。

步骤2：单击"行标签"下三角按钮,在展开的下拉列表中选择"降序"选项,然后单击"确定"按钮,如图16-66所示。

图16-65 折叠数据透视表

图16-66 单击"降序"选项

步骤3：对"行标签"排序后的数据透视表如图16-67所示,此时3月份的数据显示在最上方。

2. 对值进行排序

还可以对数据透视表中的值进行排序。

步骤1：选中值所在的任意单元格,在"数据"选项卡中的"排序与筛选"组单击"排序"按钮打开"按值排序"对话框,如图16-68所示。

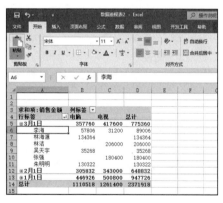

图16-67 设置降序后的效果

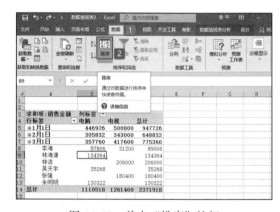

图16-68 单击"排序"按钮

步骤2：在"排序选项"区域单击选中"降序"单选按钮,在"排序方向"区域单击选中"从上到下"单选按钮,然后单击"确定"按钮,如图16-69所示。

步骤3：返回数据透视表中,对值排序后的数据透视表效果如图16-70所示,从2019年3月的明细数据可以看出,对此列中的值,依据"求和项:销售金额"按降序对"销售员"排序。用户可以展开其他两个月的明细数据,会发现也按同样的规则进行了升序排序。

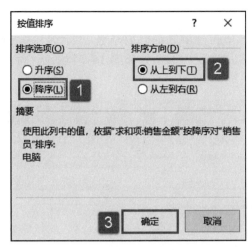

图 16-69　设置排序

图 16-70　对值降序后的效果预览

16.5.2　对数据透视表进行筛选操作

同样地，还可以对数据透视表进行筛选操作。用户可以对数据透视表中的"报表页"字段、"行标签"和"列标签"字段分别应用筛选。请打开实例文件"数据透视表 2.xlsx"工作簿，假设要筛选出"2019 年 3 月"销售员"林洁"和"张强"的销售额，具体操作步骤如下。

步骤 1：单击"行标签"下三角按钮，在展开的下拉列表中单击"选择字段"下三角按钮，然后选择"年月"字段，如图 16-71 所示。

图 16-71　选择字段"年月"

步骤 2：在下拉列表底部取消勾选"(全选)"复选框，然后依次勾选"3 月 1 日～3 月 31 日"复选框，最后单击"确定"按钮，如图 16-72 所示。

步骤 3：此时数据透视表筛选结果如图 16-73 所示。

图 16-72　选择要筛选出来的值

图 16-73　筛选结果

步骤 4：再次单击"行标签"中的筛选按钮，在展开的下拉列表中单击"选择字段"下三角按钮，然后选择"销售员"字段，在筛选下拉列表底部取消勾选"（全选）"复选框，勾选"林洁"和"张强"复选框，然后单击"确定"按钮，如图 16-74 所示。筛选结果如图 16-75 所示。

 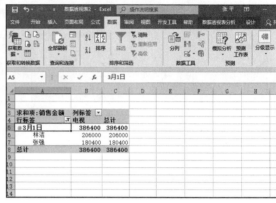

图 16-74　设置筛选字段　　　　　　　图 16-75　显示筛选结果

16.5.3　在数据透视表中插入切片器

切片器是从 Excel 2010 新增的功能，在 Excel 2019 中它提供了一种可视性极强的筛选方式以筛选数据透视表中的数据。在数据透视表中插入切片器的方法如下所示。请打开实例文件"数据透视表 3.xlsx"工作簿。

步骤 1：打开实例文件"数据透视表 3.xlsx"工作簿中的"数据透视表"，切换至"插入"选项卡，单击"筛选器"下三角按钮，在展开的下拉列表中选择"切片器"选项打开"插入切片器"对话框，如图 16-76 所示。

步骤 2：在"插入切片器"对话框中勾选"年月"复选框，然后单击"确定"按钮，如图 16-77 所示。

图 16-76　选择"切片器"选项　　　　　图 16-77　"插入切片器"对话框

步骤 3：随后 Excel 会以默认的格式在数据透视表所在的工作表中插入切片器，同时会显示"切片器"选项卡中的功能区，如图 16-78 所示。

步骤4：在"切片器"选项卡中的"按钮"组中，设置"列"数为"3"，设置"高度"和"宽度"分别为"1厘米"和"3厘米"，如图16-79所示。

图 16-78　显示"切片器工具"功能区

图 16-79　设置切片器的列数及按钮高度

步骤5：分别将鼠标指针放置在切片器右边框的中心位置和下边框的中心位置，当指针变为双向箭头形状时，拖动鼠标调整边框以适应切片器中的按钮，如图16-80所示。

16.5.4　为切片器应用样式

同为数据透视表应用样式类似，也可以为切片器应用样式，操作方法如下。

单击切片器中的任意按钮，激活"切片器工具"功能区，在"切片"选项卡中的"切片器样式"组中的"深色"

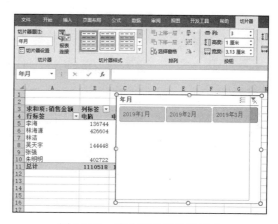

图 16-80　拖动调整切片器尺寸

区域选择一种适当的样式，如图16-81所示。应用样式后的切片器效果如图16-82所示，当前选中的按钮显示为紫色，其余未选中的按钮则显示为默认的浅蓝色。

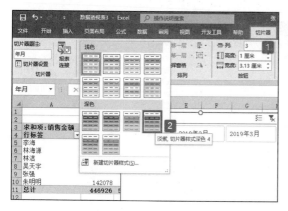

图 16-81　选择样式

图 16-82　应用样式后的效果

16.5.5 使用切片器筛选数据透视表中的数据

直接使用切片器筛选数据透视表中的数据更加直接和方便，用户只需要单击切片器中的按钮即可完成筛选，如果要清除筛选显示全部数据，只需要单击切片器中的"清除筛选器"或者按下快捷键"ALT+C"即可。

在切片器中单击"2019年2月"按钮，则数据透视表中此时只显示2019年2月的数据，如图16-83所示，如果要显示其他月份的数据，只需单击切片器中相应的按钮即可。如果要显示所有数据，即清除筛选，请单击切片器右上角的"清除筛选器"按钮。

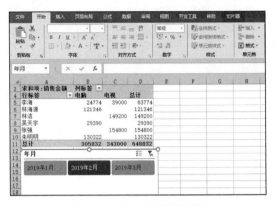

图16-83　"2月"数据展示

16.6　创建数据透视图

如果在创建数据透视图时，事先没有创建数据透视表，则请在"插入"选项卡中的"表格"组中单击"数据透视表"下三角按钮，在展开的下拉列表中选择"数据透视图"选项，系统会在创建数据透视表模板的同时创建一个数据透视图模板。然后用户只需要在报表区域添加字段即可在生成数据透视表的同时创建数据透视图。如果要根据已有的数据透视表来创建数据透视图，方法也很简单。

步骤1：打开实例文件"数据透视表4.xlsx"工作簿，单击选中数据透视表区域内任意单元格，在"插入"选项卡中的"图表"组中单击"数据透视图"下三角按钮，在展开的下拉列表中选择"数据透视图"选项，如图16-84所示。

步骤2：随后打开"创建数据透视表"对话框，设置要建立数据透视图的单元格区域为"A1:H42"，在"选择放置数据透视图的位置"选项区域选中"现有工作表"按钮，并选择位置为J2单元格，然后单击"确定"按钮，如图16-85所示。

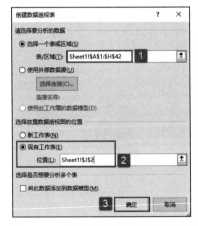

图16-84　选择数据透视图选项　　　　图16-85　设置数据透视图引用区域

步骤3：在"数据透视图字段"对话框中，拖动"年月"字段拖动到"轴（类别）"区域，将"销售金额"字段拖动到"Σ数值"区域，如图16-86所示，最终效果图如图16-87所示。

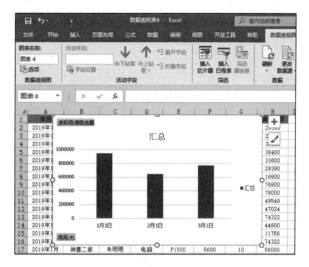

图16-86 拖动字段　　　　　　　　图16-87 数据透视图效果

在创建好了数据透视图后，用户还可以像编辑普通图表那样编辑数据透视图，比如设置图表中各元素的格式等，这部分知识将在下一章介绍图表时重点介绍。这里主要介绍数据透视图特有的一些编辑方法，例如隐藏数据透视图中的字段按钮等。

16.6.1 隐藏数据透视图中的字段按钮

从表面上看，数据透视图和普通图表最大的区别就是数据透视图中包含字段按钮，用户也可以将数据透视图中的字段按钮隐藏。

打开实例文件"数据透视表.xlsx"工作簿，选中数据透视图，在"数据透视图分析"选项卡中的"显示/隐藏"组中单击"字段按钮"下三角按钮，在展开的下拉列表中选择"全部隐藏"选项，如图16-88所示。隐藏所有字段按钮后的数据透视图效果如图16-89所示。

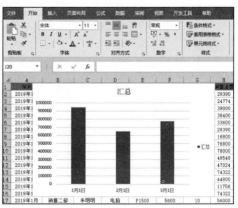

图16-88 单击"全部隐藏"选项　　　　图16-89 隐藏字段按钮后的数据透视图

16.6.2 用字段按钮在数据透视图中筛选数据

通过数据透视图中的字段按钮，可以直接在数据透视图中筛选数据。请打开使用字段按数据透视表 5.xlsx 工作簿。

步骤 1：在数据透视图中单击"产品类别"下三角按钮，在展开的下拉列表中取消勾选"（全选）"复选框，勾选"电脑"复选框，然后单击"确定"按钮，如图 16-90 所示。

步骤 2：接着数据透视图中只显示第一季度电脑的销售图表，如图 16-91 所示。

步骤 3：再次单击"产品类别"字段按钮中的筛选按钮，在展开的下拉列表中选择"从'产品类别'中清除筛选"选项，如图 16-92 所示。

步骤 4：随后图表中会显示全部数据，如图 16-93 所示。

图 16-90　设置筛选条件

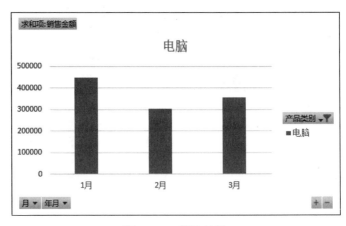

图 16-91　筛选结果

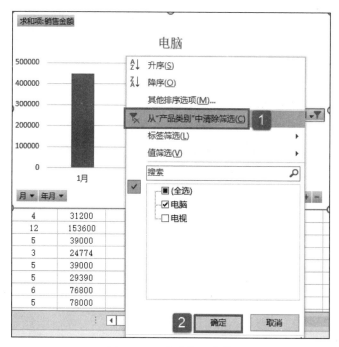

图 16-92 清除筛选条件

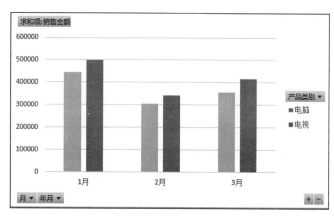

图 16-93 显示全部数据

16.7 实战：使用数据透视图分析企业费用

本章主要介绍了数据透视表的创建、数据透视表字段的设置方法、数据透视表的编辑操作、数据透视表的外观和格式设置以及如何在数据透视表中使用排序、筛选、切片器等对数据透视表中的数据进行分析，最后还介绍了数据透视图的创建与编辑。接下来，将进行数据透视图具体的应用操作，请打开"企业费用透视分析.xlsx"工作簿。

步骤1：切换至"插入"选项卡，在"表格"组中单击"数据透视图"下三角按钮，在展开的下拉列表中选择"数据透视图"选项，如图16-94所示。

步骤2：设置数据区域和放置位置在"创建数据透视表"对话框中单击选中"选择一个表或区域"单选按钮，并选择单元格区域"A1:D13"，在"选择放置数据透视图的位置"中选中"现有工作表"单选按钮，并设置"位置"为单元格"D17"，然后单击"确定"按钮，如图16-95所示。

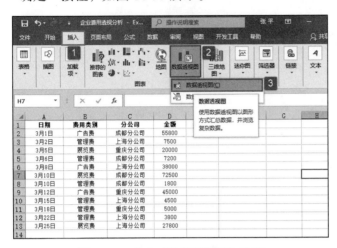

图16-94　单击"数据透视图"选项

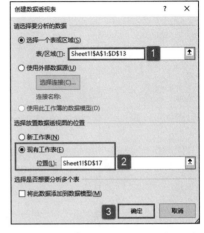

图16-95　设置数据透视图数据区域

步骤3：将"费用类别"字段添加到"图例（系列）"区域，将"分公司"字段添加到"轴（类别）"区域，将"金额"添加到"值"区域，如图16-96所示。

步骤4：此时得到的数据透视图效果如图16-97所示。

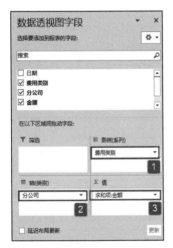

图16-96　设置字段

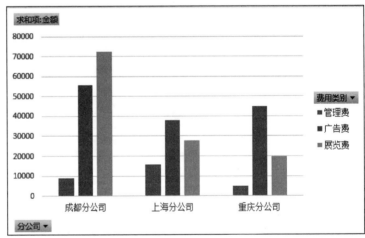

图16-97　数据透视图默认效果

第17章
利用条件格式和图形分析数据

建立财务管理工作表的目的就是为用户提供一种最优秀的决策信息,数据是以表格的形式呈现的,它只是管理活动量化分析的一种表现形式。而利用条件格式和图形可以使数据显得更清楚、有趣且易于理解,并可以使管理者发现数据间细微的差别,从而挖掘出管理新思路。因此,在财务管理工作中,除了直接使用表格进行管理外,用户还可以利用条件格式和图形对数据进行分析。本章将通过分析产品单位利润、销售税金和营业费用,详细介绍如何利用条件格式和迷你图形对工作表中的数据进行分析,希望通过这一章的学习大家能够学会利用合适的方法来分析数据。

- 使用条件格式分析产品单位利润
- 自定义多条件规则分析销售税金
- 使用迷你图分析营业费用
- 实战:使用 Excel 中的迷你图比较盈利状况

17.1 使用条件格式分析产品单位利润

产品的单位利润，通常是指单位主营业务利润。单位主营业务利润包括四个因素：一是单价；二是主营业务成本；三是营业费用；四是主营业务税金及附加。这四个因素的变动都会影响利润总额。

在 Excel 2019 中，条件格式主要包括：突出显示单元格规则、项目选取规则、数据条、色阶以及图标集。接下来，将分别介绍这些条件格式的使用方法。请打开实例文件"2019 年产品单位利润表.xlsx"。

17.1.1 使用条件格式突出显示数据

在 Excel 中，可以使用条件格式突出显示数据。比如，突出显示大于、小于或等于某个值的数据，或者突出显示文本中包含某个值的数据，又或者突出显示重复值的数据等。

步骤 1：打开"2019 年产品单位利润表.xlsx"工作簿，选定要突出显示数据的单元格区域，选择工作表 Sheet1 中的单元格区域 B4:B14，如图 17-1 所示。

步骤 2：在"开始"选项卡中的"样式"组中单击"条件格式"下三角按钮，在展开的下拉列表中选择"突出显示单元格规则"选项，然后在级联下拉列表中选择"小于"选项，如图 17-2 所示。

图 17-1 选定单元格区域　　　　图 17-2 选择单元格规则

步骤 3：随后，屏幕上弹出"小于"对话框，在对话框中的左侧文本框中输入要设置的值，如 2534，突出格式设置为"浅红填充色深红色文本"然后单击"确定"按钮，如图 17-3 所示。

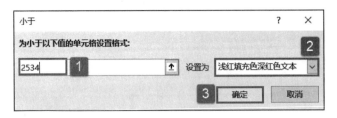

图 17-3 设置值

步骤 4：随后，选定的单元格区域中值小于 2534 的单元格会显示为“浅红填充色深红色文本”格式，如图 17-4 所示。

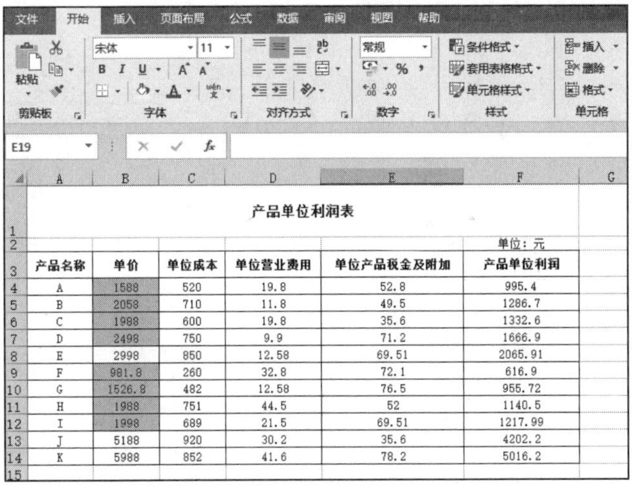

产品名称	单价	单位成本	单位营业费用	单位产品税金及附加	产品单位利润
A	1588	520	19.8	52.8	995.4
B	2058	710	11.8	49.5	1286.7
C	1988	600	19.8	35.6	1332.6
D	2498	750	9.9	71.2	1666.9
E	2998	850	12.58	69.51	2065.91
F	981.8	260	32.8	72.1	616.9
G	1526.8	482	12.58	76.5	955.72
H	1988	751	44.5	52	1140.5
I	1998	689	21.5	69.51	1217.99
J	5188	920	30.2	35.6	4202.2
K	5988	852	41.6	78.2	5016.2

图 17-4　突出显示结果

17.1.2　使用项目选取规则快速选择数据

项目选取规则通常包括：选取值最大的 10 项，值最大的 10% 项、值最小的 10 项、值最小的 10% 项、高于平均值以及低于平均值等规则。仍然以“2019 年产品单位利润表”为例，使用项目选取规则来快速选取值最大的 3 项和最小的 3 项。

步骤 1：选择单元格区域 C4:C14，如图 17-5 所示。

步骤 2：在主页功能区切换到“开始”选项卡下，在“样式”组中单击“条件格式”下三角按钮，在展开的下拉列表中选择“最前 / 最后规则”选项，在级联下拉列表中选择“前 10 项”，如图 17-6 所示。

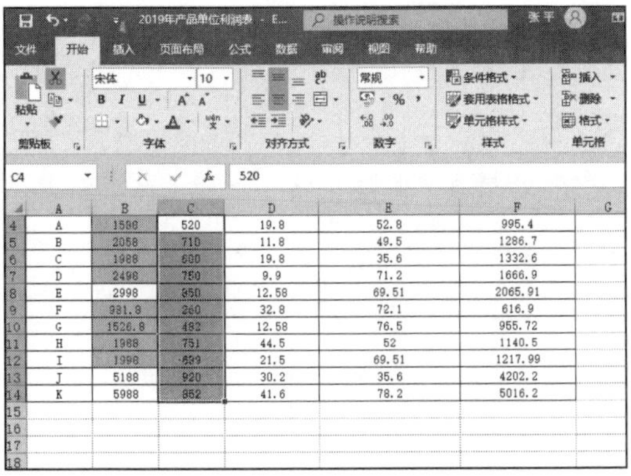

图 17-5　选择单元格区域

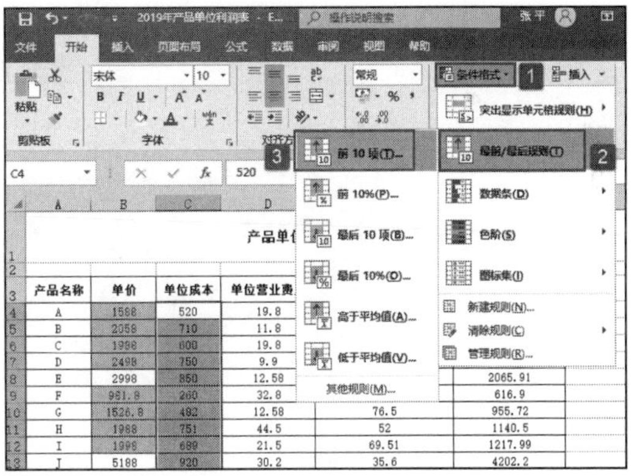

图 17-6　选择规则

步骤 3：随后打开“前 10 项”对话框，在调节框中输入数值 3，在“设置为”下拉列表中选择“绿色填充色深绿色文本”格式，然后单击“确定”按钮，如图 17-7 所示。

步骤 4：此时单元格区域会实时显示条件格式的结果，在选定的单元格区域中，值前三项的单元格会显示为“绿色填充深绿色文本”格式如图 17-8 所示。

步骤 5：再次选择单元格区域 C4:C14，在“样式”组单击“条件格式”下三角按钮，在展开的下拉列表中选择“最前 / 最后规则”选项，从级联下拉列表中选择“最后 10 项”选项，如图 17-9 所示。

步骤 6：在弹出的“最后 10 项”对话框中设置个数为 3，从“设置为”下拉列表中选择“黄填充色深黄色文本”选项，然后单击“确定”按钮，如图 17-10 所示。

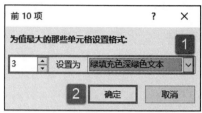

步骤 7：应用条件格式后的表格效果如图 17-11 所示。

图 17-7　设置要显示的项数

产品名称	单价	单位成本	单位营业费用	单位产品税金及附加	产品单位利润
A	1588	520	19.8	52.8	995.4
B	2058	710	11.8	49.5	1286.7
C	1988	600	19.8	35.6	1332.6
D	2498	750	9.9	71.2	1666.9
E	2998	850	12.58	69.51	2065.91
F	981.8	260	32.8	72.1	616.9
G	1526.8	482	12.58	76.5	955.72
H	1988	751	44.5	52	1140.5
I	1998	689	21.5	69.51	1217.99
J	5188	920	30.2	35.6	4202.2
K	5988	852	41.6	78.2	5016.2

图 17-8　显示结果

图 17-9　选择规则

图 17-10　设置个数

产品名称	单价	单位成本	单位营业费用	单位产品税金及附加	产品单位利润
A	1588	520	19.8	52.8	995.4
B	2058	710	11.8	49.5	1286.7
C	1988	600	19.8	35.6	1332.6
D	2498	750	9.9	71.2	1666.9
E	2998	850	12.58	69.51	2065.91
F	981.8	260	32.8	72.1	616.9
G	1526.8	482	12.58	76.5	955.72
H	1988	751	44.5	52	1140.5
I	1998	689	21.5	69.51	1217.99
J	5188	920	30.2	35.6	4202.2
K	5988	852	41.6	78.2	5016.2

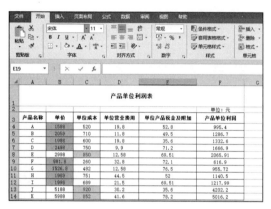

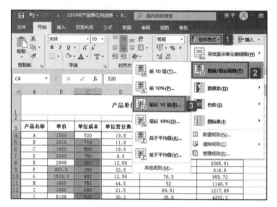

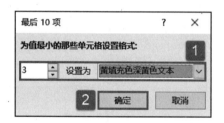

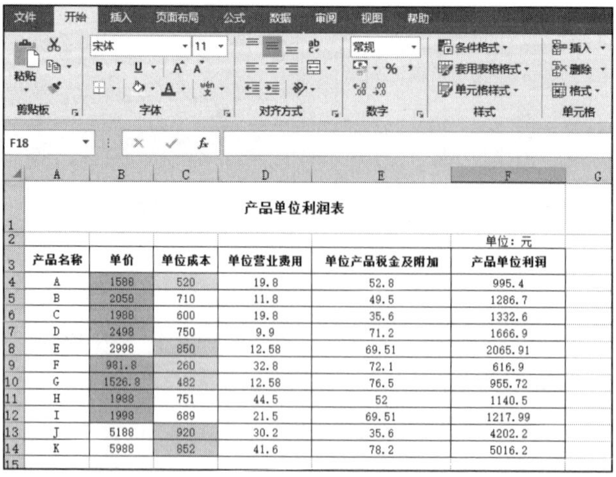

图 17-11　条件格式最终结果

17.1.3 使用数据条分析数据

在日常生活中我们还可以使用Excel中条件格式中的数据条来分析数据。使用数据条，可以直接在数据所有的单元格中显示一个横向的条状来比较数据。例如，要用数据条分析"2019年产品单位利润表工作表"中的单位营业费用，具体操作方法如下所示。

步骤1：拖动鼠标选择单元格区域D4:D14，如图17-12所示。

步骤2：在主页功能区切换到"开始"选项卡下，在"样式"组单击"条件格式"下三角按钮，在展开的下拉列表中选择"数据条"选项，在级联下拉列表中选择一种数据条样式，这里选择"渐变填充"选项下的"浅蓝色数据条"，如图17-13所示。

步骤3：在单元格区域中使用数据条规则后的单元格区域如图17-14所示，单元格中的数值决定数据条的长度，数值越大，数据条越长。

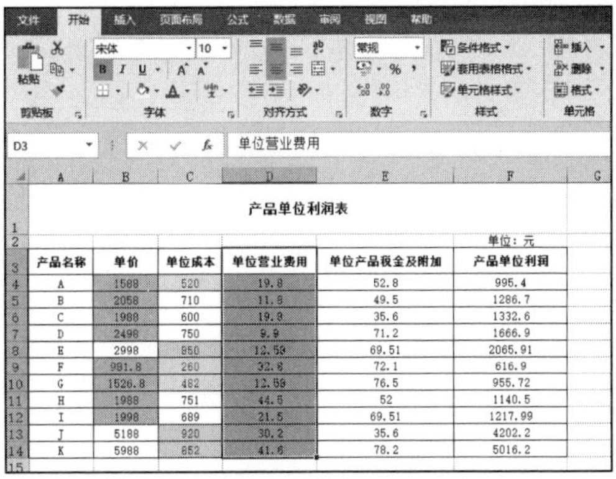

图17-12 选择数据区域

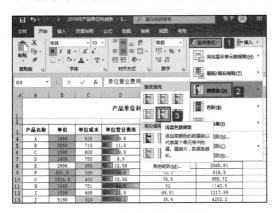

图17-13 选择数据条样式 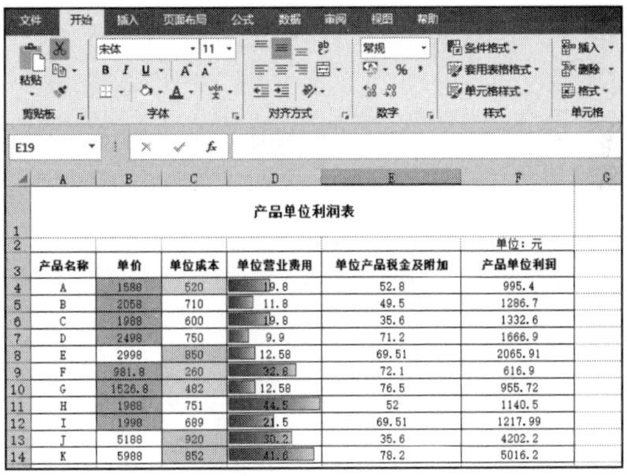　　　　　图17-14 显示结果

17.1.4 使用色阶分析数据

首先我们需要知道颜色刻度作为一种直观的提示，可以帮助用户了解数据分布和数据变化。

双色刻度使用两种颜色的深浅程度来帮助用户比较某个区域的单元格，通常颜色的深浅表示值的高低。三色颜色刻度用三种颜色的深浅程度来表示值的高、中、低。使用三色阶来分析单位产品利润表中的"单位产品税金及附加"项目的具体操作方法如下所示。

步骤1：拖动鼠标选择单元格区域E4:E14，如图17-15所示。

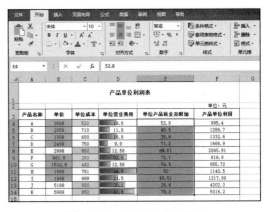

图17-15 选择单元格区域

步骤2：在主页功能区切换到"开始"选项卡下，在"样式"组单击"条件格式"下三角按钮，在展开的下拉列表中选择"色阶"选项，在级联下拉列表中选择一种数据条样式，这里选择"绿–黄–红色阶"，如图17-16所示。

步骤3：应用色阶后的单元格区域效果如图17-17所示。

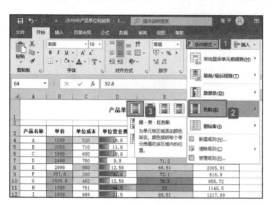

图17-16 选择色阶样式 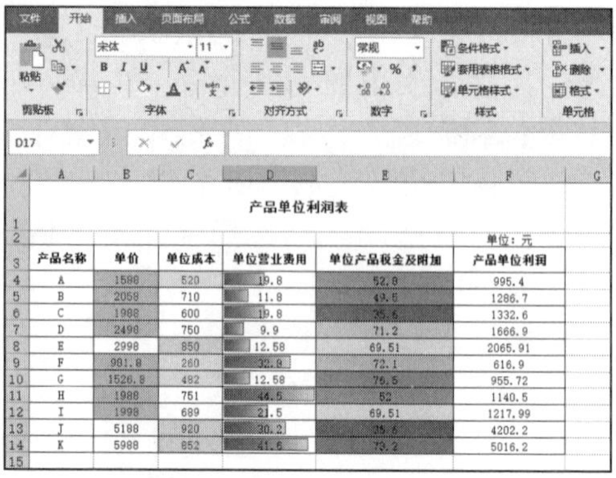　　　　　　　　图17-17 应用色阶后的效果

17.1.5 使用图标集分析数据

使用图标集可以对数据进行注释，并可以按阈值将数据分为3～5个类别，每个图标代表一个值的范围。例如，要使用图标集来分析产品单位利润列的数据，具体的操作方法如下。

步骤1：拖动鼠标选择单元格区域F4:F14，如图17-18所示。

步骤2：在主页功能区切换到"开始"选项卡下，在"样式"组单击"条件格式"下三角按钮，在展开的下拉列表中

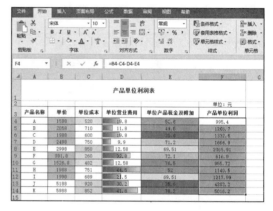

图17-18 选择单元格区域

选择"图标集"选项，在级联下拉列表中选择一种图标集样式，这里选择"四向箭头（彩色）"，如图17-19所示。

步骤3：使用图标集后的单元格效果如图17-20所示。

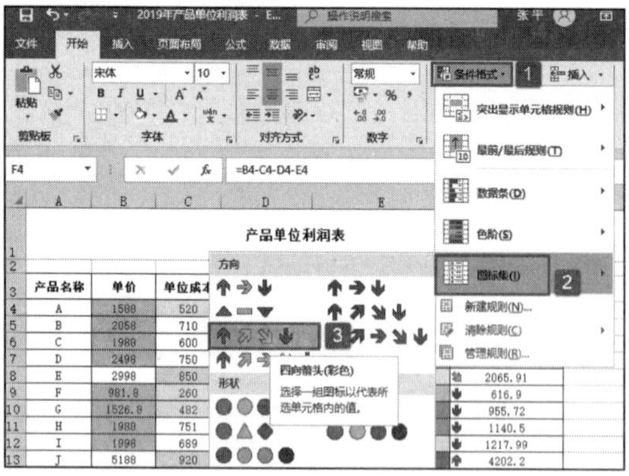

图17-19 选择图标集样式 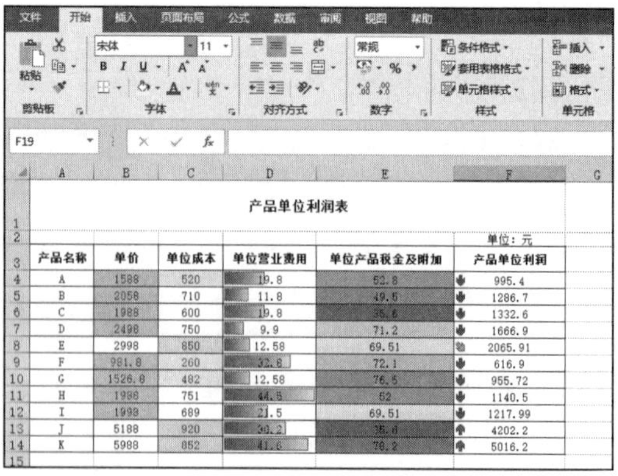　　　　　　　　图17-20 使用图标集后的效果

17.2　自定义多条件规则分析销售税金

除了可以使用前面介绍的 5 种条件格式来分析数据外，用户还可以根据需要自定义条件格式，也可以使用条件格式规则管理器来管理规则。接下来，将通过一个具体的实例来介绍新建规则、管理规则和删除规则的具体操作步骤。

17.2.1　新建规则

在自定义条件格式时，可供选择的规则类型有 6 种，分别是：基于各自值设置所有单元格的格式、只为包含以下内容的单元格设置格式、仅对排名靠前或靠后的数值设置格式、仅对高于或低于平均值的数值设置格式、仅对唯一值或重复值设置格式和使用公式确定要设置格式的单元格等。请打开实例文件"2019 年销售税金统计表 .xlsx"工作簿。

1. 只为包含以下内容的单元格设置格式

如果用户为文本格式内容的单元格设置规则，可以选择"只为包含以下内容的单元格设置格式"规则类型，操作步骤如下。

步骤 1：选择单元格区域 A4:A11，如图 17-21 所示。

步骤 2：在主页功能区切换到"开始"选项卡下，在"样式"组单击"条件格式"下三角按钮，在展开的下拉列表中选择"新建规则"选项，如图 17-22 所示。

图 17-21　选择单元格区域　　　　图 17-22　单击"新建规则"选项

步骤 3：在打开的"新建格式规则"对话框中的"选择规则类型"框中选择"只为包含以下内容的单元格设置格式"选项，然后在"编辑规则说明"区域的左侧下拉列表中选择"特定文本"选项，如图 17-23 所示。

步骤 4：在"编辑规则说明"区域的右侧的文本框中输入"A"，单击"格式"按钮，如图 17-24 所示。

步骤 5：随后打开"设置单元格格式"对话框。切换到"字体"选项卡，在"字形"列表中单击"加粗倾斜"选项，如图 17-25 所示。

步骤 6：切换到"填充"选项卡，在"背景色"区域单击选择"浅蓝色"，然后单击"确定"按钮，如图 17-26 所示。

步骤 7：返回"新建格式规则"对话框中，可以在"预览"框中对格式进行预览，然后单击"确定"按钮，如图 17-27 所示。

步骤 8：返回工作表中，应用条件格式后的效果如图 17-28 所示。

图 17-23　选择条件

图 17-24　单击"格式"按钮

图 17-25　设置字体格式

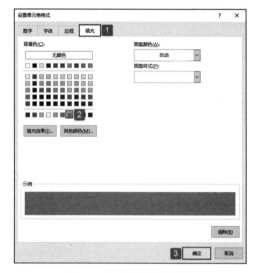

图 17-26　设置填充格式

图 17-27　条件格式预览

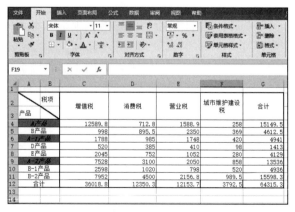

图 17-28　应用条件格式后的效果

2. 基于各自值设置所有单元格的格式

如果单元格中的内容为数值数据，用户在设置规则时可以选择"基于各自值设置所有单元格的格式"，操作步骤如下。

步骤1：选择单元格区域 G4:G11，如图 17-29 所示。

步骤2：在主页功能区切换到"开始"选项卡，在"样式"组单击"条件格式"下三角按钮，在展开的下拉列表中选择"新建规则"选项，如图 17-30 所示。

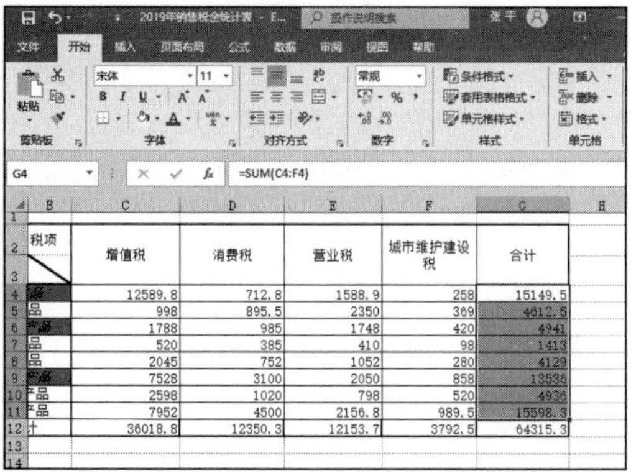

图 17-29　选择单元格区域 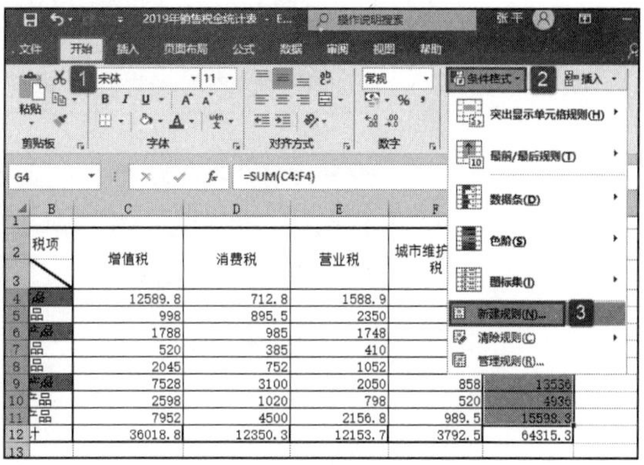　　　　图 17-30　单击"新建规则"选项

步骤3：在"选择规则类型"中选择"基于各自值设置所有单元格的格式"选项，从"格式样式"下拉列表中选择"数据条"选项，如图 17-31 所示。

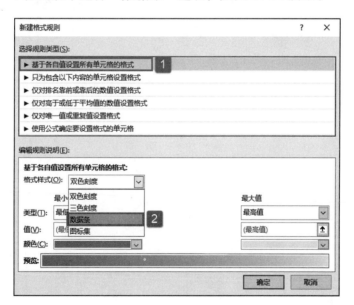

图 17-31　设置格式样式

步骤4：在"填充"下拉列表中选择"渐变填充"，从"颜色"下拉列表中选择"蓝色，个性色1"，然后单击"确定"按钮，如图 17-32 所示。

步骤5：应用条件格式后的效果如图 17-33 所示。

步骤6：按照上述方法对其余列设置图标集和色阶条件格式，设置后的效果如图 17-34 所示。

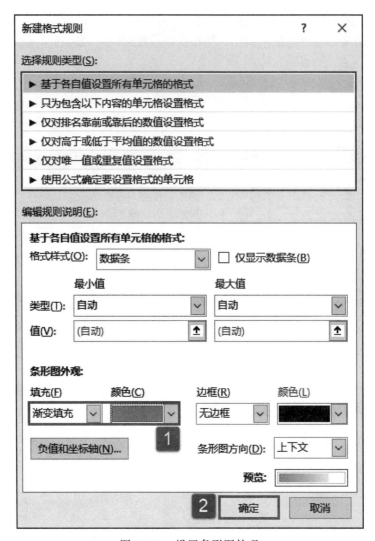

图 17-32　设置条形图外观

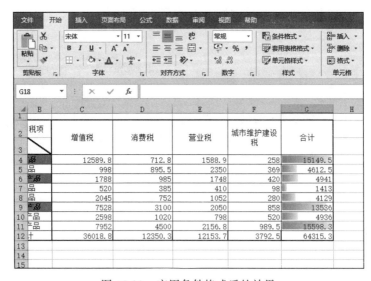

图 17-33　应用条件格式后的效果

图 17-34　为其他列应用条件格式

17.2.2 管理规则

当为单元格区域创建多个条件格式规则时，用户可以通过条件格式规则管理器来管理这些规则，完成新建规则、编辑规则、删除规则以及设置规则的优先顺序等操作。下面以上一节中创建的规则为实例，介绍如何使用条件格式规则管理器管理规则。

步骤 1：在主页功能区切换到"开始"选项卡下，在"样式"组中单击"条件格式"下三角按钮，在展开的下拉列表中选择"管理规则"选项，如图 17-35 所示。

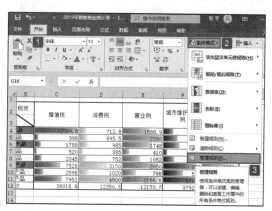

图 17-35　单击"管理规则"选项

步骤 2：在"条件格式规则管理器"对话框中单击"显示其格式规则"右侧的下三角按钮，在展开的下拉列表中选择"当前工作表"选项，如图 17-36 所示。

步骤 3：在"条件格式规则管理器"对话框中选择要编辑的规则，这里我们选择单元格区域 F4:F11 的数据条规则，然后单击"编辑规则"按钮，如图 17-37 所示。

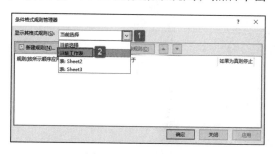

图 17-36　选择范围

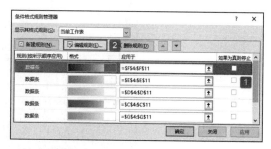

图 17-37　单击"编辑规则"选项

步骤 4：在"编辑规则说明"区域的"颜色"下拉列表中选择"浅绿"，单击"确定"

按钮，如图17-38所示。

步骤5：返回"条件格式规则管理器"对话框，单击"应用"按钮，如图17-39所示，然后单击"确定"按钮，查看应用效果，应用后的效果如图17-40所示。

图17-38　更改颜色

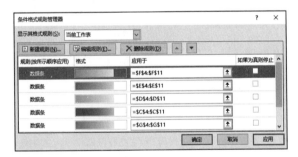

图17-39　单击"应用"按钮

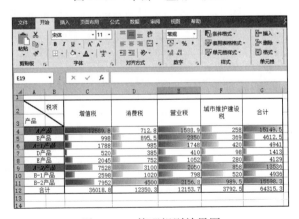

图17-40　管理规则效果图

17.2.3 删除规则

当不再需要某个单元格区域或整个工作表中的条件格式规则时，可以将它们清除掉。如果要清除的是其中的某一个规则，则可以在"条件格式规则管理器"对话框中进行，如果想要清除某个区域或工作表中的所有规则，则可以直接单击"清除规则"命令。

1. 清除某一条规则

在设置多条规则的条件格式工作表中，可以使用"条件格式规则管理器"清除其中的某一条规则，不会影响到其余的规则。

步骤 1：打开"条件格式规则管理器"对话框，选择要删除的规则，如选中在 G4:G11 区域使用蓝色渐变填充的数据条规则，单击"删除规则"按钮，如图 17-41 所示。

步骤 2：随后对话框中将不再显示该规则，单击"确定"按钮，如图 17-42 所示，效果如图 17-43 所示。

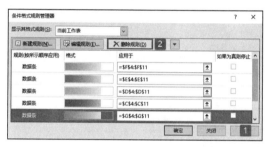

图 17-41　单击"删除规则"按钮

图 17-42　单击"确定"按钮

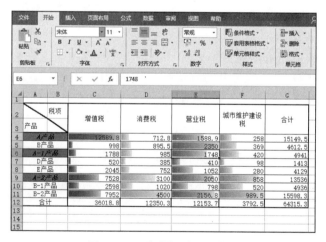

图 17-43　清除规则后的数据

2. 清除某一个区域的所有规则

当对同一个单元格区域设置多个规则时，如果要清除该单元格区域的条件格式，可以直接单击"清除所选单元格的规则"命令。

步骤 1：选择要清除条件格式的单元格区域 E4:F12，如图 17-44 所示。

步骤 2：在主页功能区切换到"开始"选项卡下，单击"样式"组中的"条件格式"选项右侧的下三角按钮，在展开的下拉列表中选择"清除规则"选项，在级联下拉列表中选择"清除所选单元格的规则"选项,如图17-45所示。

步骤3:清除规则后的单元格区域如图17-46所示。

税项 产品	增值税	消费税	营业税	城市维护建设税	合计
A产品	12589.8	712.8	1588.9	258	15149.5
B产品	998	895.5	2350	369	4612.5
A-1产品	1788	985	1748	420	4941
D产品	520	385	410	98	1413
E产品	2045	752	1052	280	4129
A-2产品	7528	3100	2050	858	13536
B-1产品	2598	1020	798	520	4936
B-2产品	7952	4500	2156.8	989.5	15598.3
合计	36018.8	12350.3	12153.7	3792.5	64315.3

图17-44 选定单元格区域

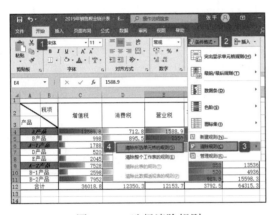

图17-45 选择清除规则

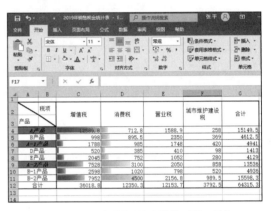

图17-46 清除规则后的单元格区域

3. 清除整个工作表的规则

如果清除工作表中所有的条件格式,可以单击"清除整个工作表的规则"选项,而不必要逐一清除。

步骤1:在功能区切换到"开始"选项卡下,在"样式"组单击"条件格式"下三角按钮,在展开的下拉列表中选择"清除规则"选项,在级联下拉列表中选择"清除整个工作表的规则"选项,如图17-47所示。

步骤2:随后,工作表中所有的条件格式都被清除,如图17-48所示。

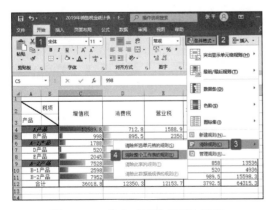

图17-47 单击"清除规则"选项

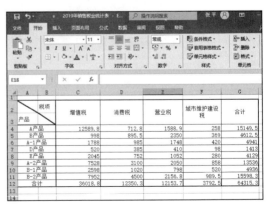

图17-48 条件格式全部清除的效果图

17.3 使用迷你图分析营业费用

迷你图是一种全新的图表制作工具，它以单元格为绘图区域，简单便捷地为用户绘制出简明的数据小图表，将数据以小图的形式呈现在用户面前，它是存在于单元格中的小图表。

17.3.1 创建迷你图

迷你图作为一个将数据形象化呈现的制图小工具，创建方法非常简单。在 Excel 2019 中，在"插入"选项卡中有一个"迷你图"组，当用户需要创建迷你图时，在该组中选择一种迷你图类型即可。请打开实例文件"营业费用统计表.xlsx"工作簿。

步骤 1：切换至"插入"选项卡，单击"迷你图"下三角按钮，在展开的下拉列表中选择"折线"选项，如图 17-49 所示。

图 17-49　选择迷你图类型

步骤 2：随后打开"创建迷你图"对话框，单击"数据范围"框右侧的单元格引用按钮，如图 17-50 所示。

步骤 3：此时"创建迷你图"对话框会折叠显示，选择单元格区域 B3:G3，单击"位置范围"框右侧的单元格引用按钮，选择单元格 H3，单击"确定"按钮，如图 17-51 所示。

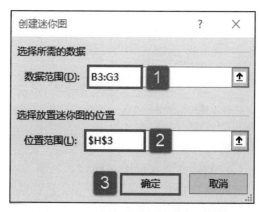

图 17-50　单击引用按钮　　　　图 17-51　设置数据范围和位置范围

步骤4：返回工作表中，创建的迷你图效果如图17-52所示。

步骤5：向下拖动单元格H3右下角的填充柄至单元格H7，得到其余行的迷你图，如图17-53所示。

图17-52 迷你图效果图

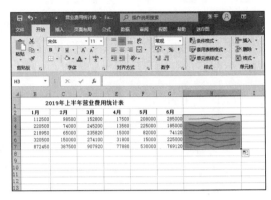
图17-53 使用填充功能复制迷你图

17.3.2 更改迷你图类型

Excel 2019中的迷你图包含三种类型，即"折线图""柱形图"和"盈亏图"。当工作表中创建了迷你图后，Excel窗口会显示"迷你图"功能区，通过该功能区中的"类型"组可以更改迷你图类型。以上一节中创建的迷你图为例，如果需要将迷你图类型更改为"柱形图"，具体的操作方法如下所示。

步骤1：在工作表中单击选中迷你图，此时Excel窗口会显示"迷你图"功能区，在"类型"组中单击"转换为柱形迷你图"按钮，如图17-54所示。

步骤2：更改类型后的迷你图效果如图17-55所示。

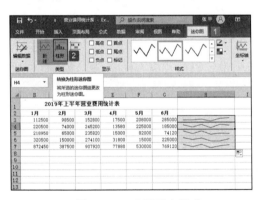
图17-54 选择更改类型

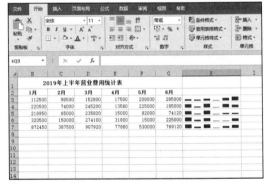
图17-55 柱形迷你图

17.3.3 修改迷你图数据和位置

迷你图创建好之后，用户还可以修改迷你图的数据区域和迷你图显示的位置。通常，用户可以编辑单个迷你图的数据，也可以编辑组位置和数据，下面分别进行介绍。首先请打开实例文件"迷你图.xlsx"工作簿。

1. 编辑单个迷你图的数据

如果只是其中某一个迷你图需要修改源数据，则可以使用"编辑单个迷你图的数据"命令，操作步骤如下所示。

步骤1：选择要编辑的迷你图，在"迷你图"选项卡中的"迷你图"组中单击"编辑数据"下三角按钮，在展开的下拉列表中选择"编辑单个迷你图的数据"选项，如图17-56所示。

步骤2：随后，屏幕上打开"编辑迷你图"对话框，并显示迷你图现在的数据区域，如图17-57所示。

步骤3：单击对话框中的单元格引用按钮，选择新的数据区域为B3:G3，然后单击"确定"按钮，如图17-58所示。

步骤4：更改后的迷你图效果如图17-59所示。

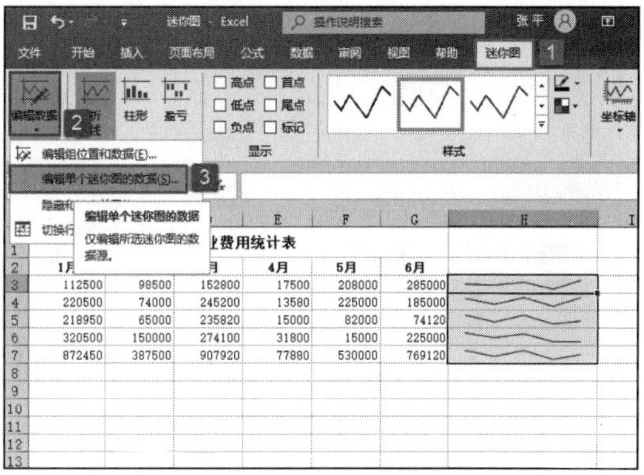

2. 编辑组位置和数据

如果整个迷你图组的数据区域都需要修改，则可以使用编辑组位置和数据选项，而不必逐一修改。

步骤1：单击选中迷你图组中的任意一个迷你图，切换至"迷你图"选项卡，在"迷你图"组中单击"编辑数据"下三角按钮，在展开的下拉列表中选择"编辑组位置和数据"选项，如图17-60所示。

图17-56　选择适当的命令

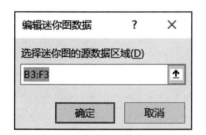

图17-57　显示原数据区域

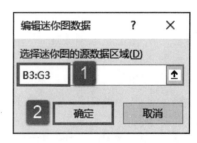

图17-58　选择新的数据区域

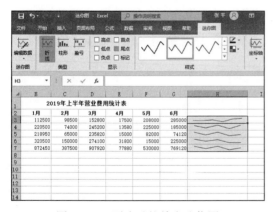

图17-59　更改后的单个迷你图

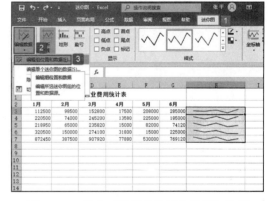

图17-60　单击"编辑组位置和数据"选项

步骤2：随后屏幕上会弹出"编辑迷你图"对话框，并在该对话框中显示迷你图组现有的数据范围和位置范围，如图17-61所示。

步骤3：在"编辑迷你图"对话框中的"数据范围"框中将列标F更改为G，然后单击"确定"按钮,如图17-62所示。

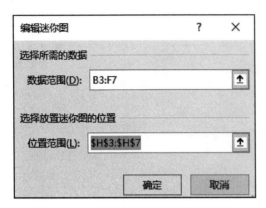

图17-61 显示迷你图组的原数据区域

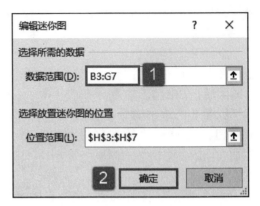

图17-62 更改数据范围

步骤4:更改数据范围后的迷你图组如图17-63所示,此时每个迷你图中都包含了1月至6月的数据。

17.3.4 调整迷你图显示属性

在默认的情况下,创建的"折线"迷你图样式很简单,图表中也没有显示数据标记,实际上,在迷你图中,不仅可以显示数据标记,还可以显示出"高点""低点""负点""首点"和"尾点"等特殊值。在上一节中修改了迷你图的数据,接下来需要在迷你图中显示标记。

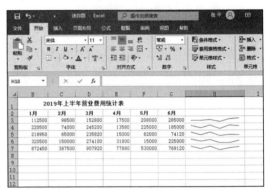

图17-63 更改数据范围后的迷你图组

步骤1:单击选中迷你图组中的任意一个迷你图,在"迷你图"选项卡中的"显示"组中勾选"标记"复选框,如图17-64所示。

步骤2:迷你图中会显示数据标记,如图17-65所示。

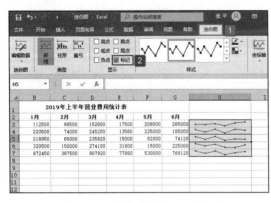

图17-64 勾选"标记"复选框

图17-65 显示数据标记

17.3.5 为迷你图应用样式

同普通的图表类似,Excel也为迷你图提供了丰富的内置样式,用户在创建好迷你图后，可以通过为迷你图应用样式来进一步美化迷你图。请打开实例文件"各分公司营业费用比较迷你图.xlsx"工作簿。

步骤1：单击选择迷你图组中的任一迷你图，如图17-66所示。

步骤2：切换至"迷你图"选项卡，单击"样式"组中的"其他"按钮，在展开的列表区域中选择适当的样式，这里选择"深蓝，迷你图样式着色1，深色50%"，如图17-67所示。

步骤3：更改样式后的迷你图效果如图17-68所示。

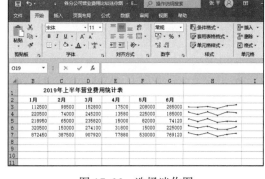

图17-66　选择迷你图

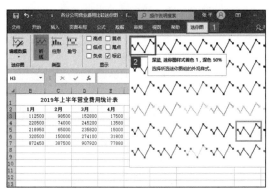

图17-67　选择迷你图样式

图17-68　更改样式后的效果

步骤4：选择迷你图组中的任一迷你图，在"迷你图"选项卡中的"样式"组中单击"迷你图颜色"下三角按钮，在展开的下拉列表中选择"粗细"选项，在级联下拉列表中选择"1.5磅"，如图17-69所示。

步骤5：更改线条为1.5磅的迷你图效果如图17-70所示。

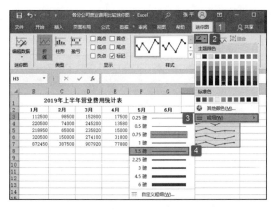

图17-69　设置粗细

图17-70　更改线条粗细后的效果

步骤6：再次选择迷你图组中的任一迷你图，在"迷你图"选项卡中的"样式"组中单击"标记颜色"下三角按钮，在展开的下拉列表中选择"标记"选项，在级联下拉列表中单击"黑色，文字1"，如图17-71所示。

273

步骤7：迷你图最终效果如图17-72所示。

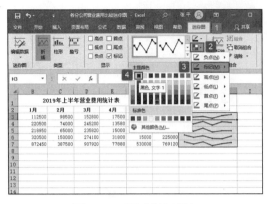

图 17-71　更改标记颜色

图 17-72　迷你图的最终效果

17.3.6　隐藏迷你图中的空值

如果工作表中存在空值，则以默认方式创建的折线迷你图中间就会有空距。在 Excel 2019 中，对于如何处理空值问题，系统给出了三个可供用户选择的选项，分别是："空距""零值"和"用直线连接数据点"，用户可以根据实际工作的需要进行选择。请打开实例文件"隐藏空值迷你图.xlsx"工作簿。

步骤1：选中工作表中已经创建好的迷你图，在"迷你图"选项卡中的"迷你图"组中单击"编辑数据"下三角按钮，在展开的下拉列表中选择"隐藏和清空单元格"选项，如图17-73所示。

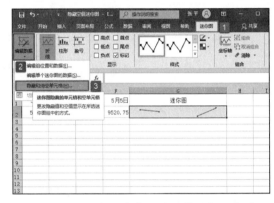

图 17-73　选择"隐藏和清空单元格"选项

步骤2：随后弹出"隐藏和空单元格设置"对话框，选中"用直线连接数据点"单选按钮，然后单击"确定"按钮，如图17-74所示，设置后的迷你图效果如图17-75所示。

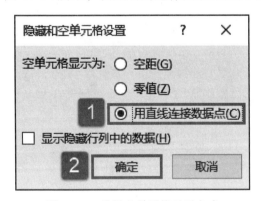

图 17-74　选择空单元格显示方式

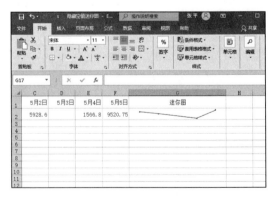

图 17-75　最终迷你效果图

17.4 实战：使用 Excel 中的迷你图比较盈利状况

本章以产品单位利润的分析、销售税金、营业费用等在财务核算中与利润相关的实例，着重介绍了 Excel 中的条件格式和迷你图的操作方法。迷你图是 Excel 2019 中新增加的功能，接下来将通过一个具体的实例，进一步对迷你图相关知识进行巩固和应用。请打开实例文件"公司年度盈利分析表.xlsx"工作簿。

步骤 1：切换至"插入"选项卡，单击"迷你图"下三角按钮，在展开的下拉列表中选择"柱形"选项，如图 17-76 所示。

步骤 2：在"创建迷你图"对话框中的"数据范围"框中设置为单元格区域 B3:F3，在"位置范围"框中设置为单元格 G3，然后单击"确定"按钮，如图 17-77 所示。

图 17-76 选择迷你图类型

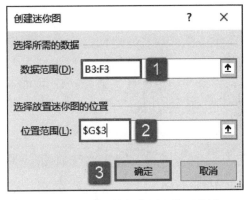

图 17-77 设置数据范围和位置范围

步骤 3：此时单元格 G3 中会显示创建的默认样式的迷你图如图 17-78 所示。

步骤 4：选中新创建的迷你图，切换至"迷你图"选项卡，在"显示"组中勾选"高点"复选框，如图 17-79 所示。

图 17-78 创建的默认的柱形迷你图

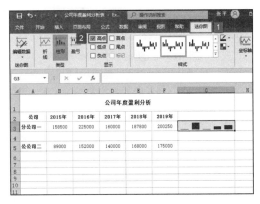

图 17-79 显示"高点"

步骤 5：在"迷你图"选项卡中的"样式"组中单击"标记颜色"下三角按钮，在展开的下拉列表中选择"高点"选项,在级联下拉列表中选择"标准色"选项下的"浅绿",如图 17-80 所示。

步骤 6:切换至"插入"选项卡,单击"迷你图"下三角按钮,在展开的下拉列表中选择"折线"选项打开"创建迷你图"对话框。设置"数据范围"为单元格区域 B3:F3,设置"位置范围"为单元格 G4,然后单击"确定"按钮,如图 17-81 所示。

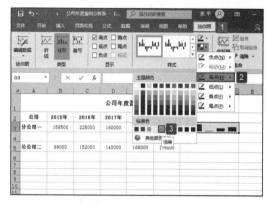

图 17-80　设置高点颜色

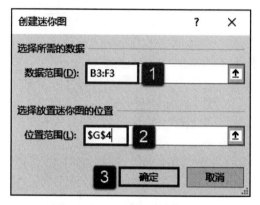

图 17-81　创建折线迷你图

步骤 7:创建好迷你图后,用同样的方法将折线迷你图中的高点设置为"浅绿",效果如图 17-82 所示。

步骤 8:用同样的方法,以单元格区域 B5:F5 为数据区域,分别在单元格 G5 和 G6 中创建柱形迷你图和折线迷你图,并将高点设置为红色,得到的迷你图最终效果如图 17-83 所示。

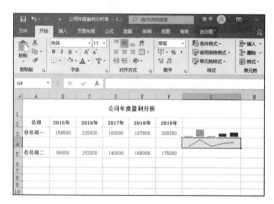

图 17-82　折线迷你图效果

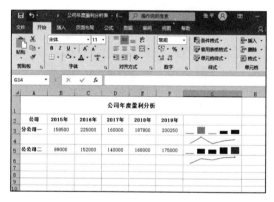

图 17-83　迷你图最终效果图

第18章
规划求解算出最大利润

每一家公司都希望在有限的生产资源下，制造出利润最高的产品，以获得最大的收益。本章将会以清源公司的产品的生产情况为例，从分析规划求解问题、进行规划求解、变更规划求解条件以及查看规划求解报表这四个方面为大家介绍如何利用规划求解算出最大利润。

- 分析规划求解问题
- 进行规划求解
- 实战：变更规划求解条件
- 查看规划求解报表

18.1 分析规划求解问题

在分析规划求解问题之前,先来了解一下清源公司产品生产的具体情况。

清源公司是一家专门生产各式饮料的公司,近期内打算利用现有的厂房设备,制造梅子乌龙茶与无糖绿茶这两种新饮料。在生产研讨会议之后,高层决定每月使用 800 千克的原料,并分布 650 个小时的机器运转时间来生产这两种新产品。

制造部门目前已经计算出来,每生产一打的梅子乌龙茶,需要机器运转 2 小时、耗费原料 3.2 千克,并可获得 100 元的毛利;生产一打无糖绿茶则需要机器运转 3.5 小时耗费原料 4 千克,并可获得 130 元的毛利。现在要面临的问题就是,到底清泉公司每个月应该生产几打的梅子乌龙茶和无糖绿茶,才能赚取最大的利润呢?

18.1.1 问题分析

清源公司面对的生产问题,看似相当复杂难解,其实只要能将上述的生产限制化做数学条件式,然后建入 Excel 工作表当中,并运用规划求解功能,就能轻轻松松求得一个利润最大化的解答。首先可以将厂房的生产条件列表如图 18-1 所示。

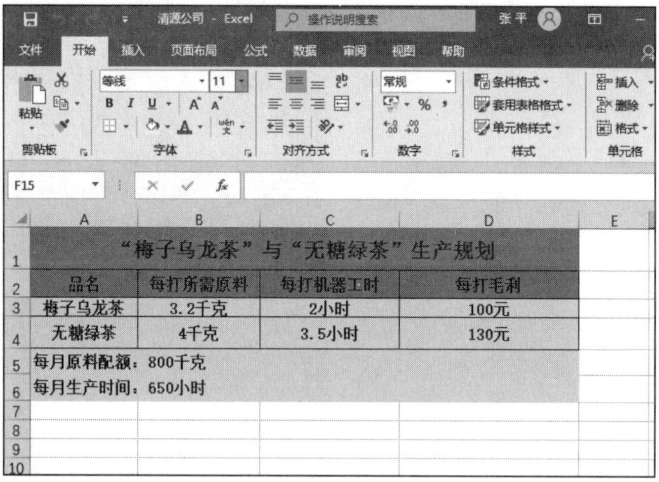

图 18-1 厂房的生产条件

假设梅子乌龙茶与无糖绿茶的每月生产量分别应为 X 与 Y 打,总利润为 Z,根据上表的生产条件限制,可以列出下面的数学式。

原料限制式:3.2X+4Y<=800。
时间限制式:2X+3.5Y<=650。
生产数量:X>=0,Y>=0。
求解目标:MAX Z=100X+130Y(求出最大利润)。

18.1.2 建立工作表

只把这些数学式列出来还不够,必须设法将这些数据建立到工作表中。因此,接下来的工作就是为此项生产计划建立一张工作表。请打开实例文件"清源公司.xlsx"工作簿,并切换至 Sheet2 工作表,建立的工作表如图 18-2 所示。

依据生产条件,将数据输入到工作表中,结果如图18-3所示。

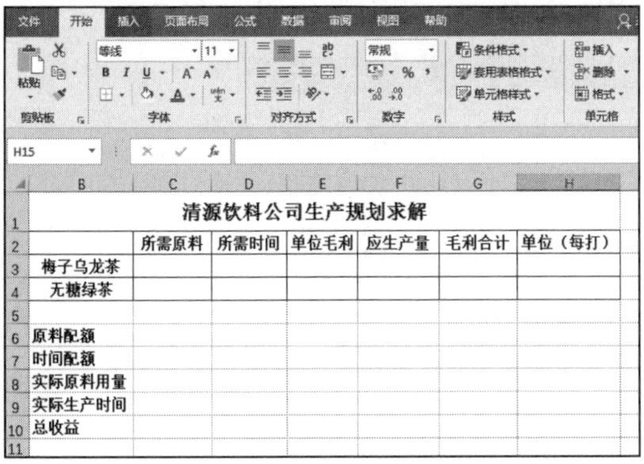

图 18-2 建立工作表

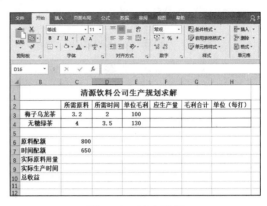

图 18-3 输入数据

18.1.3 输入公式

除了输入基本生产数据,还有毛利、总收益等计算公式也要建入工作表中。

步骤1:梅子乌龙茶的毛利合计为梅子乌龙茶的单位毛利乘上应生产量,因此应在G3单元格中输入公式"=E3*F3",然后按"Enter"键返回计算结果;同理,应在G4单元格中输入公式"=E4*F4",然后按"Enter"键返回计算结果,如图18-4所示。

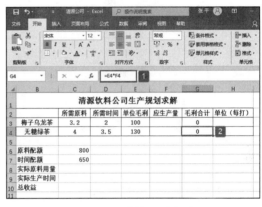

图 18-4 计算毛利合计

步骤2:梅子乌龙茶和无糖绿茶的总实际原料用量为梅子乌龙茶的所需原料乘以应生产量,加上无糖绿茶的所需原料乘以应生产量,因此应在C8单元格中输入公式"=C3*F3+C4*F4",然后按"Enter"键返回计算结果,如图18-5所示。

步骤3:计算实际生产时间和计算实际原料用量的原理相同,因此应该在C9单元格中输入公式"=D3*F3+D4*F4",然后按"Enter"键返回计算结果,如图18-6所示。

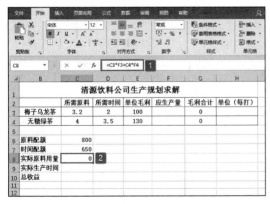

图 18-5 计算实际原料用量

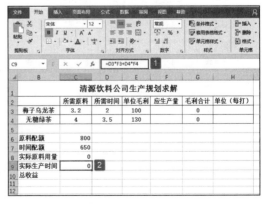

图 18-6 计算实际生产时间

步骤4：总收益C10的公式为梅子乌龙茶与无糖绿茶的毛利加总，因此应该在C10单元格中输入公式"=G3+G4"，然后按"Enter"键返回计算结果，如图18-7所示。

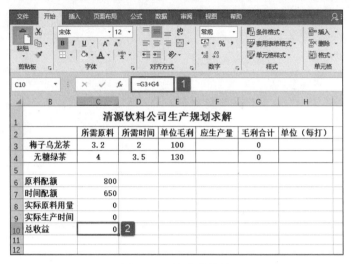

图18-7　计算总收益

18.2　进行规划求解

工作表的数据与公式已经建立完成，接着就该进行规划求解了，首先来了解一下规划求解这项功能。

18.2.1　规划求解的意义

在使用规划求解功能前，必须理清用户的求解目标，看是希望目标越大越好还是越小越好，或者等于某特定的数值，然后设置好变量单元格与条件限制式。接着再根据用户的设置目标，运用规划求解为目标单元格的公式（即本例的C10单元格）寻找一个最符合求解目标的值。

18.2.2　加载"规划求解加载项"

规划求解分析工具是以加载项的形式存在于Excel中，在第一次使用时，需要加载，加载方法如下所示。

步骤1：切换至"文件"选项卡，在页面左侧导航栏中单击"选项"按钮打开"Excel选项"对话框。单击"加载项"标签，在"加载项"列表框中选择"规划求解加载项"，然后在"管理"列表中单击"转到"按钮，如图18-8所示。

步骤2：接着打开"加载项"对话框，在"可用加载宏"列表中勾选"规划求解加载项"复选框，然后单击"确定"按钮，如图18-9所示。

步骤3：加载成功后，在"数据"选项卡中的"分析"组中会显示"规划求解"按钮，如图18-10所示。

图 18-8　选择加载项　　　　　　　　　图 18-9　勾选"规划求解加载项"复选框

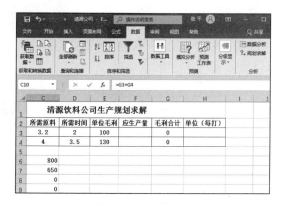

图 18-10　加载成功

18.2.3　规划求解的条件设置

现在，就要正式进入规划求解的阶段了。具体操作方法如下。

步骤1：选取 Sheet2 工作表的 C10 单元格，在主页功能区切换到"数据"选项卡，然后单击"分析"组中的"规划求解"按钮，如图 18-11 所示。

步骤2：在打开的"规划求解参数"对话框中设置目标单元格为 C10，即显示最大利润的单元格，单击选中"最大值"单选按钮，设置"可变单元格"为单元格区域 F3:F4，然后单击"添加"按钮，如图 18-12 所示。

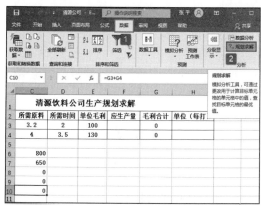

图 18-11　选择"规划求解"选项　　　　　　图 18-12　设置目标

步骤 3：随后打开"添加约束"对话框，设置梅子乌龙茶的产量约束条件为"F3>=0"，然后单击"添加"按钮，如图 18-13 所示。

步骤 4：接着设置无糖绿茶的产量约束条件为"F4>=0"，继续单击"添加"按钮，如图 18-14 所示。

图 18-13　设置梅子乌龙茶的产量约束条件

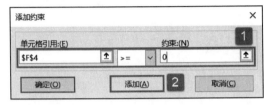

图 18-14　添加无糖绿茶的约束条件

步骤 5：由于实际原料用量必须小于或等于原料配额 800，因此设置原料配额的约束条件为"C8<=C6"，继续单击"添加"按钮，如图 18-15 所示。

步骤 6：最后还有时间配额的约束，其约束条件为"C9<=C7"，完成约束的设置之后，单击"确定"按钮即可，如图 18-16 所示。

图 18-15　设置原料配额约束条件

图 18-16　设置时间配额的约束条件

步骤 7：之后便会返回到"规划求解参数"对话框，之前添加的所有约束就会显示在"遵守约束"列表框中，然后单击"求解"按钮执行求解，如图 18-17 所示。

步骤 8：随后屏幕上弹出"规划求解结果"对话框，在"报告"区域单击选择"运算结果报告"，勾选"制作报告大纲"复选框，然后单击"确定"按钮，如图 18-18 所示。

图 18-17　执行求解

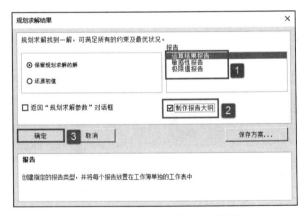

图 18-18　"规划求解结果"对话框

步骤 9：返回工作表中，此时单元格中 F3:F4 的值为规划求解结果，即对应梅子乌龙茶和无糖绿茶的应生产量，同时单元格 C10 中显示总收益为 25750 元，如图 18-19 所示。与此同时，Excel 会自动在工作簿中插入一个"运算结果报告 1"工作表，并在该工作表中显示运算结果报告，如图 18-20 所示。

原本感到复杂的生产问题，经过规划求解的运算求得清源公司只要利用规划的生产资源，每个月生产梅子乌龙茶 62.5 打，生产无糖绿茶 150 打，就可获得最大利润 25 750 元。

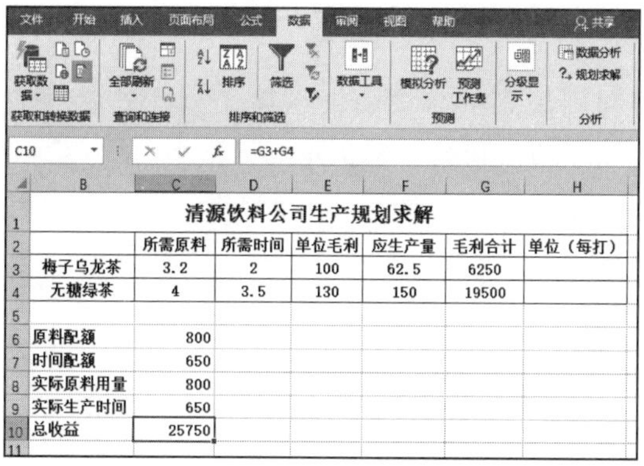

图 18-19　在工作表中显示规划求解结果

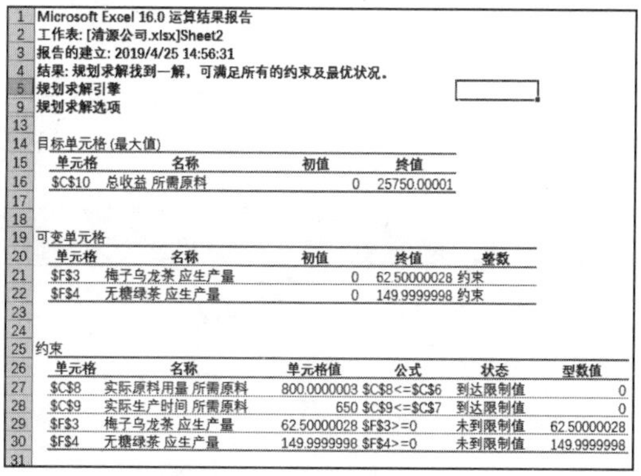

图 18-20　运算结果报告

18.3　实战：变更规划求解条件

由于大环境在变，因此企业的政策也必须跟随着变动，才能获得最大的利润。

18.3.1　修改规划条件

此时高层主管修订了部分生产计划，决定投入的原料要由 800 增加为 1000，时间配额要增加到 700 小时，那么这时候就需要先在工作表中修改对应数据，然后重新进行求解。更改条件后的工作表如图 18-21 所示，为其重新命名为"修改规划条件.xlsx"工作簿，以便于与前面的工作簿进行区分。

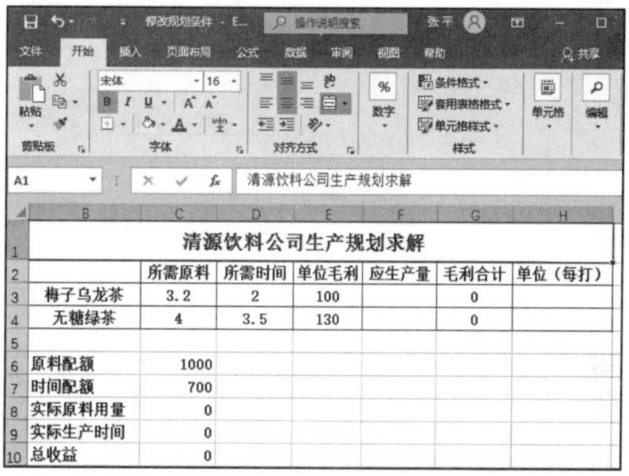

由于应生产量和总收益是通过规划求解功能所计算出来的，因此更新工作表中的数据之后，还需要选定目标单元格 C10，然后重新执行规划求解命令，才能得到新的求解结果，具体的操作步骤如下。

图 18-21　修改原料和时间配额

步骤 1：选取 C10 单元格，在主页功能区切换到"数据"选项卡，然后单击"分析"组中的"规划求解"选项，如图 18-22 所示。

步骤 2：由于只修改了规划的条件，而规划求解参数的设置及限制条件未变，因此在弹出的"规划求解参数"对话框中直接单击"求解"按钮即可，如图 18-23 所示。

步骤 3：随后屏幕上弹出"规划求解结果"对话框，在"报告"区域将"运算结果报告""敏感性报告"和"极限值报告"全部选取，勾选"制作报告大纲"复选框，然后单击"确定"按钮，如图 18-24 所示。

步骤 4：返回工作表中，此时单元格中 F3:F4 的值为规划求解结果，即对应梅子乌龙茶和无糖绿茶的应生产量，同时单元格 C10 中显示总收益为 31 625 元，如图 18-25 所示。与此同时，Excel 会自动在工作簿中插入一个"运算结果报告"工作表，一个"敏感性报告"工作表和一个"极限值报告"工作表，这三个工作表将会在下一小节中详细介绍。

经过规划求解的运算求得清源公司只要利用规划的生产资源，每个月生产梅子乌龙茶 218.75 打，生产无糖绿茶 75 打，就可获得最大利润 31 625 元。

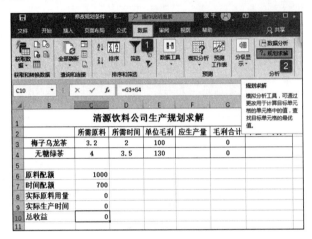

图 18-22 选择"规划求解"选项

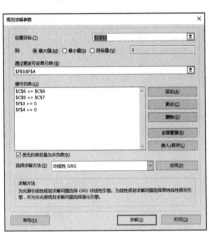

图 18-23 单击"求解按钮"

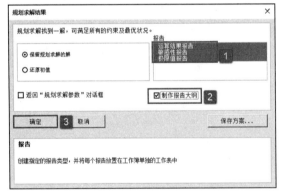

图 18-24 设置"规划求解结果"

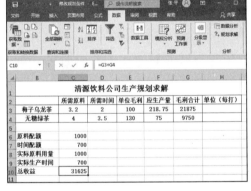

图 18-25 规划求解结果

18.3.2 修改求解约束

还有另外一种情况是要修改规划求解的限制式，例如主管希望每月固定生产梅子乌龙茶 100 打，然后剩余的资源用来生产无糖绿茶，那么这时候就必须要修改规划求解的约束条件，具体操作步骤如下。

在进行规划求解之前，需要先将"清源公司.xlsx"工作簿重新命名为"修改求解约束.xlsx"，以便于与前面的工作簿进行区别。

步骤 1：打开"修改求解约束.xlsx"工作簿，选取 C10 单元格，在主页功能区切换到"数据"选项卡，然后单击"分析"组中的"规划求解"选项，如图 18-26 所示。

步骤 2：在弹出的"规划求解参数"对话框中，选中"遵守约束"列表框中的约束条件"F3>=0",单击"更改"按钮,如图18-27所示。

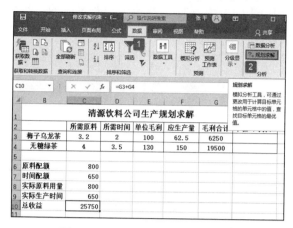

图18-26 选择"规划求解"命令

图18-27 选择要更改的约束条件

步骤3:在弹出的"改变约束"对话框中设置约束条件为"F3=100",然后单击"确定"按钮,如图18-28所示。

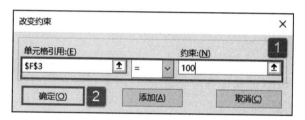

图18-28 改变约束条件

步骤4:返回"规划求解参数"对话框便可以在"遵守约束"列表框中看到约束条件已经修改成功,单击"求解"按钮进行规划求解,如图18-29。

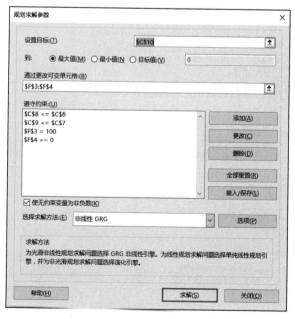

图18-29 单击"求解"按钮

步骤 5：在弹出的“规划求解”对话框中单击“确定”即可，如图 18-30 所示。

步骤 6：返回工作表中，此时单元格中 F4 的值为规划求解结果，即对应的无糖绿茶的应生产量为 120 打，同时单元格 C10 中显示总收益为 25 600 元，如图 18-31 所示。

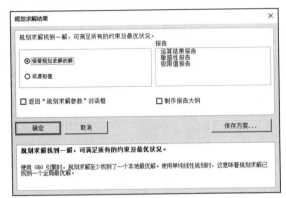

图 18-30　单击“确定”按钮

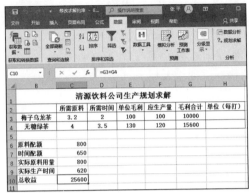

图 18-31　修改求解约束结果

18.4 查看规划求解报表

用户可以通过规划求解功能求得问题的最佳答案。在第 3 节中修改规划条件后，在重新进行规划求解的过程中建立了求解结果的各式报表，下面就具体来讲解一下这些报表。

打开“修改规划条件 .xlsx”工作簿，以下依次查看刚才产生的三种规划求解报表。

18.4.1 运算结果报告

“运算结果报告”会列出目标单元格及变量单元格的初值、终值及参数限制式的公式内容，如图 18-32 所示。

Microsoft Excel 16.0 运算结果报告
工作表: [修改规划条件.xlsx]Sheet2
报告的建立: 2019/4/25 15:12:43
结果: 规划求解找到一解，可满足所有的约束及最优状况。
规划求解引擎
规划求解选项

目标单元格 (最大值)

单元格	名称	初值	终值
$C$10	总收益 所需原料	0	31625

可变单元格

单元格	名称	初值	终值	整数
$F$3	梅子乌龙茶 应生产量	0	218.75	约束
$F$4	无糖绿茶 应生产量	0	75	约束

约束

单元格	名称	单元格值	公式	状态	型数值
$C$8	实际原料用量 所需原料	1000	$C$8<=$C$6	到达限制值	0
$C$9	实际生产时间 所需原料	700	$C$9<=$C$7	到达限制值	0
$F$3	梅子乌龙茶 应生产量	218.75	$F$3>=0	未到限制值	218.75
$F$4	无糖绿茶 应生产量	75	$F$4>=0	未到限制值	75

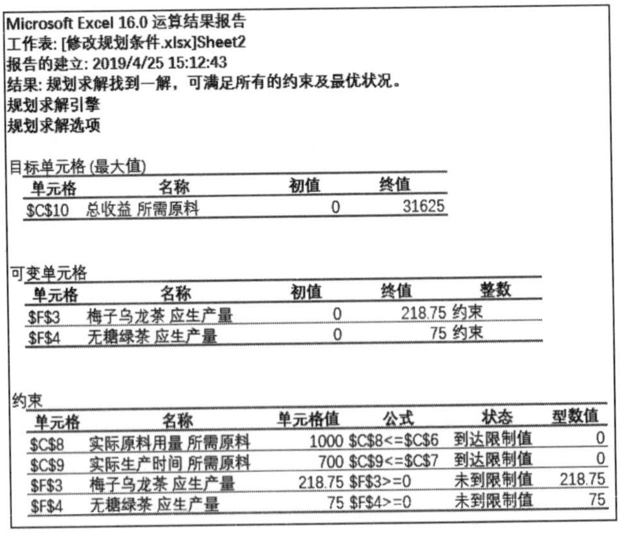

图 18-32　运算结果报告

18.4.2 敏感性报告

"敏感性报告"提供有关目标单元格的公式或约束中微小变化的敏感度信息,如图 18-33 所示。

图 18-33 敏感性报告

18.4.3 极限值报告

"极限值报告"列出目标单元格和变量单元格的数值、上下限,以及对应的目标值,如图 18-34 所示。

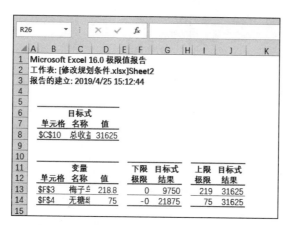

图 18-34 极限值报告

在遇到的问题当中,包含了一个以上的变量及约束时,就可以尝试使用本章所介绍的规划求解来获得一个最佳化结果。当然,在进行规划求解之前,最重要的还是必须将问题分析清楚,以免 Excel 根据错误的假设条件,计算出似是而非的答案误导用户进行分析。

第19章
财务预测

在对企业的财务报表进行预测时,可以采用多种方法,例如销售百分比法、资金需要量预测法、线性预测法、指数法和回归分析预测法。其中,销售百分比法是在实际工作中最常用的一种方法,这种方法简单、方便,财务人员只需建立两个假设条件即可,其中一个是假设报表中各要素与销售有紧密的联系,另一个是目前资产负债表中的各项水平对当前的销售来讲都是最佳水平,但在某些情况下,这种假设会损失一定的真实性,因此在财务计划中,还需要掌握其他几种方法的应用。

- 资金需要量预测
- 企业营业费用线性预测
- 使用指数法预测产量和生产成本
- 实战:销量和利润总额回归分析

19.1 资金需要量预测

资金需要量预测是指企业根据生产经营的需求，对未来所需资金的估计和推测。企业筹集资金，首先要对资金需要量进行预测，即对企业未来组织生产经营活动的资金需要量进行估计、分析和判断，它是企业制定融资计划的基础。资金需要量预测是财务预测的重要组成部分，科学地预测企业的资金需要量是合理筹划和运用资金、提高经济效益的重要保证。

19.1.1 创建资金需要量预测模型

资金需要量预测中常见的方法之一是资金性态法，是指根据资金的变动同产销量之间的依存关系预测未来资金需要量的一种方法。利用这种方法，要求首先把企业的总资金划分为随产销量成正比例变动的变动资金和不受产销量变动影响而保持固定不变的固定资金两部分，然后再进行资金需要量预测。

下面以实例来说明如何创建资金需要量预测模型，一起来看一下实例。

已知某企业在 2013 年～ 2018 年的产销量以及每年资金的占用量，假设 2019 年预计产销量为 1500 万，现需要预测 2019 年可能占用的资金量。假设资金需要量与销售量的关系为如下一元线性关系：资金需要量（y）= a+b* 销售量（x），这里 a、b 为待估计参数。

步骤 1：新建一个工作簿，在工作表 Sheet1 中输入如图 19-1 所示的已知数据。

步骤 2：创建如图 19-2 所示的高低点资金预测模型和回归分析法资金预测模型。

图 19-1　输入已知数据

图 19-2　创建预测分析模型

19.1.2 高低点法资金需要量预测

高低点法是一种典型的资金性态法，主要是利用函数关系 y=ax+b 来进行资金的预算。高低点法预测模型表格中包括的项目有：产销量高点、产销量低点、预测方程变量项 b、预测方程常数项 a 及 2019 年预测值，接下来就利用上面做出的预测模型进行具体的预算操作。

步骤 1：在单元格 B11 中输入公式"=MAX(B3:B8)"计算产销量高点，按下"Enter"键后返回计算结果，如图 19-3 所示。

步骤 2：在单元格 B12 中输入公式"=MIN(B3:B8)"计算产销量低点，按下"Enter"键后返回计算结果，如图 19-4 所示。

图 19-3　计算产销量高点　　　　　　图 19-4　计算产销量低点

步骤 3：在单元格 C11 中输入公式"=INDEX($C$3:$C$8,MATCH(B11,$B$3:$B$8))"，按下"Enter"键后返回计算结果，然后拖动单元格 C11 右下角的填充柄，复制公式至单元格 C12，得到如图 19-5 所示的结果。

步骤 4：在单元格 B13 中输入公式"=(C11-C12)/(B11-B12)"，按下"Enter"键后返回计算结果，如图 19-6 所示。

步骤 5：在单元格 B14 中输入公式"=C11-B11*B13"，按下"Enter"键后返回计算结果，如图 19-7 所示。

图 19-5　引用资金占用量

图 19-6　计算预测方程变量项 b　　　图 19-7　计算预测方程常数项 a

步骤 6：在单元格 B15 中输入预计产销量"1500"，在单元格 C15 中输入公式"=B14+B15*B13"，按下"Enter"键后返回计算结果，如图 19-8 所示，即在 2016 年产销量为 1500 万件的情况下，资金需要量为 950 万元。

图 19-8　计算预计资金

19.1.3　回归分析法资金需要量预测

回归分析法的计算原理与 19.1.2 节中的高低点法类似，唯一的区别是在计算常量和变量时使用了 Excel 分析中的函数来替代数学公式。下面就介绍一下回归分析法的具体操作步骤，体会一下回归分析法与高低点法的不同。

步骤 1：在单元格 B17 中输入公式"=SLOPE(C3:C8,B3:B8)"，按下"Enter"键后返回计算结果，如图 19-9 所示。

步骤 2：在单元格 B18 中输入公式"=INTERCEPT(C3:C8,B3:B8)"，按下"Enter"键后返回计算结果，如图 19-10 所示。

步骤 3：在单元格 B19 中输入预计产销量 1500，然后在单元格 C19 中输入公式"=B19*B17+B18"，按下"Enter"键后，计算结果如图 19-11 所示。

图 19-9　计算预测方程变量项 b

图 19-10　计算预测方程常数项 a

图 19-11　预计产销量

可以看出，采用回归分析法和高低点法计算得到的结果不同。回归分析法计算的结果更加具体，因为回归分析法既避免了高低点法高低两点的选取带来的偶然性，同时又以计算代替目测，故其准确性更高。

19.2 企业营业费用线性预测

先来讲述一下案例：已知名尚公司在2019年上半年各月的营业额和营业费用，并且根据目前的实际情况和市场环境，公司已做出了下半年各月预计营业额，现需要根据该营业额预测下半年各月份的营业费用。

19.2.1 创建营业费用预测模型

首先，需要根据已知条件来创建企业营业费用线性预测模型，具体操作方法如下。

步骤1：新建一个工作簿，命名为"名尚营业费用"，在工作表Sheet1中输入上半年各月的营业额和营业费用，如图19-12所示。

步骤2：在工作表中创建一个"参数值"和下半年营业费用预测表格，如图19-13所示。

图 19-12　输入已知数据

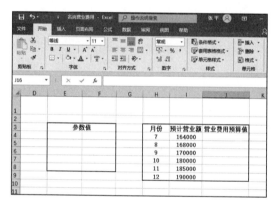

图 19-13　创建预算表格

19.2.2 线性拟合函数LINEST及应用

已知某函数的若干离散函数值 {f1,f2,…,fn}，通过调整该函数中若干待定系数 f(λ1, λ2,…,λm)，使得该函数与已知点集的差别最小。如果待定函数是线性的，就叫作线性拟合或者线性回归（主要在统计领域）。

线性拟合作为数学计算中一种常用的数学方法，在建筑、物理、化学甚至天体物理、航天中都得到应用。一般情况下，线性拟合需要根据实际需要采用不同的拟合度，即R2。线性拟合函数LINEST的功能是使用最小二乘法对已知数据进行最佳直线拟合，并返回描述此直线的数组。因为此函数返回数组数据，所以必须以数组公式的形式输入。该函数语法表达式为：LINEST（known_y's,known_x's,const,stats）。known_y's 是关系表达式 y = mx + b 中已知的 y 值集合；known_x's 是关系表达式 y=mx+ b 中已知的可选 x 值集合；const 为一逻辑值，用于指定是否将常量 b 强制设为 0，如果 const 为

TRUE 或省略，b 将按正常情况计算，如果 const 为 FALSE，b 将被设为 0，并同时调整 m 的值使 y=mx；stats 为一逻辑值，指定是否返回附加回归统计值，为 TRUE 时返回附加回归统计值，为 FALSE 或省略时，只返回系数 m 和常量 b。

LINEST 函数返回的附加回归统计值（根据数据的位置）说明如表 19-1 所示。

表19-1 LINEST函数回归统计值说明

参数 m 的估计值	参数 b 的估计值
参数 m 的标准误差	参数 b 的标准误差
判定系数 R2	Y 值估计标准误差
F 统计值	自由度
回归平方和	残差平方和

接下来利用上面所述营业费用预测案例来具体介绍 LINEST 函数的具体使用方法。

步骤 1：选择单元格区域 E4:F8，在"公式"选项卡中的"函数库"组中单击"插入函数"按钮，如图 19-14 所示。

步骤 2：在"插入函数"对话框中的"搜索函数"框中输入函数名称"LINEST"，然后单击"转到"按钮，如图 19-15 所示。

步骤 3：此时在"选择函数"列表框中会显示与搜索函数相关函数，选择需要的函数 LINEST，然后单击"确定"按钮，如图 19-16 所示。

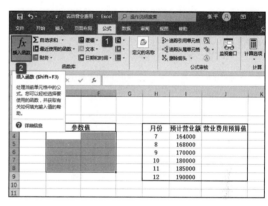

图 19-14 单击"插入函数"按钮

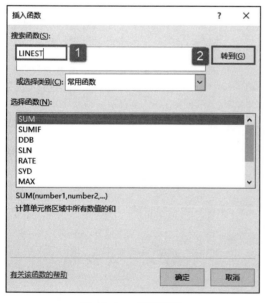

图 19-15 搜索函数

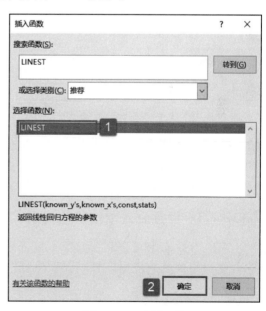

图 19-16 选择函数

步骤 4：随后屏幕上弹出"函数参数"对话框，如图 19-17 所示。

步骤5：设置Known_y's为单元格区域C4:C9，设置Known_x's为单元格区域B4:B9，设置Const为空，设置Stats为1，然后单击"确定"按钮，如图19-18所示。

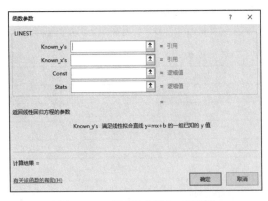

图19-17 "函数参数"对话框

图19-18 设置函数参数

步骤6：此时函数计算结果如图19-19所示，只返回了一个值，并没有返回附加回归统计值，这是因为此时函数并没有作为数组公式输入。

步骤7：在编辑栏中单击，使公式处于编辑状态，然后按下键盘上的组合键"Ctrl+Shift+Enter"，数组公式返回结果如图19-20所示，单元格E4和F4中的值分别对应参数m和b。

图19-19 函数计算结果

图19-20 更改为数组公式

数组公式通常分为单个单元格数组公式和多单元格数组公式，单个单元格数组公式返回一个结果，而多个单元格数组公式返回一个数组。创建和编辑数组公式的基本原则是：每当需要输入或编辑数组公式时都要按组合键"Ctrl+Shift+Enter"。

■ 19.2.3 设置公式预测营业费用

求出参数m和b以后，接下来就需要根据线性预测公式y=mx+b计算下半年各月的营业费用，这一步用户只需要在单元格J4中设置正确的公式即可，接下来具体操作一下。

在单元格J4中输入公式"=$E$4*I4+$F$4"，按下"Enter"键返回结果后，使用填充柄工具向下复制公式至单元格J9，得到7～12月各月的营业费用预算值，如图19-21所示。

图 19-21　计算营业费用预算值

19.3 使用指数法预测产量和生产成本

成本预测是根据企业未来的发展目标和现实条件，参考其他资料，利用专门的方法对企业未来成本水平及其变动趋势进行估算和预测。成本预测是成本控制活动中非常重要的一个环节，属于成本事前控制环节。成本事前控制是指在产品投产前，对未来生产经营活动中可以发生的成本进行规划、审核、监督的管理活动。下面就具体介绍一下怎样用指数法预测产量和生产成本。

19.3.1　创建指数法预测模型

我们先来了解一下案例，根据案例创建指数法预测模型。

已知某企业生产的某种产品，产量与生产期间以及生产成本与产量均成指数关系，现需要根据已有的 12 个生产期间的产量和成本数据，预测之后 4 个生产期间的产量与生产成本。具体操作步骤如下：

新建一个工作簿，重命名为"预测分析 .xlsx"，将工作表 Sheet1 更改为"生产成本预测"，然后在该工作表中创建两个表格。一个表格用来输入已知的数据，包括已知的生产期间以及各生产期间对应的产量和生产成本；另一个表格用来输入需要预测的生产期间、目标产量以及目标成本，如图 19-22 所示。

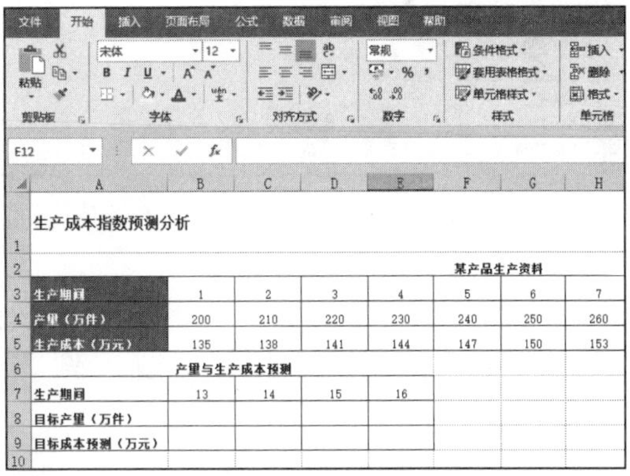

图 19-22　创建指数预测模型

19.3.2　使用 GROWTH 函数预测

GROWTH 函数的作用是根据现有的数据预测指数增长值，即根据现有的 x 值和 y 值，GROWTH 函数返回一组新的 x 值对应的 y 值，可以使用 GROWTH 工作表函数来拟合满足现有 x 值和 y 值的指数曲线。

GROWTH 函数的语法表达式为：GROWTH(known_y's,known_x's,new_x's,const)，参数 known_y's 为满足指数回归拟合曲线 y=b*m^x 的一组已知的 y 值；Known_x's 为满足指数回归拟合曲线 y=b*m^x 的一组已知的 x 值，为可选参数；new_x's 为需要通过 GROWTH 函数返回的对应 y 值的一组新 x 值；const 为一逻辑值，用于指定是否将常数 b 强制设为 1，如果 const 为 TRUE 或被省略，b 将按正常情况计算，如果 const 为 FALSE，b 将设为 1，m 将被调整以满足 y = m^x。

在本例中，将使用 GROWTH 函数来预测目标产量和生产成本，操作步骤如下所示。

步骤 1：选择要返回结果的单元格区域 B8:E8，在活动单元格中输入等号和函数名 GROWTH，然后按照屏幕提示输入函数各参数，此时完整的公式为"=GROWTH(B4:M4,B3:M3,B7:E7)"，如图 19-23 所示。

步骤 2：按下键盘上的组合键"Ctrl+ Shift + Enter"，返回结果如图 19-24 所示。

步骤 3：选择单元格区域 B9:E9，输入公式"=GROWTH(B5:M5,B3:M3,B7:E7)"，按下组合键"Ctrl+ Shift + Enter"，得到公式结果，如图 19-25 所示。

图 19-23　输入函数及参数

图 19-24　按下组合键"Ctrl+ Shift + Enter"的返回结果

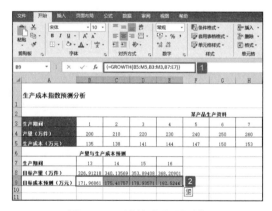

图 19-25　计算成本预测值

19.3.3　使用图表和趋势线预测

除了使用 19.3.2 节中介绍的函数 GROWTH 进行指数预测外，还可以使用散点图和趋势线进行指数预测，仍然以预测目标产量和生产成本为例，具体的操作方法如下所示。

1. 创建散点图

XY 散点图类似于折线图，可以显示单个或者多个数据系列的数据在某种间隔条件下的变化趋势。

步骤1：在"插入"选项卡中的"图表"组中单击"散点图"下三角按钮，在展开的下拉列表中选择如图 19-26 所示的散点图类型。

步骤2：此时 Excel 会在工作表中插入一个空白的图表模板，在"图表设计"选项卡的"数据"组中单击"选择数据"按钮，打开"选择数据源"对话框，如图 19-27 所示。

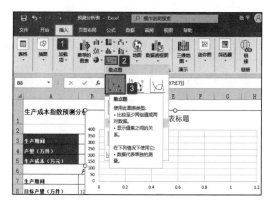

图 19-26　选择"散点图"图形

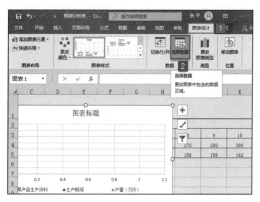

图 19-27　单击"选择数据"按钮

步骤3：在打开的"选择数据源"对话框中单击"添加"按钮，如图 19-28 所示。

步骤4：随后打开"编辑数据系列"对话框，选择"系列名称"为单元格 A4，选择"X 轴系列值"为单元格区域 B3:M3，选择"Y 轴系列值"为单元格区域 B4:M4，然后单击"确定"按钮，如图 19-29 所示。

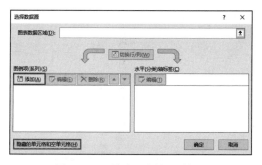

图 19-28　单击"添加"按钮

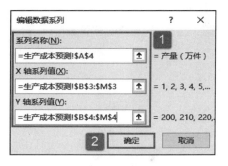

图 19-29　编辑数据系列

步骤5：返回"选择数据源"对话框，再次单击"添加"按钮，如图 19-30 所示。

步骤6：设置"系列名称"为单元格 A5，设置"X 轴系列值"为单元格区域 B3:M3，设置"Y 轴系列值"为单元格区域 B5:M5，然后单击"确定"按钮，如图 19-31 所示。

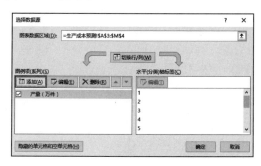

图 19-30　单击"添加"按钮

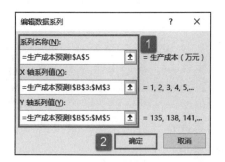

图 19-31　"编辑数据系列"对话框

297

步骤7：返回"选择数据源"对话框，单击"确定"按钮，此时的散点图效果如图 19-32 所示。

步骤8：切换到"图表设计"选项卡，在"图表布局"组中单击"添加图表元素"下三角按钮，在展开的下拉列表中选择"图表标题"选项，在展开的级联列表中选择图表标题的位置为"图表上方"，如图 19-33 所示。

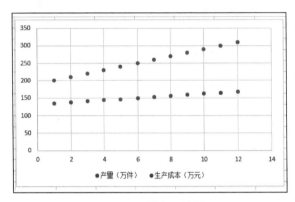

图 19-32　散点图效果　　　　　　图 19-33　设置图表标题

步骤9：在图表占位符中输入图表标题，这里输入"成本趋势预测图"，如图 19-34 所示。

步骤10：单击图表中的横坐标轴，再单击鼠标右键，在弹出的快捷菜单中选择"设置坐标轴格式"命令，如图 19-35 所示。

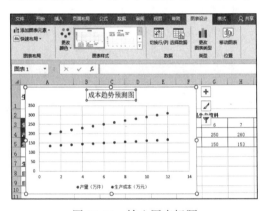 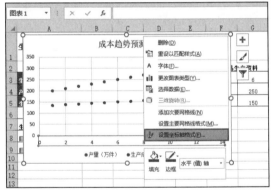

图 19-34　输入图表标题　　　　　　图 19-35　选择"设置坐标轴格式"命令

步骤11：在弹出的"设置坐标轴格式"对话框中，将"边界"的"最小值""最大值"设置为 1.0、15.0，将"单位"的"大""小"设置为 1.0，0.5，如图 19-36 所示。

步骤12：用类似的方法选择纵坐标轴，打开"设置坐标轴格式"对话框，设置"最小值"为 100.0，如图 19-37 所示。

步骤13：返回工作表中，散点图最终效果如图 19-38 所示。

2. 为图表添加趋势线

创建好散点图后，可以为图表中的数据系列添加趋势线，以便对图表中的数据发展趋势进行分析和预测。常见的图表趋势线类型有线性趋势线和指数趋势线，具体操作步骤如下所示。

步骤1：选择要添加趋势线的数据系列，如图 19-39 所示。

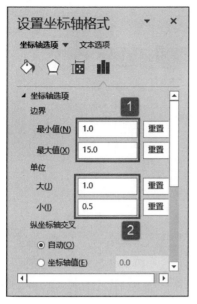

图 19-36　设置横坐标轴刻度

图 19-37　设置纵坐标轴刻度

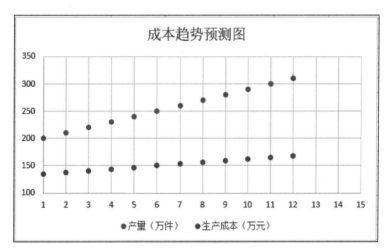

图 19-38　散点图最终效果

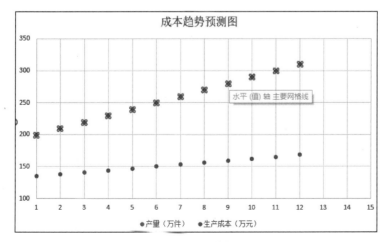

图 19-39　选择数据系列

步骤 2：在"图表设计"选项卡的"图表布局"组中单击"添加图表元素"下三角按钮，在展开的下拉列表中选择"趋势线"选项，在展开的级联列表中选择"其他趋势线选项"，如图 19-40 所示。

步骤 3：在"趋势线选项"区域选中"指数"单选按钮，在"趋势预测"中设置前推周期值为"4.0"，然后勾选"显示公式"复选框，如图 19-41 所示。

步骤 4：单击"填充与线条"图标，选中"实线"单选按钮，从"颜色"下拉列表中选择"红色"，最后单击"关闭"按钮，如图 19-42 所示。

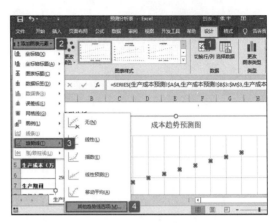

图 19-40 选择趋势线类型

步骤 5：添加趋势线后的图表最终效果如图 19-43 所示，可以将其与下方的散点图进行对比观察，根据需要选择适当的预测方法。

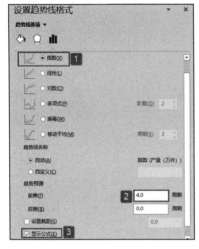

图 19-41 设置趋势线选项

图 19-42 设置趋势线颜色

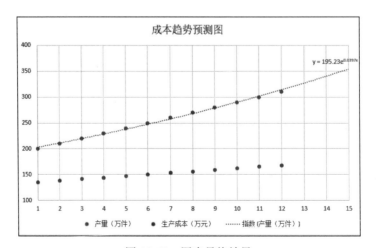

图 19-43 图表最终效果

19.4 实战：销量和利润总额回归分析

销量与利润之间是否存在相关关系呢？肯定是存在的，一般而言，销量与利润是成正比的，如果用客观的数据来说明会更具有说服力。以某公司一段时期内产品的销售量和该时期产品的利润总额作为分析的样本数据，在 Excel 中，可以使用回归分析工具来解决这一问题。回归分析工具通过对样本数据的观察，使用"最小二乘法"直线拟合来执行线性回归分析，观察出利润总额如何受销售量的影响。请打开实例文件"销售量与利润总额分析.xlsx"工作簿。

■ 19.4.1 加载分析工具

同其他版本的 Excel 一样，在使用数据分析工具之前需要先加载，因此在使用回归分析工具之前，需要先加载分析工具。Excel 2019 需要在"Excel 选项"对话框中完成分析工具的加载，具体方法如下。

步骤 1：切换至"文件"选项卡，在右侧的导航栏中单击"选项"按钮打开"Excel 选项"对话框。单击"加载项"标签，在"加载项"列表框中选择"分析工具库"选项，如图 19-44 所示。

图 19-44 选择加载项

步骤 2：此时在文档相关加载项区域会显示当前选择的加载项，单击"转到"按钮，如图 19-45 所示。

步骤 3：随后弹出"加载项"对话框，在"可用加载宏"列表中勾选"分析工具库"复选框，然后单击"确定"按钮，如图 19-46 所示。

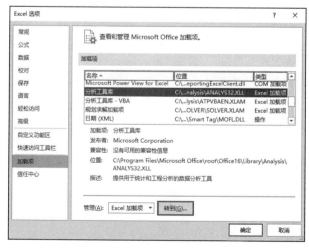

图 19-45 单击"转到"按钮

图 19-46 勾选"分析工具库"复选框

步骤 4：随后 Excel 2019 的"数据"选项卡的最右侧会新增加一个"分析"组，并在该组中显示"数据分析"按钮，如图19-47所示。

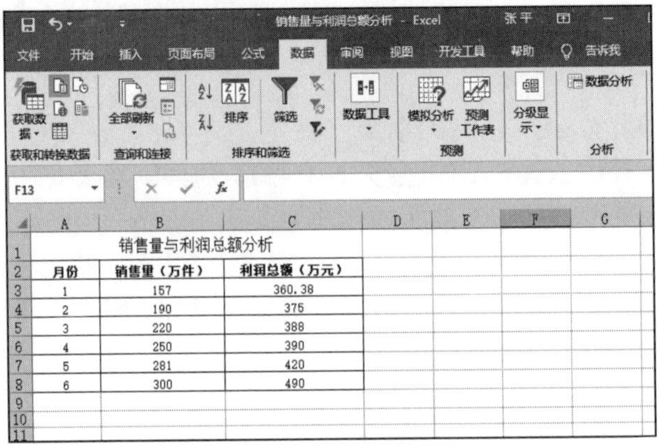

图19-47 显示"分析"组

19.4.2 使用回归工具进行预测

完成数据分析工具的加载后，接下来就可以使用具体的数据分析工具开始数据分析了。

步骤1：在"数据"选项卡中的"分析"组中单击"数据分析"按钮，打开"数据分析"对话框，如图19-48所示。

步骤2：在"数据分析"对话框中的"分析工具"组中选择"回归"分析工具，然后单击"确定"按钮，如图19-49所示。

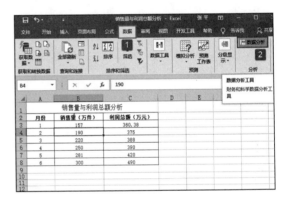

图19-48 单击"数据分析"按钮

步骤3：随后打开"回归"对话框，设置"Y值输入区域"和"X值输入区域"分别为单元格区域C3:C8和B3:B8，设置"输出区域"为单元格B11，勾选"置信度"复选框，保留默认值95%，勾选"标准残差""线性拟合图"和"正态概率图"复选框，最后单击"确定"按钮，如图19-50所示。

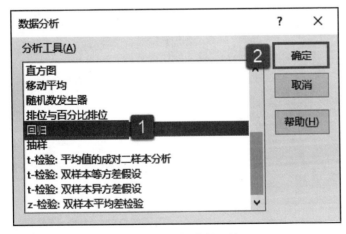

图19-49 选择分析工具

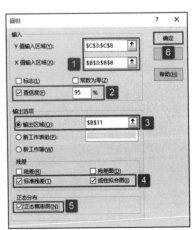

图19-50 "回归"参数设置

步骤 4：随后，回归工具分析结果如图 19-51 所示，该结果包含步骤 3 中设置的标准残差、线性拟合图、正态概率图以及回归统计值、方差分析值、百分比排位等。

在 Excel 中，分析工具库等工具是通过加载宏的形式加载到系统中的，但是这样一来也存在一些安全隐患，因为一些常见的病毒（如宏病毒）就可能会被允许执行而破坏计算机中的文件和数据。在 Excel 2019 中，用户可以对加载项的安全性进行设置，要求受信任的发布者签署应用程序加载项，操作方法如下。

步骤 1：切换至"文件"选项卡，在右侧的导航栏中单击"选项"按钮打开"Excel 选项"对话框，单击"信任中心"标签，然后单击"信任中心设置"按钮，如图 19-52 所示。

步骤 2：随后打开"信任中心"对话框，单击"加载项"标签，勾选"要求受信任的发布者签署应用程序加载项"复选框，最后单击"确定"按钮，如图 19-53 所示。

这样，加载项安全性的设置就完成了。

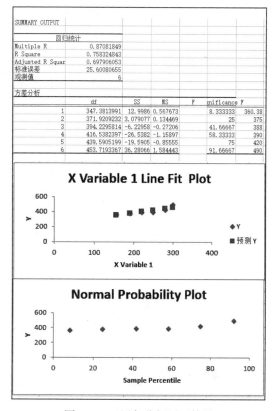

图 19-51 回归分析返回结果

图 19-52 单击"信任中心设置"按钮

图 19-53 加载项设置

第20章
网络化财务管理

财务管理过程实质上是一个处理财务信息的过程，信息是在网络经济条件进行下财务管理的基础，财务管理中信息处理得是否正确、及时，以及财务人员具有的信息处理能力决定着财务管理的效果和效率，因此，网络经济直接引发了新的竞争，以及对财务管理新的需求——网络化财务管理。所谓网络化财务管理系统，是在已实现的会计信息系统的基础上具有互联网功能的财务管理支持系统。互联网的出现使得网络化财务管理成为可能。企业可以综合运用各种现代化的计算机和网络技术手段，以整合实现企业电子商务为目标，开发能够提供互联网环境下财务管理模式、财务工作方式及其各项功能的财务管理软件系统，该系统应包括会计核算的网络化、财务控制的网络化、财务决策的网络化三部分。采用网络化财务管理，将会提高财务数据处理的适时性，减少中层管理人员数量，使最高决策层与基层人员直接联系，管理决策人员可以根据需求进行虚拟决算，实时跟踪市场情况的变化，迅速做出决策。本章将具体介绍 Excel 2019 中用于网络化财务管理的工具：局域网资源共享和远程协同办公，并在 20.3 节中详细介绍如何共享已经编辑好的财务报表。

- 局域网与共享资源基本定义
- 远程协同办公
- 实战：共享财务报表

20.1 局域网与共享资源基本定义

局域网是计算机之间相互连接、具有独立通信和数据传输功能的网络，分布在较小地理范围内。建立局域网可带来巨大收益：共享光驱、打印机、MODEM、系统资源、数据库资源；实现办公自动化和无纸化办公；实现局域网和外部互联网的连接；实现远程办公。局域网通常建立在计算机较集中的政府部门、学校、研究所、大中小型企业、家庭、服务型单位等。

连接网络后，可以实现资源共享。比如办公室里有若干台计算机，只有一台打印机与其中一台计算机相连，这样就只有这台计算机才能使用打印机，假如将办公室里的这些计算机连接成局域网，并将该打印机共享，这样办公室里的每台计算机就都能使用打印功能。可以被一个以上任务使用的资源叫作共享资源。只有资源共享，优势互补，才能达成共赢。21世纪不再只求一己之力，而是在双赢中让更多的人团结起来，创造更多的财富及价值。但是为了防止数据被破坏，每个任务在与共享资源交互时，必须独占该资源。

20.1.1 在Excel 2019中使用共享工作簿进行协作

财务与业务协同强调的是财务与业务进行协调、协作，推动企业经营管理优化提升，实现1+1>2的整体效应。财务与业务协同是不同应用系统之间、不同数据资源之间、不同终端设备之间、不同应用情景之间、人与机器之间，乃至人与人之间的协同，它是一种贯穿于生产经营过程中的管理理念，更是一种团队协作的精神，它将使财务管理先进思想内化为企业经营管理核心理念，发挥财务与业务协作效应。在生活中，很多任务并非用户一个人可以完成，大多数情况下用户都需要和同事合作，但是财务工作的交接等通常比较烦琐，在组合局域网中如何使用共享工作簿进行协作？

Excel 2019保存了旧版的共享工作簿的板块，并更新了"共同创作"的板块，这两个板块都可以实现工作簿的分享与协作处理。下面将对这两个版块的具体功能进行详细介绍。

接下来以"明德公司会计报表.xlsx"工作簿为例为大家详细介绍一下，具体操作步骤如下

方法1：使用旧版共享工作簿功能

步骤1：打开"明德公司会计报表.xlsx"工作簿，切换至"审阅"选项卡，单击"新建组"中的"共享工作簿（旧版）"按钮，如图20-1所示。

步骤2：在"共享工作簿"对话框中，切换到"编辑"选项卡，勾选"使用旧的共享工作簿功能，而不是新的共同创作体验。"复选框，单击"确定"按钮，如图20-2所示。

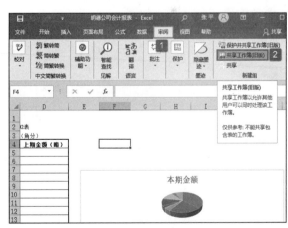

图20-1 选择"共享工作簿"

步骤 3：此时，工作表中会弹出"Microsoft Excel"对话框，再次单击"确定"按钮，如图 20-3 所示。

图 20-2　设置共享工作簿

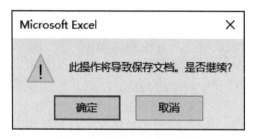

图 20-3　单击"确定"按钮

步骤 4：这个时候，会在 Excel 窗口标题栏中看到"已共享"字样，如图 20-4 所示。

步骤 5：切换至"审阅"选项卡，在"保护"组中单击"取消共享工作簿"按钮即可取消工作簿的共享，如图 20-5 所示。

图 20-4　显示"已共享"字样

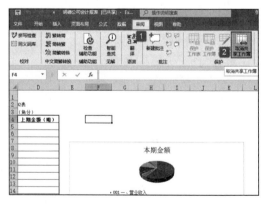

图 20-5　取消共享工作簿

方法 2：使用新增"共享"功能

步骤 1：切换至"审阅"选项卡，在"新建组"中单击"共享"按钮，如图 20-6

所示。

步骤2：随后弹出"共享"对话框，单击"保存到云"按钮，如图20-7所示。

图20-6　单击"共享"按钮　　　　　　图20-7　单击"保存到云"按钮

步骤3：随后弹出Excel文件选项卡界面，在左侧导航栏中选择"另存为"选项，在"个人"选项列表下双击要保存的位置"OneDrive-个人"，如图20-8所示，打开"另存为"对话框。

步骤4：在"另存为"对话框中设置"文件名"和"保存类型"，此处为系统默认选项即可，最后单击"保存"按钮，如图20-9所示。

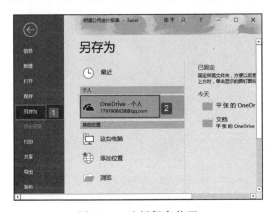
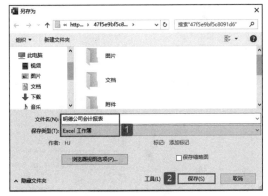

图20-8　选择保存位置　　　　　　图20-9　保存工作簿

步骤5：随即会返回工作表中的"共享"对话框，单击"在通讯簿中搜索联系人"按钮，如图20-10所示。

步骤6：随后会打开"通讯簿：全局地址列表"对话框，在左侧列表框中选择收件邮箱及收件人，单击"收件人"按钮，然后选中"邮件收件人"列表框中显示的收件人，单击"确定"按钮，如图20-11所示。

步骤7：返回"共享"对话框后，"邀请人员"文本框中会显示刚才选择的收件人邮箱，设置分享工作簿的状态是"可查看"状态，即只能读不能写。还可以在备注文本框中输入留言，这里输入"这是您要的报表"，最后单击"共享"按钮，如图20-12所示。

步骤8：完成共享后，共享对话框中会显示共享的记录，如图20-13所示，共享效果如图20-14所示。

图 20-10 设置邀请人员

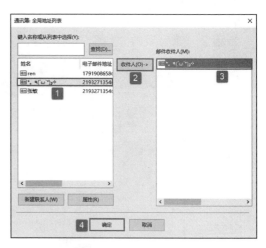

图 20-11 选择收件人

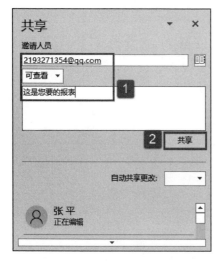

图 20-12 设置共享状态

图 20-13 显示共享记录

图 20-14 共享效果图

20.1.2 在 Excel 2019 中使用共享文件夹进行协作

成功搭建局域网后，要在主服务器上设置共享文件夹，具体步骤如下。

步骤 1：在桌面上新建一个文件夹，并命名为"报名表"，单击鼠标右键，在弹出的快捷菜单中选择"属性"命令，如图 20-15 所示。

步骤 2：随即打开"报名表 – 属性"对话框，如图 20-16 所示。

图 20-15　选择"属性"命令

图 20-16　"报名表属性"对话框

步骤 3：切换到"共享"选项卡，单击"网络文件和文件夹共享"栏中的"共享"按钮，如图 20-17 所示。

步骤 4：随即弹出"文件共享"对话框，单击用户选择框右侧的下三角按钮，在展开的下拉列表中选择"Everyone"用户，如图 20-18 所示。

图 20-17　单击"共享"按钮

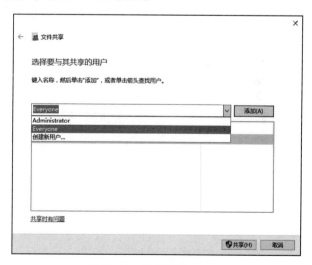

图 20-18　选择用户

步骤 5：随后单击"添加"按钮添加此用户，如图 20-19 所示。

步骤 6：添加成功后，可以单击用户"权限级别"处的下三角按钮并将权限修改为"读取/写入"，如图 20-20 所示。

步骤7：单击"共享"按钮，如图20-21所示，在"文件共享"对话框中即可显示"你的文件夹已共享"的信息，最后单击"完成"按钮即可，如图20-22所示。

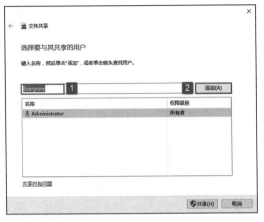

图20-19 单击"添加"按钮

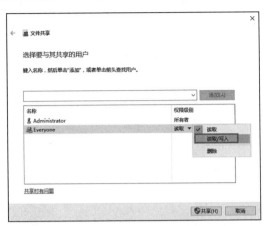

图20-20 修改文档权限

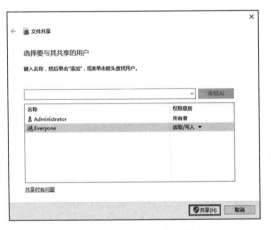

图20-21 单击"共享"按钮

图20-22 文件已共享

20.2 远程协同办公

在使用笔记本电脑、平板电脑等移动设备进行办公时，除了可以使用本机的办公软件外，还可以充分利用移动设备和在线办公平台实现远程协同办公。远程协同办公可以利用互联网实现不同地点多个用户的数据共享，这样既克服了办公距离上的缺点，也克服了缺乏正式办公场所的缺点，对于工作人员来说，利用移动设备办公节省了大量时间。那么如何实现远程协同办公呢？下面将具体介绍。

20.2.1 将财务数据发送到对方邮箱

如果用户要将财务数据页面直接发送到对方邮箱，需要怎么做呢？具体操作步骤如下。

步骤1：打开需要分享的财务数据报表"明德公司会计报表.xlsx"工作簿，切换至"文件"选项卡，在左侧导航栏中选择"共享"选项，随即弹出"共享"对话框，然后设置"共享"的方式为"电子邮件"，随即在子列表中选择"作为附件发送"选项，如图20-23所示。

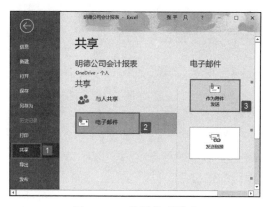

步骤2：随后会弹出"明德公司会计报表.xlsx-邮件（HTML）"页面，即"明德公司会计报表.xlsx"将通过邮件的形式共享，如图20-24所示。

步骤3：在"收件人"选项卡右侧的文本框中输入邮箱号，最后单击"发送"按钮即可发送邮件，如图20-25所示。

图20-23　设置共享形式

图20-24　邮件发送页面

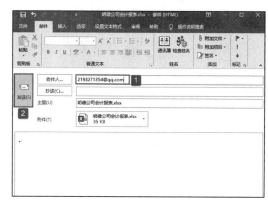

图20-25　输入邮箱并发送

步骤4：除了可以在"收件人"文本框中输入邮箱号，还可以在"邮件"选项卡下"姓名"组中通过"通讯簿"查找收件人邮箱账号，如图20-26所示。

步骤5：单击"通讯簿"按钮后，随即弹出"选择姓名"对话框，在"搜索"框上方可以选择"仅名称"，也可以选择"更多列"，如图20-27所示，然后在"搜索"文本框中输入需要搜索的邮箱号，单击"确定"按钮即可成功添加收件人。

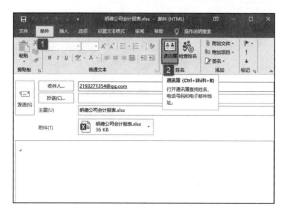

图20-26　通过"通讯簿"查找邮箱号

图20-27　在"搜索"文本框中搜索邮箱号

20.2.2 将财务数据保存到 Web 网页

如果其他工作人员没有在办公设备上安装类似于 Office 这种专门用于办公的软件，当他们查看你发送的 Office 文件时可能无法打开，所以我们在发送文件之前，可以先将所要发送的文件保存到 Web 网页。保存后的 Web 网页在联网时随时都可以打开，那么如何将文件保存到 Web 网页中呢？

下面以 Excel 电子表格文件类型为例，具体讲解如何将财务数据保存到 Web 网页，具体步骤如下所示。

步骤 1：打开实例文件"明德公司会计报表.xlsx"，切换至"文件"选项卡，在弹出页面的左侧导航栏中选择"另存为"选项，然后在弹出的"另存为"对话框中选择存储的位置为"这台电脑"，如图 20-28 所示。

步骤 2：随即打开"另存为"对话框，选择保存的位置为"桌面"，在"保存类型"下拉列表中选择"网页"类型，并在"文件名"文本框中输入"明德公司会计报表完善"，在"保存"选项选中"选择：工作表"单选按钮，然后单击"保存"按钮，如图 20-29 所示。

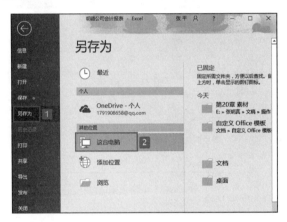

图 20-28 选择存储位置

图 20-29 设置"另存为"对话框

步骤 3：单击"保存"按钮后，随即弹出"发布为网页"对话框，如图 20-30 所示，然后单击"发布"按钮，返回"另存为"对话框，最后关闭"另存为"对话框，即可将财务数据保存到 Web 网页。

步骤 4：返回桌面，就可以找到所保存的 Web 网页快捷方式，如图 20-31 所示。

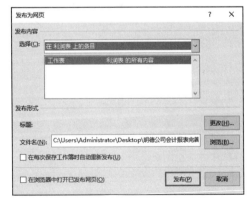

图 20-30 单击"发布"按钮

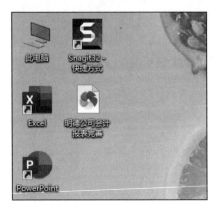

图 20-31 查看保存的网页文件

步骤 5：选中文件，单击鼠标右键，在弹出的快捷菜单中选择"打开方式"命令，随即在级联菜单中选择打开方式为"360 极速浏览器"，如图 20-32 所示。

步骤 6：随即便可打开保存的财务数据，如图 20-33 所示。

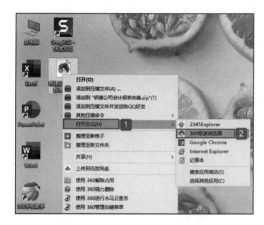

图 20-32　选择打开方式

图 20-33　在网页中查看表格项目标题

20.3　实战：共享财务报表

在 20.1 节中已经详细介绍了共享工作簿的方法，下面将针对已经编辑好的工作簿进行进一步操作，具体包括：保护并共享工作簿、突出显示修订、接受或拒绝工作簿的修订。

20.3.1　保护并共享工作簿

步骤 1：打开"明德公司会计报表.xlsx"，切换至"审阅"选项卡，单击"新建组"中的"保护并共享工作簿（旧版）"按钮，如图 20-34 所示。

图 20-34　单击"保护并共享工作簿（旧版）"按钮

步骤 2：随后在弹出的"保护共享工作簿"对话框中勾选"以跟踪修订方式共享"

313

复选框,并设置保护密码为"123456",然后单击"确定"按钮,如图 20-35 所示。

步骤3:随即弹出"确认密码"对话框,在文本框中重新输入密码,然后单击"确定"按钮,如图 20-36 所示,之后便会弹出"Microsoft Excel"对话框,单击"确定"按钮即可,如图 20-37 所示。保护并共享工作簿设置成功后的效果如图 20-38 所示。

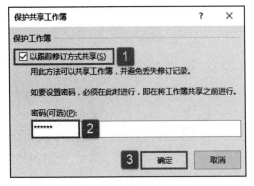

图 20-35 设置"保护共享工作簿"对话框

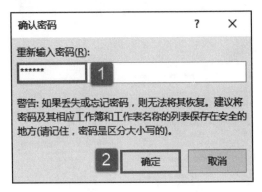

图 20-36 再次输入密码

图 20-37 单击"确定"按钮

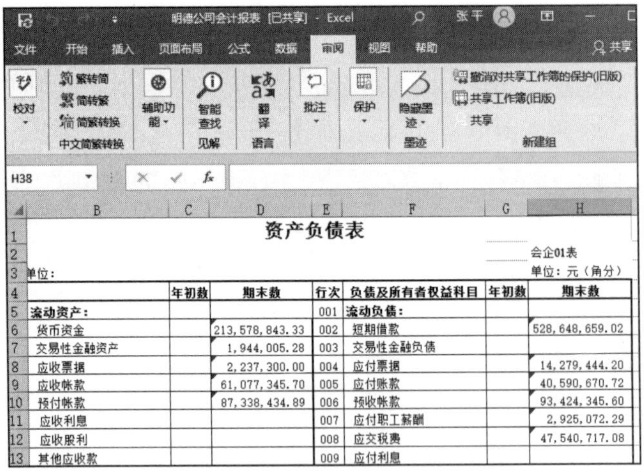

图 20-38 保护并共享工作簿

■ 20.3.2 突出显示修订

使用修订功能可以在每次保存工作簿时记录工作簿修订的详细信息。此修订记录可帮助用户标识对工作簿中的数据所做的任何修订,几个用户编辑一个工作簿时修订功能非常有用。

步骤1：切换到"审阅"选项卡，单击"更改"组中的"突出显示修订"按钮，如图20-39所示。

步骤2：在弹出的"突出显示修订"对话框中，勾选"时间"复选框，单击"右侧"的下三角按钮，在展开的下拉列表中选择"全部"选项，然后单击"确定"按钮，如图20-40所示，文件中以不同颜色标记了不同用户的修订，如图20-41所示。

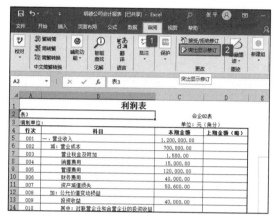
图20-39　单击"突出显示修订"按钮

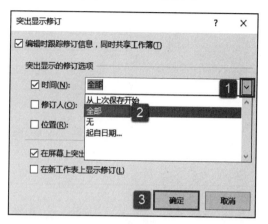
图20-40　设置"突出显示修订"选项

图20-41　标记修订

20.3.3　接受或拒绝工作簿的修订

共享工作簿被修改后，用户在审阅表格时可以选择接受或者拒绝他人修改数据信息，具体操作如下。

步骤1：切换到"审阅"选项卡，单击"更改"组中的"接受/拒绝修订"按钮，如图20-42所示。

步骤2：在弹出的"接受或拒绝修订"对话框中，勾选"时间"复选框，单击"右侧"的下三角按钮，选择"起自日期"选项，会自动显示当天日期，然后勾选"修订人"复选框，设置修订权限为"每个人"，并设置可修订的"位置"为A2:D24单元格区域，然后单击"确定"按钮，如图20-43所示。

步骤3：随即显示出所有用户对文档做出的修订。这里单击"全部接受"按钮，表示接受所有用户对文档的修改,如图 20-44 所示。

图 20-42　单击"接受/拒绝修订"按钮

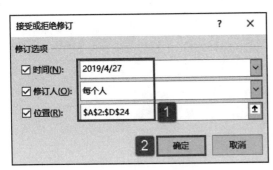

图 20-43　设置修订选项

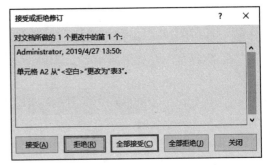

图 20-44　单击"全部接受"按钮

步骤 4：返回工作表中,即可发现被修改单元格的蓝色边框和左上角的小三角形都已消失,如图 20-45 所示。

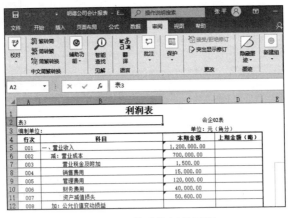

图 20-45　接受修订效果图

第21章
工作表的打印

在日常的工作中，用户通常通过手机或者电脑等设备对需要整理或已经整理好的工作表进行提前预览或者进一步操作，但最后都需要将其打印出来以方便自己在分析和汇报工作状况时使用。在当今职场，Excel以其无与伦比的生产力，牢牢地占据了各个公司的电脑。当你用Excel做了无论是精美的表格还是简单的数据记录，都需要打印出来与别人分享。本章将具体介绍如何利用2019版Excel快速打印各种工作表，包括会计凭证、工资条和会计报表。

- 打印会计凭证
- 实战：打印会计报表

21.1 打印会计凭证

会计人员经常需要打印会计凭证,将其作为记账依据的书面说明进行存档,并定期将会计凭证装订成册,严格按照会计制度的有关规定进行保管。

21.1.1 会计凭证的页面设置

在打印会计凭证前首先需要对其页面进行设置,具体操作步骤如下。

步骤1:打开实例文件"银行存款日记账.xlsx"工作簿,在主页功能区切换到"页面布局"选项卡,单击"页面设置"组中的"其他页面设置"按钮,如图21-1所示。

步骤2:随即弹出"页面设置"对话框,切换到"页面"选项卡,在"方向"组合框中选择"横向"单选按钮,设置"缩放比例"为"100%"正常尺寸,纸张大小选择通用的"A4纸",其他选项保持默认设置,然后单击"打印预览"按钮,如图21-2所示。

图 21-1 单击"其他页面设置"按钮

图 21-2 选择"横向按钮"

步骤3:随后便可以在弹出的窗口中预览打印效果,此时看到会计凭证未能在一页中完整的显示出来,如图21-3所示。

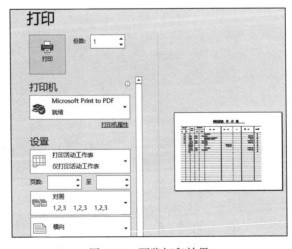

图 21-3 预览打印效果

步骤4：单击"返回"按钮返回工作表页面，再次打开"页面设置"对话框，切换到"页面"选项卡下，然后在"缩放"组合框中选中"调整为"单选按钮，在其右侧的微调框中均选择"1"选项，即调整为"1"页宽"1"页高，然后单击"打印预览"按钮查看打印预览窗口，如图21-4所示。

步骤5：此时系统会自动的对记账凭证进行调整，使其在一页中完整地显示出来，如图21-5所示。

图21-4　调整缩放比例　　　　　　　　　图21-5　预览打印效果

步骤6：再次返回工作表页面，单击"页面设置"按钮，切换到"页面"选项卡，在"缩放"选项下，可以调整页面的缩放比例，我们调整缩放比例为105%，然后单击"打印预览"按钮，如图21-6所示。

步骤7：放大比例预览图如图21-7所示。

图21-6　放大比例　　　　　　　　　　图21-7　放大比例预览效果

步骤8：再次打开"页面设置"对话框，在"页面设置"对话框中切换到"页面"选项卡，再次选择"调整为"单选按钮，在其右侧的微调框中均选择"1"选项，即调整为“1”页宽“1”页高，即可将打印预览的比例缩放到放大前的比例，然后单击“打印预览”进行预览，此时可以看到最后一列的边框显示完整了，效果如图 21-8 所示。

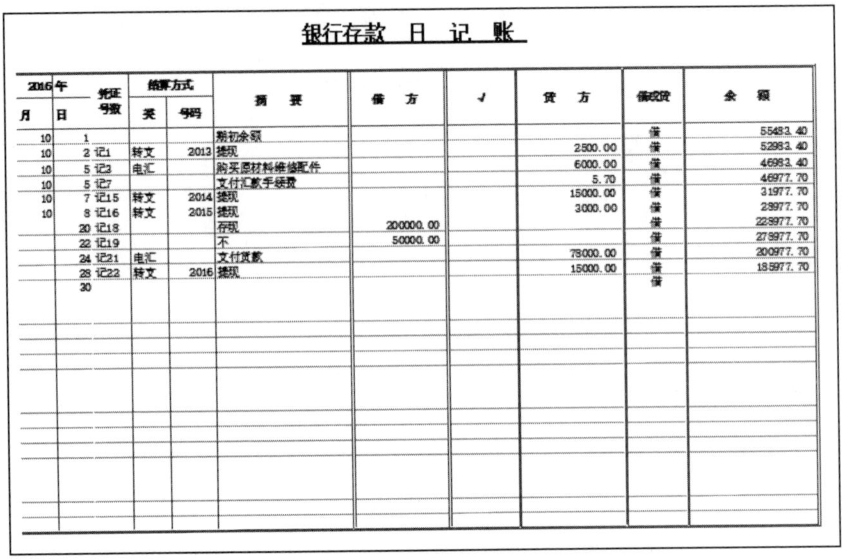

银行存款 日 记 账

2016年 月	日	凭证号数	结算方式 类	号码	摘要	借方	√	贷方	借或贷	余额
10	1				期初余额				借	55483.40
10	2	记1	转文	2013	提现			2500.00	借	52983.40
10	5	记3	电汇		购买原材料维修配件			6000.00	借	46983.40
10	5	记7			文付汇款手续费			5.70	借	46977.70
10	7	记15	转文	2014	提现			15000.00	借	31977.70
10	8	记16	转文	2015	提现			3000.00	借	28977.70
	20	记18			存现	200000.00			借	228977.70
	22	记19			不	50000.00			借	278977.70
	24	记21	电汇		文付货款			78000.00	借	200977.70
	28	记22	转文	2016	提现			15000.00	借	185977.70
	30								借	

图 21-8　更改为原来的缩放比例

21.1.2　打印会计凭证

对会计凭证的页面进行设置并预览设置效果后，如果对设置的效果满意就可以打印了。

步骤 1：打开“记账凭证 .xlsx”工作簿，打开“页面设置”对话框，切换到“页面”选项卡下，单击“打印”按钮，如图 21-9 所示。

步骤 2：随即弹出“打印”对话框，在“打印份数”微调框中设置打印份数为“1”，选择“打印机”类型为电脑安装的打印机，这里为“Microsoft Print to PDF”，并设置打印区域为“仅打印活动工作表”，如图 21-10 所示。

步骤 3：设置完成后，单击“打印”按钮即可开始打印活动的工作表。

图 21-9　单击“打印”按钮

此外，在打印设置中还可以设置打印机的属性，下面具体来操作一下。

步骤 1：在“打印机”选择框下方单击“打印机属性”按钮，打开当前所选打印机的文档属性对话框，切换到“布局”选项卡下，在“方向”选择框中可以修改纸张打印方向，如图 21-11 所示。

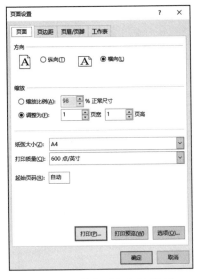

步骤 2：在“Microsoft Print to PDF”对话框中单击“高级”按钮打开“Microsoft Print to PDF 高级选项”对话框，如图 21-12 所示。在该对话框中可以设置纸张规格及打印份数，单击“确定”按钮即可完成设置，如图 21-13 所示。

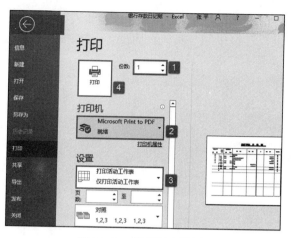

图 21-10 进行打印设置

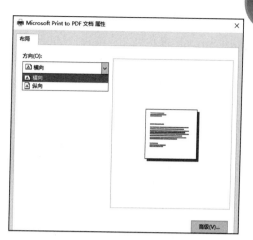

图 21-11 设置布局

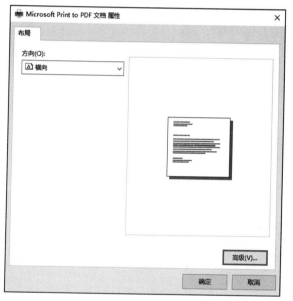

图 21-12 单击"高级"按钮

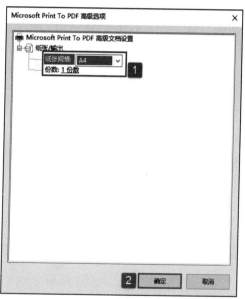

图 21-13 设置纸张规格和份数

21.2 实战：打印会计报表

每月月底，不管企业规模的大小、盈利的多少，都要求企业的财务人员提供相应的会计报表，因此会计人员需要将会计报表打印出来提交给相关人员。

21.2.1 会计报表的页面设置

在打印会计报表之前，首先要分别对资产负债表、利润表和现金流量表等进行页面设置。

1. 资产负债表的页面设置

对资产负债表进行页面设置的具体步骤如下。

步骤1：打开"明尚公司会计报表.xlsx"工作簿，切换到"资产负债表"工作表，切换到"页面布局"选项卡，单击"页面设置"组中的"其他页面设置"按钮打开"页面设置"对话框，如图21-14所示。

步骤2：随即弹出"页面设置"对话框，切换到"页面"选项卡，在"方向"组合框中选中"横向"单选按钮，然后在"缩放"组合框中选中"调整为"单选按钮，其他选项保持默认设置，如图21-15所示。

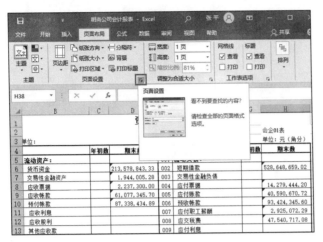
图21-14 打开"页面设置"对话框

图21-15 设置"页面"

步骤3：切换到"页边距"选项卡，在"居中方式"组合框中选中"水平"复选框，如图21-16所示。

步骤4：切换到"页眉/页脚"选项卡，在"页眉"下拉列表中选择"资产负债表"选项，然后单击"自定义页眉"按钮，如图21-17所示。

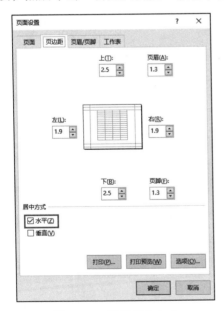
图21-16 设置居中方式

图21-17 选择"自定义页眉"

步骤5：随即弹出"页眉"对话框，此时"中部"文本框中显示出"&[标签名]"字样，选中该文本，然后单击"格式文本"按钮，如图21-18所示。

步骤6：随即弹出"字体"对话框，从中设置字体格式，这里将"字体"设置为"华文宋体"，"字形"设置为"加粗"，字体大小设置为"12"号，单击"确定"按钮返回"页眉"对话框，如图21-19所示。

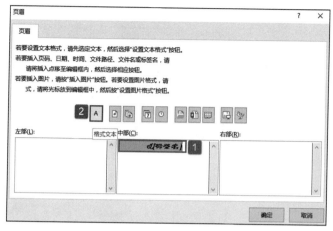

图21-18　选择"格式文本"

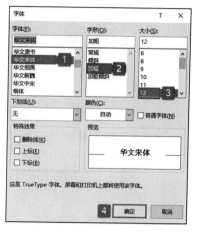

图21-19　设置字体格式

步骤7：此时，"中部"文本框中文本的字体已经发生了变化，然后单击"确定"按钮，返回"页面设置"对话框，如图21-20所示。

步骤8：此时即可在页眉预览框中预览页眉的设置效果，如图21-21所示。

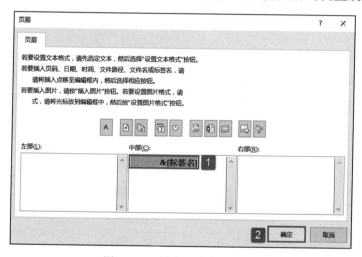

图21-20　单击"确定"按钮

图21-21　预览页眉

步骤9：在"页脚"下拉列表中选择"第1页，共？页"选项，随即页脚预览框中显示出设置的预览效果，如图21-22所示。

步骤10：切换到"工作表"选项卡，在"打印区域"文本框中输入"A1:H37"，然后单击"打印预览"按钮，如图21-23所示。

步骤11：随即在弹出的窗口中可以预览打印效果，如图21-24所示。

2. 利润表的页面设置

步骤1：打开"明尚公司会计报表.xlsx"工作簿，切换到"利润表"工作表，功能区切换到"页面布局"选项卡，单击"页面设置"组中的"其他页面设置"按钮，如图21-25所示。

步骤 2：随即打开“页面设置”对话框，切换到“工作表”选项卡，选择“打印区域”为“A1:D24”，然后单击“打印预览”按钮，如图 21-26 所示。

图 21-22　设置“页脚”

图 21-23　设置打印区域

资产负债表

资产负债表

会企01表

编制单位：　　　　单位：元（角分）

行次		年初数	期末数	行次	负债及所有者权益科目	年初数	期末数
001	**流动资产：**			001	**流动负债：**		
002	货币资金		213,578,843.33	002	短期借款		528,648,659.02
003	交易性金融资产		1,944,005.28	003	交易性金融负债		
004	应收票据		2,237,300.00	004	应付票据		14,279,444.20
005	应收帐款		61,077,345.70	005	应付账款		40,590,670.72
006	预付帐款		87,338,434.89	006	预收帐款		93,424,345.60
007	应收利息			007	应付职工薪酬		2,925,072.29
008	应收股利			008	应交税费		47,540,717.08
009	其他应收款			009	应付利息		
010	库存商品		398,271,887.62	010	应付股利		
011	一年内到期的非流动资产			011	其他应付款		
012	其他流动资产			012	一年内到期的非流动负债		
013	**流动资产合计**		764,447,816.82	013	其他流动负债		
014	**非流动资产：**			014	**流动负债合计**		727,408,908.91
015	可供出售金融资产		763,857.00	015	**非流动负债**		
016	持有至到期投资			016	长期借款		72,320,000.00
017	长期应收款			017	应付债券		90,191,134.05
018	长期股权投资			018	长期应付款		
019	投资性房地产			019	专项应付款		
020	固定资产		450,000,000.00	020	预计负债		
021	在建工程			021	递延所得税负债		
022	工程物资			022	其他非流动负债		
023	固定资产清理			023	**非流动负债合计**		162,511,134.05
024	生产性生物资产			024	**负债合计**		889,920,042.96
025	油气资产			025	**股东权益：**		
026	无形资产		83,326,199.15	026	实收资本（或股本）		219,480,000.00
027	开发支出			027	资本公积		179,423,395.27
028	商誉			028	减：库存股		
029	长期待摊费用			029	盈余公积		9,714,434.74
030	递延所得税资产			030	未分配利润		
031	其他非流动资产			031	**股东权益合计**		408,617,830.01
032	**非流动资产合计**		534,090,056.15	032			
033	**资产总计**		1298537872.97	033	**负债及股东权益总计**		1298537872.97

第 1 页，共 1 页

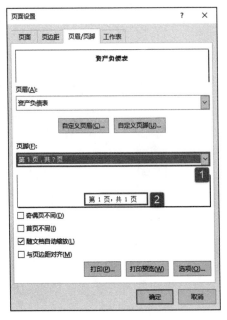

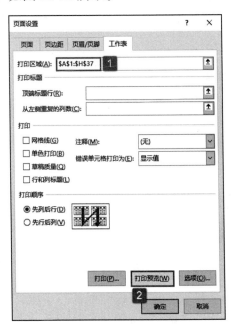

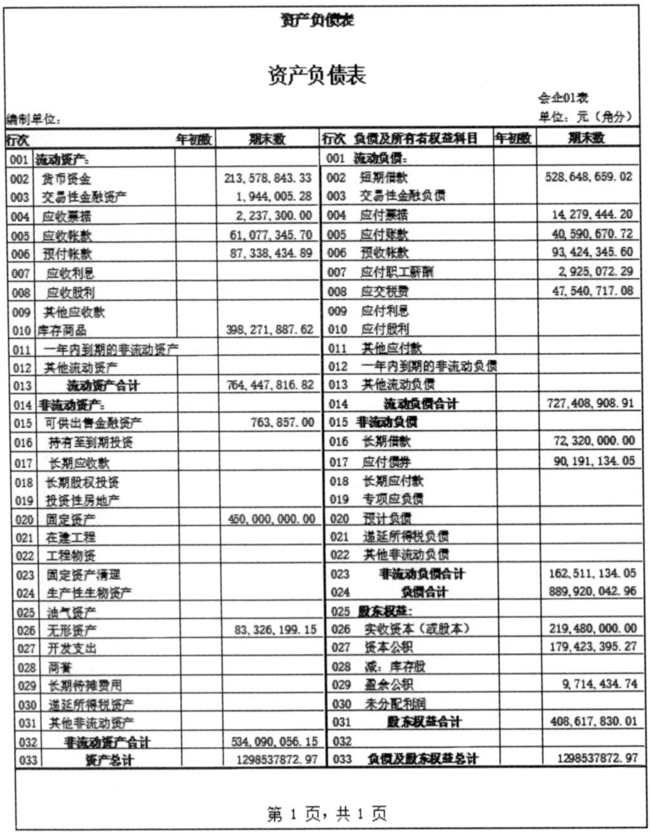

图 21-24　预览打印效果

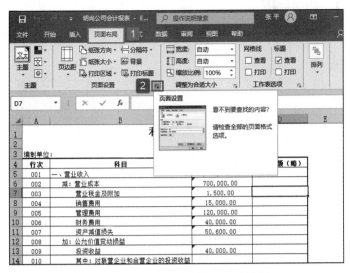
图 21-25 打开"页面设置"对话框

图 21-26 选择打印区域

步骤3：随即可在弹出的窗口中预览打印效果，如图 21-27 所示。

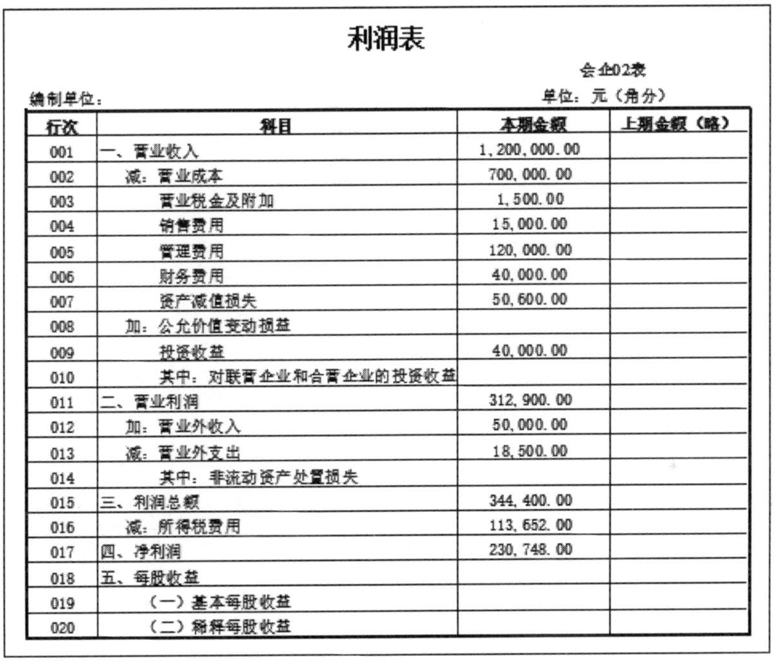

图 21-27 预览打印图效果

步骤4：在打印预览页面单击"页面设置"按钮，弹出"页面设置"对话框，切换到"页边距"选项卡，在"上"和"下"微调框中均输入"3"，如图 21-28 所示。

步骤5：切换到"页眉/页脚"选项卡下，单击"自定义页眉"按钮，如图 21-29 所示。

步骤6：随即弹出"页眉"对话框，将鼠标指针定位在"右部"文本框中，然后单击"插入数据表名称"按钮，此时，"右部"文本框中显示出"&[标签名]"字样，然后单击"确定"按钮，返回"页眉"对话框，如图 21-30 所示。

步骤7：单击"自定义页脚"按钮打开"页脚"对话框，在"右部"文本框中输入"第页",然后将鼠标指针定位在"第"和"页"之间,单击"插入页码"按钮,此时在"右部"文本框中显示出"第&[页码]页"字样,然后单击"确定"按钮,如图 21-31 所示。

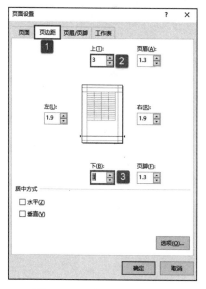

图 21-28　设置上下页边距

图 21-29　选择"自定义页眉"

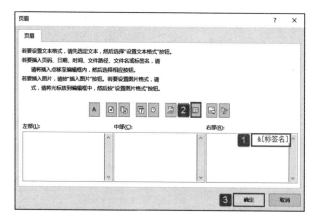

图 21-30　插入数据表名称

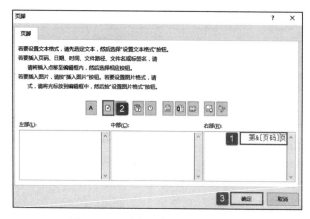

图 21-31　选择"插入页码"按钮

步骤8：随即返回"页面设置"对话框，此时即可在页脚预览框中预览页脚的设置效果，如图21-32所示。

步骤9：单击"确定"按钮，返回预览窗口预览打印效果，如图21-33所示，最后关闭预览窗口即可。

图21-32　页脚预览效果

图21-33　打印预览图

3. 现金流量表的页面设置

步骤1：打开"明尚公司会计报表.xlsx"工作簿，切换到"现金流量表"工作表，单击主页功能区的"文件"选项卡，在左侧导航栏中选择"打印"选项，打开"打印"对话框，然后单击"页面设置"按钮，如图21-34所示。

步骤2：随即弹出"页面设置"对话框，切换到"页边距"选项卡，然后在"居中方式"组合框中选中"水平"复选框，如图21-35所示。

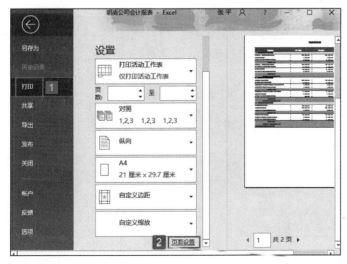

图21-34　打开"页面设置"对话框

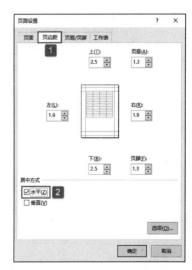

图21-35　设置居中方式

步骤3：切换到"页眉/页脚"选项卡，单击"自定义页眉"按钮，随即弹出"页眉"对话框，系统会自动将鼠标指针定位在"左部"文本框中，然后单击"插入图片"按钮，如图21-36所示。

步骤4：随即弹出"插入图片"对话框，在查找范围中选择图片的保存位置，然后在列表框中选择要插入的图片，然后单击"插入"按钮，如图21-37所示。

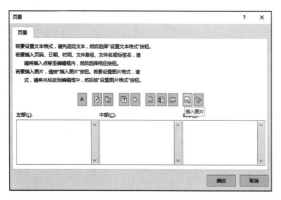

图21-36 选择插入图片

图21-37 选择图片

步骤5：随后返回"页面"对话框，此时，"左部"文本框中会显示"&[图片]"字样，然后单击"设置图片格式"按钮，如图21-38所示。

步骤6：随即弹出"设置图片格式"对话框，切换到"大小"选项卡，然后在"比例"组合框中的"高度"微调框中输入"20%"，单击"确定"按钮，返回"页眉"对话框，如图21-39所示。

步骤7：单击"确定"按钮返回"页面设置"对话框，此时可在页眉预览框中预览页眉的设置效果，如图21-40所示，然后单击"确定"按钮返回预览窗口，预览打印效果如图21-41所示。

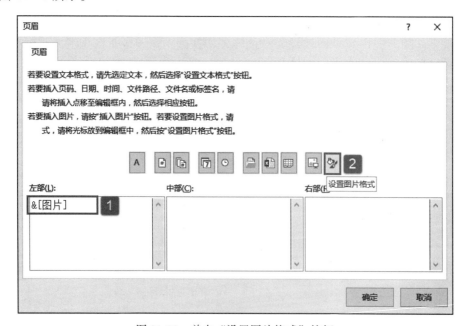

图21-38 单击"设置图片格式"按钮

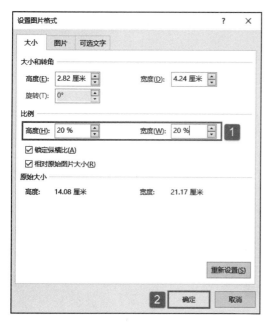

图 21-39　设置高度比例

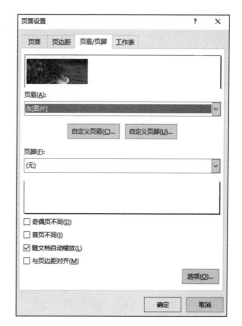

图 21-40　预览页眉效果

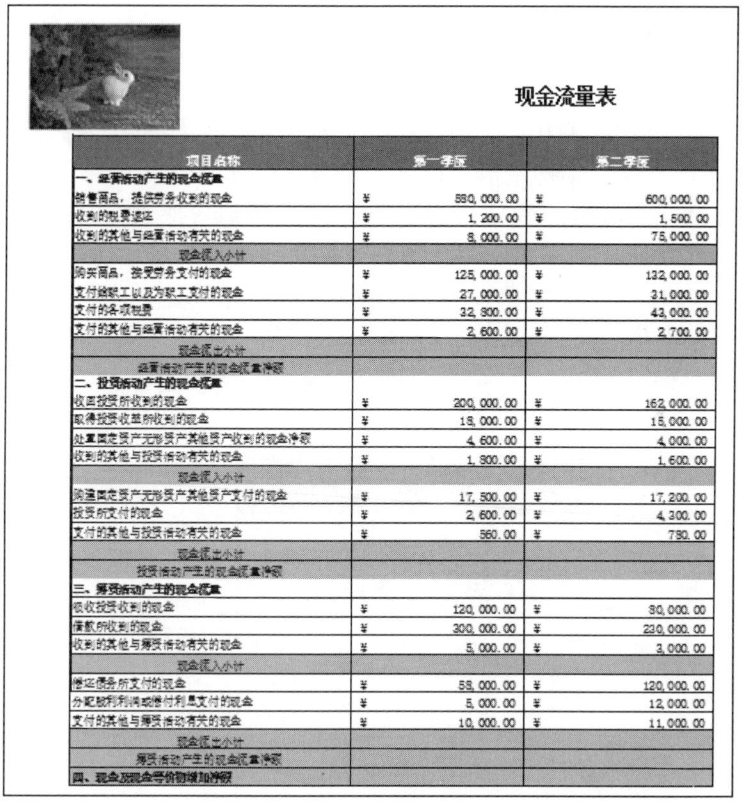

现金流量表

项目名称	第一季度	第二季度
一、经营活动产生的现金流量		
销售商品，提供劳务收到的现金	¥ 550,000.00	¥ 600,000.00
收到的税费返还	¥ 1,200.00	¥ 1,500.00
收到的其他与经营活动有关的现金	¥ 8,000.00	¥ 75,000.00
现金流入小计		
购买商品，接受劳务支付的现金	¥ 125,000.00	¥ 132,000.00
支付给职工以及为职工支付的现金	¥ 27,000.00	¥ 31,000.00
支付的各项税费	¥ 32,800.00	¥ 43,000.00
支付的其他与经营活动有关的现金	¥ 2,600.00	¥ 2,700.00
现金流出小计		
经营活动产生的现金流量净额		
二、投资活动产生的现金流量		
收回投资所收到的现金	¥ 200,000.00	¥ 162,000.00
取得投资收益所收到的现金	¥ 18,000.00	¥ 15,000.00
处置固定资产无形资产其他资产收到的现金净额	¥ 4,600.00	¥ 4,000.00
收到的其他与投资活动有关的现金	¥ 1,800.00	¥ 1,600.00
现金流入小计		
购建固定资产无形资产其他资产支付的现金	¥ 17,500.00	¥ 17,200.00
投资所支付的现金	¥ 2,600.00	¥ 4,300.00
支付的其他与投资活动有关的现金	¥ 560.00	¥ 780.00
现金流出小计		
投资活动产生的现金流量净额		
三、筹资活动产生的现金流量		
吸收投资收到的现金	¥ 120,000.00	¥ 80,000.00
借款所收到的现金	¥ 300,000.00	¥ 230,000.00
收到的其他与筹资活动有关的现金	¥ 5,000.00	¥ 3,000.00
现金流入小计		
偿还债务所支付的现金	¥ 58,000.00	¥ 120,000.00
分配股利利润或偿付利息支付的现金	¥ 5,000.00	¥ 12,000.00
支付的其他与筹资活动有关的现金	¥ 10,000.00	¥ 11,000.00
现金流出小计		
筹资活动产生的现金流量净额		
四、现金及现金等价物增加净额		

图 21-41　打印预览图

21.2.2　打印会计报表

由于资产负债表、利润表和现金流量表分别位于不同的工作表中，因此用户可以用前面介绍的方法分别打印这三个工作表，除此之外还可以一起打印这三个工作表，下面来介绍一下具体的操作方法。

如果用户要打印工作簿中的多个工作表，可以同时选中多个工作表后再打印，此时多个工作表可分别打印在单独的页面上。打印会计报表的具体步骤如下。

步骤1：打开实例文件"明尚公司会计报表.xlsx"工作簿，切换到"资产负债表"工作表，按住"Ctrl"键不放，依次单击工作表标签"利润表"和"现金流量表"，然后切换至"文件"选项，在左侧导航栏中选择"打印"选项，打开"打印"对话框，随即可在弹出的"打印"窗口中预览打印效果，如图21-42所示。

步骤2：如果对预览的打印效果比较满意，可以在"打印"对话框中的"设置"选项中根据实际情况设置各个打印选项，设置完毕后即可打印选中的三个工作表。

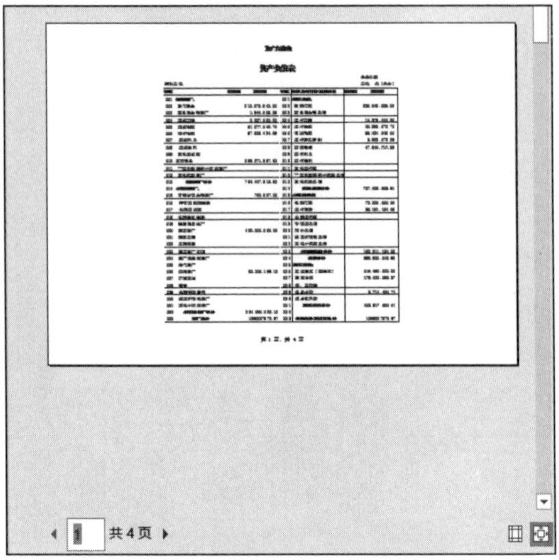

图21-42　预览打印效果

21.2.3 打印"本期余额"图表

前面已经学习了如何打印会计凭证和工资条，接下来接着学习新的知识——打印"本期余额"图表，打印"本期余额"图表的具体步骤如下。

步骤1：打开"明尚公司会计报表.xlsx"工作簿，切换到"利润表"工作表，选中该工作表中的"本期余额"图表，切换到"页面布局"选项卡下，单击"页面设置"组中的"其他页面设置按钮"，如图21-43所示。

步骤2：随即弹出"页面设置"对话框，切换到"页面"选项卡，将页面"方向"设置为"横向"，设置为使用"信纸"打印，然后单击"打印预览"按钮，如图21-44所示。

图21-43　打开"页面设置"对话框

图21-44　设置页面方向

步骤3：随即弹出"打印"对话框，此时系统会自动地在"设置"选项中显示要打印的内容为"打印选定图表"，如图21-45所示。

步骤4：同时在弹出的"打印"对话框中可以预览打印效果，如图21-46所示，如果对预览的打印效果比较满意，便可以开始打印选中的图表。

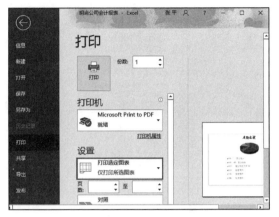

图21-45　默认打印选项

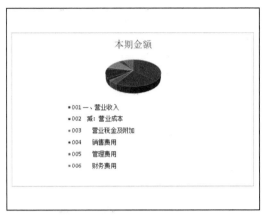

图21-46　预览打印效果

21.2.4　打印整个工作簿

前面我们介绍的知识都是打印工作簿中的单个或多个工作表，接下来具体来介绍一下怎么打印整个工作簿。

步骤1：打开"明尚公司会计报表.xlsx"工作簿，单击"文件"选项卡，然后在左侧导航栏中的单击"打印"选项，随即弹出"打印"对话框，在"设置"选项下选择打印的内容为"打印整个工作簿"，右侧为设置完成后的打印预览图，如图21-47所示。

步骤2：预览第3页和第4页的打印内容，发现表格被打印在了两页上，如图21-48和图21-49所示。

步骤3：在打印预览页面单击"页面设置"按钮，打开"页面设置"对话框，切换到"页面"选项卡，然后在"方向"组合框中单击"横向"单选按钮，将缩放比例改为65%，如图21-50所示。

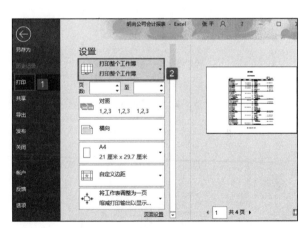

图21-47　选择打印整个工作簿

步骤4：切换到"页边距"选项卡，然后在"居中方式"组合框中选中"水平"和"垂直"两个复选框，然后单击"确定"按钮返回预览窗口，如图21-51所示。

步骤5：此时，工作表已经被调整到一个页面上，如图21-52所示。

步骤6：用户若对预览的效果比较满意，就可以单击打印页面的"打印"按钮对整个工作簿的内容进行打印，如图21-53所示。

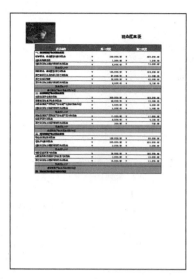

图 21-48　第 3 页预览图

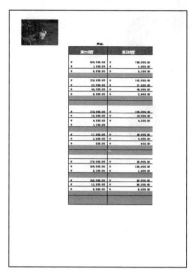

图 21-49　第 4 页预览图

图 21-50　设置页面方向和缩放比例

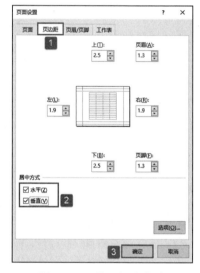

图 21-51　设置居中方式

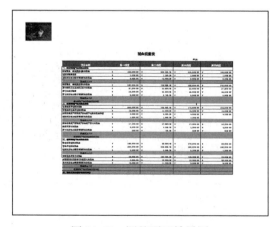

图 21-52　调整页面效果图

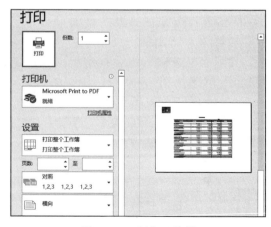

图 21-53　打印工作簿